中国经济社会发展智库丛书 ▪ 第4辑

激辩
"新住房策论"

New Critical Debate on China's Housing Policy

程恩富◎主　编

胡乐明　张　旭　钟卫华◎副主编

中国社会科学出版社

图书在版编目（CIP）数据

激辩"新住房策论"/程恩富主编. —北京：中国社会科学出版社，2011.9
（中国经济社会发展智库丛书·第4辑）
ISBN 978-7-5161-0105-6

Ⅰ.①激…　Ⅱ.①程…　Ⅲ.①住房政策—中国—文集
Ⅳ.①F299.233.1-53

中国版本图书馆 CIP 数据核字（2011）第 180143 号

责任编辑　田　文
责任校对　刘　俊
封面设计　李尘工作室
技术编辑　李　建

出版发行　中国社会科学出版社
社　　址　北京鼓楼西大街甲 158 号　　邮　编　100720
电　　话　010—84029450（邮购）
网　　址　http://www.csspw.cn
经　　销　新华书店
印　　刷　北京君升印刷有限公司　　装　订　广增装订厂
版　　次　2011 年 9 月第 1 版　　印　次　2011 年 9 月第 1 次印刷
开　　本　710×1000　1/16
印　　张　22.25　　插　页　2
字　　数　346 千字
定　　价　45.00 元

住房理论与政策——中国经济社会发展智库第 4 届高层论坛
2011 年 3 月 2 日 中国人民大学

主席台左起：秦宣、杨圣明、楚序平、陈淮、程恩富、李扬、宋春华、林岗、任玉岭、丁宁宁、李崇富

中国社会科学院副院长、学部委员　李扬

中国社会科学院马克思主义研究院院长、全国
人大代表、智库理事会召集人　程恩富

住房和城乡建设部原副部长　宋春华

中国人民大学副校长　林岗

住房和城乡建设部政策研究中心主任　陈淮

国务院参事室参事　任玉岭

中国社会科学院学部委员、全国政协委员
李崇富

国务院国有资产监督管理委员会研究局
副局长　楚序平

目　　录

1

甲方文章

乙方文章

丙方文章

相关信息

前　论

解决我国住房问题需要有顶层设计
——在中国经济社会发展智库第4届高层论坛上的致辞

◇李 扬[*]

尊敬的各位来宾，女士们，先生们：

上午好！首先，我谨代表中国社会科学院，对这次会议的召开表示热烈祝贺！对各位专家学者、各位来宾表示诚挚的欢迎！

住房问题是我国当前三大热点之一。这是一个非常复杂的问题。因为它涉及到民生，涉及到经济发展，涉及到政治，涉及到社会各界的心态，总之，它当是一个涉及全面的系统工程问题。但是，从现在看到的状况，迄今为止，我们的研究似有盲人摸象之嫌。主要表现在，很多研究对住房问题的某些方面研究得非常深入，但是，往往忽略了其复杂、综合的大背景。这意味着，在住房问题上，我们要花气力去区分小道理、中道理和大道理。

春节之前，中央领导到中国社会科学院视察，向中国社会科学院布置了四个研究课题。两个课题涉及基本理论：一是社会主义的基本经济制度，二是社会主义的民主法制；另两个课题涉及重大经济政策：一是收入分配，二是住房。可见，这个问题已经重要到中央领导需要重点研究的程度。中央领导指出，目前对住房有意见的群体中，有些本是我们住房改革

---

* 李扬，中国社会科学院副院长、学部委员。

的主要受益者，比如公务员、城市里的白领等，但现在他们也都对住房有颇多反映，颇多责难，这说明，住房问题已经十分突出。我认为，中国的住房制度发展到今天，已经到了没有总体解决方案而难以继续推进的程度了。所以，我希望今天这个会是一个从总体上来研究住房问题的会议。而且，从目前情况来看，我们急切需要从制度层面来解决，不能就某一个方面争论不休。刚才林岗教授指出，仅仅调控房价是不够的。我同意这个看法。这是因为，造成房价上升的原因非常多，如果不剖析清楚，仅去调房价，可能是舍本求末。

今天，借这个会议的机会，我想就它所涉及的一些主要方面，谈一点我个人的看法。

第一，我们首先要对中国的住房制度发展及现状有一个历史分析。现在，人们对我国住房制度有颇多责难，批评意见能列出一个大清单。确实，这些可能都是问题。但是，如果把这些问题都归于市场化，并因此要求回归旧体制，那就成问题了。因此，我们必须清楚地了解：目前这样一个制度是从哪里来的？在座年龄稍大一点儿的同志都知道，如果回溯到十几年前，那时的问题与如今完全不同。那时的尖锐问题是没有房子。这种状况是旧体制长期累积的结果。大略地说，新中国成立几十年，城镇职工的住房问题由国家集中解决，但国家却很少建过房子。因为那个时候的主导思想是"先生产后生活"，"先治坡后治窝"，把人的消费、生活方面的要求放在非常靠后的位置。这种制度延续多年，结果就是人均住房面积越来越小，以至于到了不改就难以向人民交代的程度。在这种背景下，改革提上议事日程之后，大家自然想到用市场化的办法来解决问题。正式改革是在 1998 年，以国务院关于城镇住房制度改革的文件为标志。当然，在此之前，有些地方已经在进行试点。这样计算，我国住房制度改革总共只有 13 年时间。而这 13 年的改革成绩巨大，其集中表现就是，中国城镇居民的人均住房居住面积从 1978 年的 6.7 平方米增长至 2010 年的 33 平方米。这个成绩如同中国整个的经济增长一样，在中国历史上和世界历史上均绝无仅有。在这个意义上，我认为，无论当前问题有多少，我们十余年改革的成绩不可抹杀。而这种结果，正是推行市场化带来的。现在看，一味地强调市场化确实有问题，但是，否定市场化的方向更不可取。我们需要做的事情，是更深入地探讨市场机制和政府干预的有效结合方式。总之，对于我国的住房制度，首先要有一个历史的看法，不能截断历史，不能只看这10年，我们还需要看30年，看60年。如果把问题放在这样一个历史长程中来看，我觉得大家就可以比较心平气和，比较全面，比较科学，不至于走向极端。这是我想说的第一个问题。在这个问题上我想强调的是，我们需要认真探讨中国住房制度中市场机制与政府干预如何更好地结合的问题。

第二，要深入研究分析住房的性质。这也是一个前提性问题。首先，住房的性质是多方面的。从它的物资属性来说，它兼有消费品和投资品的性质。任何物资产品，只要能够多次使用，理论上就兼有消费和投资两重性质。换言之，任何耐用消费品，都会有投资的性质，因此，人们购买住房，在满足自身消费需求的同时，客观上就可能满足其投资需求。现在我们看到很多言论，而且言辞激烈，说我国住房市场的主要问题是把它做成投资市场了。由此得出的政策建议就是要抑制投资需求，回归住房的消费品属性。这样提问题，似是而非。问题在于，如果这个产品的物资属性自身就兼有消费和投资的性质，你如何区分得开？分不清楚其中的性质，这样提问题于事无补，而且会添乱子。其次，现在很多人说住房，强调其民生性质，说拥有住房是人们天生的权利，是天赋人权，在社会主义制度下，更应当体现天赋人权。但是，住房又是一个经济商品。这说的是，盖房子需要资金，而且需要大量、长期的资金。为盖房子筹钱，是任何社会、任何年代都十分头疼的大问题。接下来，我们需要将需求和供给配在一起分析。如果没有有效的资金筹集机制，天赋人权也无法实现。因此，我们需要把人们对住房的需要和住房的生产结合起来考虑。我们说，十余年来市场化改革方向应当基本肯定，就是因为它在相当程度上有效解决了住房资金的筹集问题。在这里我想强调的是，我们始终不要忘记，社会主义制度的根本点是不劳动者不得食，我们的制度要保障人们获得诚实劳动的权利，在这个基础上，不劳动者不得食。须知，购买住房是人生的大事，从经济上说，它需要花费人的一生储蓄。在这个意义上，刚刚从大学毕业的学生甚至是下岗职工难以购买住房，具有一定的合理性，因为他们尚未为社会创造财富，或者还没有积累足够的财富来支付这笔巨大的支出。总之，还是前面所说的观点，住房问题，需要政府和市场有机结合，很好地融合、配合才能解决好。这也是中央领导到中国社会科学院视察时明确提出的要求。传统体制下用计划的办法，用政府包办的办法，解决不了我国的住房问题，已经被前40年的历史证明了，而最近十余年的历史则证明，完全用市场的机制也不可能解决好。这是我想说的第二个看法。

第三，我国住房的市场结构。回顾我国住房市场的改革历史，现在有一点已经获得共识，这就是，我国住房市场建设的目标模式，迄今并没有做过非常清晰的描述。但是，潜在的，至少政策的导向给人的印象是，我们要建立的住房制度，就是要让多数人买房。现在看来，这个目标是可以质疑的。至少，住房制度改革发展到今天，实践已证明很多人买不起房。我注意到，最近一两年来政府采取的措施，已经在大规模地纠正这样一种想法，已经较明确地提出租房和买房并重的战略。论及租房，现在谈得多的是公租房、廉租房。除此之外，是不是还应当有一些社会化的经济性的租房？这个问题现在必须回答。不回答这个事情就很麻烦。如果要引述别国的例子，那就多了。当今世界，无论哪个国家都不可能通过买房来满足居民的居住需求，都是买和租并行。美国是世界上居民拥有自有住房比例最高的国家，但其自有住房率只有67%。德国是一个住房问题解决得比较好的国家，但其住房自有率仅有30%左右。这些范例值得我们研究。客观地说，长期以来，我国租房市场是不被重视的。在我们有关住房问题的讨论中，说起住房制度，人们指的都是住房的买卖，全不将租房市场包括在内。我认为，这是我国住房市场结构的致命缺陷。如果说我们是通过买和租并重的模式来解决住房问题的话，那我们的思路就宽广得多了。我认为，这个问题至关重要。中央领导视察我院时也谈了这个问题。他认为，当下我国住房市场太复杂，外行人看不清，内行人说不清。什么商品房、廉租房、公租房、两限房、经济适用房，等等，说不清楚。如果我们制度上规定不清，其中就会有经济"租"，即经济学上所说的"租"。有"租"就有腐败的温床。应当说，近年来我国住房市场中出现的一些问题，归因于我们自己的制度没有规定清楚，是我们自己造成的。分不清楚住房的市场结构，住房问题就难以解决。

第四，住房市场中的土地问题。住房是建在土地上的，是土地的附着物。然而，土地的这个附着物并不重要，随着时间的推演，它会折旧，直至基本失去价值。但是，土地不然。由于土地供给是有限的，而人们对它的需求是无限的，所以，土地是无价的，将随着人们对土地需求的增长而不断上涨。这意味着，土地是住房市场的一个不可回避的重要问题。由于实行土地公有制，中国住房市场中的土地问题比其他任何国家都复杂。不仅如此，随着中国市场化程度的深化，中国的土地在不断经历着资本化的过程。就是说，中国的土地不断地经历着从无价到有价，从低价到高价的经济过程。从市场经济发展的角度看，这个资本化过程是正常的，随着城市化的推演，随着工业化的推演，随着市场经济的深化，不仅是土地，中国很多的生产要素过去是不可交易的，现在都卷入资本化的浪潮。这个过程是正常的，问题在于，对于土地资本化过程中产生的收益的分配，我们一直没有重视，更没有清晰的制度安排。现在大家都知道土地财政，这就是说，土地资本化过程的大量收益，被各级政府占有相当的部分。这个数目相当大。大家知道，去年政府花那么大的气力压制这个市场，卖地收益还高达2万多亿元。前年经历那么深重的危机，卖地收益也有近1.6万亿元。从根本上说，土地是谁的呢，谁应该享有这个卖地的收益呢？一方面，出让土地收益大量增加；另一方面，对应的是大量的失去土地的农民，在最坏的情况下，失地农民会变成三无，即无地、无业、无收入。这就产生了严重的社会问题。现在，中央已经注意到这个问题，并采取了一些措施。比如说，把卖地收入的一部分用于公租房建设，就是土地资本化过程中用土地收益的一部分解决一般居民的住房问题。这样一种制度安排是非常正确的。如果这个问题不解决，以后会出大问题。应当清醒地看到，我们这个市场中的很多问题都与此有关。比如说，小产权房的核心是什么呢？就是该住房之下的土地没经过出让这样一个规定的程序。按照现行规定，经过国家规定的土地出让程序，土地就转化了用途，在上面盖房，就是完全产权房；没有经过出让程序，农民自己盖的就是小产权房，并受到严厉打击。这种状况的合理性值得深思。试想，现在城市的房价天天在涨，以至于政府十分头疼，然而，农民作为中华人民共和国的公民，为什么不能享受中国城市化和工业化的收益呢？为什么就不能享受房价不断上涨的利益呢？反过来看，城里人觉得房子贵，他们为什么不能到农村去买一个更便宜点的房子住呢？如果可以，城里的住房价格不就涨不了那么高吗？这里的核心是土地问题，是土地资本化过程中的收益分配问题，是中国土地的产权制度问题。我们非常高兴地看到，"十二五"规划关于中国未来的城镇化发展，着重谈到了城乡统筹。谈到城乡统筹的时候，着重谈到了要建立城乡统一的土地市场以及生产要素在城乡之间无障碍流动问题。中国经济发展的起点是城乡二元结构，经济发展的目的之一，就是要消除城乡二元结构。"十二五"规划提出的城乡综合发展，是解决这一基本问题的重要思路。

第五，住房市场调控问题。目前，我们对住房市场的调控，集中于对房价的调控上。但是，我们并没有花很多气力去研究导致房价上涨的因素和背景。论及房价上涨，恐怕 10 个人会有 11 种说法。当价格上涨的原因尚未搞清楚的时候，就去下大气力进行调控，十有八九会出乱子。有人戏谑地说，中国房地产市场大约只有 10 年，而 10 年中我们就经历了 9 次调控。这个市场怎能经得起这样的折腾？更重要的是，对房地产市场的调控几乎总是围绕着价格在展开，而且，调控的格局是：价格上涨便向下打，价格跌落便向上抬。这种调控格局是有问题的。这中间的问题，可以用一个中国的例子加以说明，这就是中国的股票市场。在一个相当长的时期中，我国的股票市场曾经也是不断被调控，调控的对象也是其价格，即股指。那时的情况是，只要股指变化，当局就进行调控，也是高了向下压，低了向上抬。经过十余年痛苦的经历后，我们的监管部门开始成熟，现在，他们也积极调控市场，但是，股指不再是主要调控对象，而市场本身成为对象，调控对象开始指向市场结构、上市公司、交易结构、交易机制、交易工具、交易合约、交易的信息，等等。应当说，我国的股票市场如今比过去成熟得多，股指也较过去稳定得多。我认为，在我国住房市场上，也应该有类似的转变。物品当局的目光不要停留在房价及其变化上，而应放在造成房价变化的因素上，并着力于调整和改变这些因素。

第六，住房金融问题。住房是一个需要大量投资，需要长期投资的行业，当然不可能用人们现期的收入来予以全款支付。于是，就有个跨期问题，跨了期，就要有金融，就要有完善的金融体系。现在，我国涉及住房的机构基本上是商业性机构，这中间，应该不应该有互助性机构，应该不应该有政策性机构，需要我们认真回答。最早推行住房制度改革的时候，我们国家就成立了两家住房银行，即烟台、蚌埠市的住房储蓄银行。蚌埠住房储蓄银行开业一年时，我在那里开了三天现场研讨会。谁知，正在金融部门艰难地推动住房专业银行发展之时，国家又推出了住房公积金制度。从资金来源、资金运用及其运行机制来看，公积金与住房银行有很多相似之处。这就使得两家银行无法继续运行，如今，它们都变成商业银行了。再来说公积金。它们的现状令人堪忧。如今公积金总额上万亿，但有相当的部分被地方政府挪用了。另外，前一段时间还有讨论说要拿公积金的钱去盖廉租房，这简直是牛唇不对马嘴。公积金的性质是互助性，其资金来源于公积金缴纳者，其受益对象也限于所有公积金缴纳者。而廉租房的性质是公益性、政策性，其受益者是少数低收入者，其资金应来源于政府税收，来源于对全体公民的课征，其性质则是抽肥补瘦。再如，要不要有一个中央一级的类似美国房地美和房利美这种专司住房金融的机构？这个问题很复杂，美国两房是私有化的。在历史上，它们本是政府所有的，然后逐步私有化了。然而，在此次危机中，美国政府又将其国有化了，现在又有人议论说要再私有化。我们想说的是，对于这个高度复杂的市场，是需要调控的。问题是，我们应当用什么样的机构来实施对这个市场的调控呢？用何种机制来应付这个市场中最复杂的金融活动呢？我认为，这个问题始终存在，如今更需要认真考虑。

住房贷款是一种风险最大的贷款。因此，为了管理它的风险，需要提高它的流动性，于是，就提出了按揭贷款的证券化问题。在中国要不要证券化？如果要，如何推行？鉴于此次美国金融危机的教训，我们该如何防范风险？等等。也都急切需要研究。

第七，税费的问题。其一，我们的税费繁杂，负担沉重；其二，费多于税，而且费大于税；其三，税费征收的环节重流通、轻收入。当下，有几个城市拟推出不动产税。这说明，大家开始探讨住房市场的税费格局问题，已经开始向所得税为主的方向转化。如果实行这一转变，则如何弥合财政收入因此所造成的下降？如此等等，目前讨论得也很不充分。

第八，关于借鉴国际经验的问题。住房市场对于中国来讲是一个新事物。中国是个很特殊的国家，既是大国，起点又是穷国，还是一个转型国家，又是一个社会主义国家。这些特征结合在一起，决定了中国不可能单一地借鉴某一国家的经验。我们注意到，最近很多人关注新加坡的经验，关注香港的实践。十余年前，我曾有过一个判断：对于中国这种大国来说，像新加坡之类城市国家的经验是不足为训的。大家想必去过新加坡，那个国家之小，小到开车一天就能逛个遍。在这样的条件下所形成的各种制度，如何能适用于中国？但是，遗憾的是，正是这个只能在几百万人口的城市国家中才能实施的新加坡经验，在相当程度上主导了我们国家的住房制度的改革。诸如廉租房、公租房都是跟他们学的，还有公积金，也是从新加坡移植来的。时至今日，我们应当反思如何借鉴别国经验的问题了。

总之，住房问题是一个非常重要的问题，同时，又是一个非常复杂的问题，因其重要，因其复杂，现在我们到了一个需要总体进行设计的时候。"十二五"规划里有一个词，叫"顶层设计"。我觉得，住房正是一个需要顶层设计的领域。在顶层设计尚未周全之时，解决单一问题的政策应慎用，因为它很可能会与住房市场的其他方面矛盾、冲突，从而，其实施会干扰整个市场的健康发展进程。

借此机会我就讲这么多，请大家参考，欢迎大家批评指正，谢谢！

（根据录音整理，题目为整理者所加）

用马克思主义理论为指导来解决我国的住房问题

——在中国经济社会发展智库第4届高层论坛上的致辞

◇林　岗[*]

各位来宾，老师们，同学们：

大家上午好！

首先，我代表中国人民大学对各位领导和专家的莅临表示热烈欢迎，对本次论坛的胜利召开表示热烈的祝贺。

住房理论与政策是这次研讨会的主题。这是一个非常重要的问题，也是全社会普遍关心的问题。这个问题很多人在骂，很多人也在高兴。我是管人事的，我看到那么多我们学校刚留校的青年教师，买不起房子，要到私人业主那里高价租房，我心里也很着急。能不能留住这些年轻的教师，让他们安居乐业，专心从事教学和科研，会影响到我们学校将来的发展。房价和房租太贵，不断地往上翻，使他们承受着很大的经济压力。社会上，这个问题就更为严重。那么多的民工进到城市来工作，都住的那么差，或者根本就没有住的地方。打工打了 20 年，住不上稍微体面点的房子，这都是很严重的问题，不仅违背了社会主义的公平原则，甚至会影响社会安定。目前，国家的住房政策在不断探索完善之中，相信这个研讨会

---

* 林岗，中国人民大学副校长。

一定能够为我们国家制定一个完善的政策和建立合理的制度提供很多有益的建议。

对于中国经济问题的解决，需要用马克思主义的理论来指导。马克思主义者向来关注人民大众的住宅问题。恩格斯就写了一本有名的著作《论住宅问题》。这本著作探讨的是处在急速工业化过程中的德国出现的住宅问题。在当时的德国，一方面，大批农村工人突然被吸引到以工业为中心的大城市里来；另一方面，这些老城市的布局已经不适合新的大工业的条件和与此相应的交通；街道在加宽，新的街道在开辟，铁路穿过市内。正当工人成群涌入城市的时候，工人住房却在大批拆除。于是就出现了工人以及以工人为主顾的小商人和小手工业者的住房短缺。当时，德国的报刊上充斥着有关住宅问题的文章，提供了各种解决问题的药方。恩格斯称之为"各种社会庸医乘机而出"。《论住宅问题》一书中对德国城市住宅问题的描述，从一定意义上说，用在我们国家现在的城市住房问题上，好像还是可以的。因为我们国家现在也处在急速的工业化过程中，恩格斯提到的这两个问题：一个是大量的农民涌入城市，农民变成工人；另外一个就是对老城市的翻新改造、旧房拆迁、拓宽道路等，都是我们身边随处都在发生的事情。

如何来解决住宅短缺的问题？当时德国民主党内有一些人提出，可用使承租人变成住宅所有者的办法来解决工人缺乏住房的问题。恩格斯认为，这种办法不切合实际，是回到了普鲁东的思路上去，即通过把工人重新变成小私有者的办法来解决以大工业为基础的资本主义私有制造成的问题。他指出，这在历史上是一种倒退，因为资本主义大工业是比小私有制更加进步的生产方式。而且，在住房私有、其供需完全由市场调节的条件下，是不可能解决这个问题的。因为经营房地产、建房子的都是私人资本家，而资本家的经营目标是利润，房价炒得越高，他们的利润越高。在这种情况下，让工人买房子，把他们重新变成小私有者，是不可能的。恩格斯认为，只有无产阶级夺取了国家政权，变资本主义私人所有制为社会主义公有制，才能使住宅问题得到根本解决。

恩格斯的这些话我们今天应该有保留地加以接受。历史条件不一样，不能照搬经典作家的理论。就是我们现在立即全面实行公有化，重新回到过去"一大二公"的状态，改革前的实践也已经证明，单靠政府建房是不能很好地解决劳动人民的住宅问题的。但是，恩格斯有这样一个观点，我们应该记住，即单靠市场解决不了全部住宅问题，必须有国家的介入。我想，我们的介入倒不主要是控制价格。为什么调控了那么多年，房价反而又翻了那么多番？这也跟我们在社会主义市场经济中将市场作为资源配置的最基础性手段，是相矛盾的。国家的介入方式主要应该是建公租房。世界上有些发达国家，当然它们不是社会主义国家，但是它们有一些工党、社会党之类的左翼政党实行了国家所有的廉租房政策。这些政党与恩格斯领导过的第二国际或多或少有些历史渊源，是按照住房公有的思路来解决住房问题的。当然，这是在极有限的范围内解决了占人口总数极小的部分赤贫者的问题。比如说英国，政府把一些私人住宅收购下来，然后廉价地租给一些低收入者。据我看到的实际情况，相当一部分都租给了移民——收入最低的那些人，而且还是按照家庭人口出租的。我看到过一家孟加拉移民，他的孩子比较多，大概有五六个，租给他的是五个房间的公寓。可见，就是在工业化、城市化早就完成了的老牌资本主义国家，住房问题的解决，也不是完全通过住房私有化和市场化的方式解决的。现在我们也明白过来了，不能指望通过控制价格，能够长久地解决住房问题。而且，作为一个处在急速工业化、城市化过程中的社会主义国家，政府对住房问题的解决，不能仅限于为只占人口2%或3%的困难户提供廉租房，还应该建设大量作为国有资产的公租房，出租给那些买不起房子的劳动者。只有这样，房价和房租的持续快速上涨趋势才能从根本上得到抑制。在这种情况下，占人口多数的普通劳动者的买房梦才有变为现实的可能。否则，他们只能眼巴巴地看着自己辛勤劳动得到的收入被高涨的租金和房价所吞噬。从这个意义上讲，恩格斯讲用公有制的办法来解决住房问题，是很有道理的。

最后，再一次对各位尊敬的来宾表示欢迎，预祝住房理论与政策研讨会取得圆满的成功！

谢谢大家！

(根据录音整理，题目为整理者所加)

以稳定的政策实施有效调控
逐步实现"住有所居"的目标

◇宋春华[*]

过去的一年（2010 年），又是房地产风风火火的一年。宏而观之，全年的产业运行态势，没有出现大的变局，概括地说就是需求旺盛，量价齐涨，几项主要的统计数据见表1。

表1   2010 年房地产市场运行情况

房价（70 个城市）	全年同比 +6.4%	12 月环比 +0.3%
投资	48267 万亿元	+33.2%
施工面积	40.55 亿平方米	+26.6%
竣工面积	7.60 亿平方米	+4.5%
销售面积	10.43 亿平方米	+10.1%
新开工面积	16.38 亿平方米	+40.7%

针对市场存在的问题，国务院办公厅及国务院分别于 2011 年 1 月 10 日及 4 月 17 日发文，实施了所谓"史上最严厉的调控"。应该说，市场出现了一些积极的变化，诸如投资、投机性需求受到了一定的抑制，房价上涨过快的势头有了一定的缓解，保障性安居工程取得了较大进展，新开工

---

* 宋春华，住房和城乡建设部原副部长。

面积增长较快，供应预期看好。为了巩固和扩大调控成果，也为了进一步解决房地产市场多年来存在的痼疾，使其更快地朝着预期的方向发展，2011 年 1 月 26 日国务院办公厅又发布了《关于进一步做好房地产市场调控工作有关问题的通知》（称之为 "新八条"），紧扣住房运行中的关键问题，政策取向更加鲜明，力度更大、要求更严，其主要内容摘列于下：（1）一季度公布新建住房价格控制目标；（2）扩大保障覆盖面积，增加公租房供应；（3）个人购房不足 5 年转手，全额征收营业税；（4）购买二套房首付比例不低于 60%；（5）年供地不低于前 2 年平均供应量；（6）主要城市有两套以上住房家庭在本地限购；（7）落实住房保障和稳定房价工作的约谈问责；（8）引导合理消费，防止舆论误导。"新八条" 出台之后，不少城市政府出台了落实文件的实施细则，议论多年的房产税也在少数城市试点，而且有关主管部门披露，还有政策储备，视形势变化以应急需，看来，出台更为严厉的政策，并非空穴来风，还是不要轻易言 "最" 为好。

近年来，房地产调控政策频频出台，如果加以梳理，可以得出以下看法：一是调控的重点主要是围绕着降低过高的房价开展的；二是调控的内容主要集中在以下几个方面：增加有效供给、抑制不合理需求、加强市场监管、加快保障房建设、强化地方政府责任、强调舆论的正确引导；三是审时度势，适时调整调控对策，这种调整体现在三个方面，即调控取向、调控节奏和调控力度。

调控取向上的调整，主要解决政策的针对性，制导要准确。针对住房制度改革后保障体系建设滞后于住房的商品化，2007 年国务院出台文件，更加重视解决低收入家庭的住房困难问题；2008 年年底的文件，为应对美国次贷危机对我国的影响，提出了 "支持房地产开发企业积极应对市场变化" 的相关政策，包括促进销售、提供融资支持、取消城市房地产税等措施；2010 年针对 2009 年和当年一季度出现的新情况，连续发布两个文件，调控指向很明确，重点放在抑制投资和投机性需求上；2011 年 1 月 26 日国务院办公厅的文件，最重要的调控措施是限购、强化地方政府责任，对落实保障房建设和稳定房价政策实施约谈问责机制，凡此种种，针对性都是很强的。调控节奏的调整，主要是解决政策的时效性，调控要适时。总体上要保持政策相对稳定，别"瞎折腾"，同时，根据变化了的情况和对市场走向预期的判断，适时对政策进行调整也是必要的，正所谓"该出手时就出手"，2009年国家未就房地产调控出台专门文件，而2010年的两个文件的间隔则只有3个月零10天。调控力度的调整，主要是解决政策的实效性，措施要见效。根据需要做到宽严相济、放收有度。去年4月份的文件在抑制住房不合理需求上，就实行了更为严格的差别化住房信贷政策，以期能尽快见到效果。今年国务院办公厅1月份的文件，在限购问题上作出了更为严厉的约束（二套房首付提高到60%，利息为1.1倍），在强化地方政府责任方面，第一次提出了约谈问责的制度。

解决民众住房是个世界性问题，各国都有自己的"难唱曲"。在我国这样一个人口众多、城市化快速推进、经济社会正在转型、处于全面建设小康社会时期的发展中国家，群众住房需求十分迫切，而房地产市场发育的成熟度不高、住房保障体系尚不健全，解决群众的住有所居问题，很难简单化地与某些国家类比，一定要针对我们的国情，理性应对，从长计议，在宏观战略上要始终拿稳几条，使其上升为国策的高度，保持政策的连续性与稳定性，回归常态，防止大起大落，在平稳健康的发展中，逐步逼近目标。下面提出几点看法和建议，共同讨论研究。

第一，确立明确的目标。促进房地产业稳定、健康、持续发展，在与宏观经济协调互动中，锁定在解决好群众住有所居的问题上，从整体上提高中国的人居水平。为此，房地产业的主体产品——住宅，必须回归其消费品的基本属性，房地产业的基本任务是服务于为满足群众日益提高的住房需求提供优质产品，在这一过程中，同时发挥好拉动经济、扩大就业等作用。

第二，关于房地产业定位。对于房地产业是否定位于支柱产业，还有不同的看法。国家对房地产业的定位经历过几个阶段，早期称之为"新兴产业"，之后又称之为"先导性基础性产业"，最后才定位在"重要支柱产业"。是不是支柱产业，不在于是否冠之以名，更重要的是看其产业特征和业态表现。要称得上支柱产业，至少应具备四个方面的条件：一是有一定的规模和总量;二是有较强的产业关联度;三是有较强的抗波动能力;四是有相对稳定的发展预期。对应于我国的房地产业,我们可以看到,其一,我国的房地产业增加值占 GDP 的比重,2007 年已达到 4.77%,目前应超过 5%,可以说在经济总量中是举足轻重的。其二,房地产产业链条长,可以带动上下游几十个行业和产品的发展,具有较强的拉动效应。其三,房地产业运行惯性大,市场覆盖面广,抗市场波动能力较强。其四,房地产业具有巨大的发展潜力,主要表现在:首先,我国城镇化进程持续加快,2009 年已达到 46.59%,每年城镇化率约提高 0.8—1 个百分点,如果达到相对稳定的 70% 左右,则需要 20 多年,其中每年大约增加城镇人口 1000 万左右,可以说城镇化是推动房地产业发展的引擎;其次,随着经济快速增长,居民收入水平不断提高,人们对住房消费水平和人居环境质量的要求必将越来越高,以城镇人均住房面积而言,2009 年已达

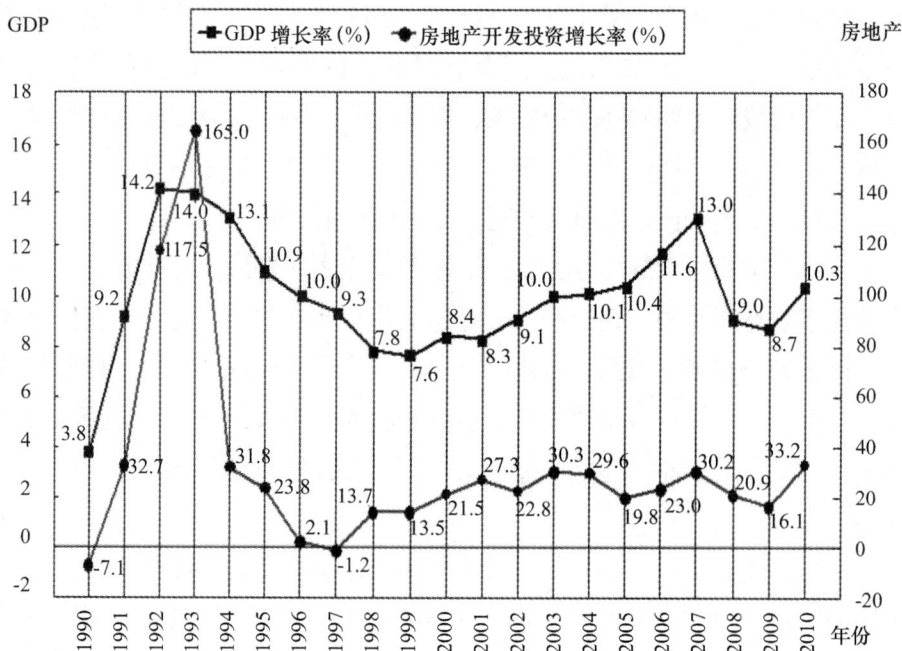

图 1 GDP 和房地产开发投资增长率示意图

30 平方米，下一个目标可能是 35 平方米，而大多数发达国家则稳定在 40 平方米以上；再次，科学发展观的贯彻和落实，将促进经济社会和各项事业的全面发展，对非住宅房地产（商业房地产、工业房地产、旅游房地产等）的需求亦将越来越旺盛。综上所述，房地产业的支柱地位是不言而喻的，不必再"折腾"了。图 1 是我国 1990 年以来，对应于经济波动房地产开发投资增长率的变化情况，可以看到两者的走势和变化曲线基本上是吻合的，而 1997 年应对亚洲金融危机，我们看到房地产业大约早于国民经济两年开始回升，这对拉动经济增长、克服金融危机对我国的影响，起到了积极作用。

第三，加强"总量基本平衡"的调控。房地产市场调控主要表现在四个方面：一是总量基本平衡；二是供应结构合理；三是房价基本稳定；四是市场运行有序。其中总量基本平衡是指房地产的开发规模，应与国民经济增长相协调，与社会具有可支付能力的需求相适应，与国家和地方的资源禀赋相匹配。即或是支柱产业，总量也不能无限制地扩张，房地产业的过度增长会引发脱离实际需求的预期假象，裹挟大量资金入市，消耗大量的资源，由于产品无法进入最终消费而形成大量的滞销与空置，结果必定对宏观经济的运行造成不利的影响。建议尽快出台房地产业政策和制定产业中长期发展的规划，特别是在"十二五"规划中，应有房地产发展的量化指标，包括制定与国情和居民收入相适应的居民普通住房标准，以引导居民合理消费，并据此研究制定总量调控目标与措施。这方面日本的一些做法可做参考并加以借鉴。日本在 1952—1966 年实行了 5 期"公共住宅建设三年计划"，主要是建设供应低租金的租赁房，着力解决战后的"房荒"问题。1966—2005 年实施了 8 期"住宅建设五年计划"，重点发展商品住房增加居住面积，同时注重住房质量的提高，改善居住条件（表 2）。每个五年计划，都有明确的目标，从一户一套房到一人一间房，再到提高居住标准、改造存量住房，都有具体要求。2006 年之后，重点放在了实施"形成优质住宅社会财富"政策，严格建筑基本法，制定长期优良住宅普及促进法，并提出"200 年住宅"的设想。

第四，以合理的供应结构，支撑符合国情的住房体系。生产的目的是

表2 日本的住宅建设五年计划

阶段	内容
一期（1966—1970年）	1967年提出一户一套房
二期（1971—1975年）	1971年提出一人一间房，1973年实现一户一套房
三期（1976—1980年）	1976年提出最低居住水准（四人50平方米）和平均居住水准（四人86平方米）；1979年提出节能法
四期（·1981—1985年）	设定居住环境标准，1983年提出"百年住宅建设系统"
五期（1986—1990年）	提出由平均水准转向引导性水准（城市四人91平方米，郊区四人123平方米），开始性能认定
六期（1991—1995年）	全面推进引导性水准，发展中高层住宅
七期（1996—2000年）	提出"环境共生住宅"、"资源循环型住宅"2000年目标——消灭最低水准家庭，半数家庭达到引导性水准
八期（2001—2005年）	目标——2/3家庭达到引导性水准，开展存量住宅改造和存量房性能认定

为了满足需求，需求要以相应的产品为支撑，所以核心的问题，还是要设计好符合国情的住房制度，引导市场形成合理的供应结构。我国的住房制度经过长期的改革与实践，已形成基本框架，但仍须继续深化和完善，在这一过程中，有三个基本点应始终坚持：一是坚持住房商品化和社会化的基本思路，构建起满足多元化住房需求的住房体系；二是不走回头路、不倒退，坚持大部分人应通过市场解决基本住房问题并逐步得以改善；三是对低收入群众应通过保障性住房政策实现住有所居，坚持做到应保尽保。据此，我国住房体系，大体上可以按低收入、中低收入、中高收入、高收入进行分组，相应地对接不同类型的住房（表3）。为满足消费需求，应扩大住房的有效供给，所谓有效供给应以能实现最终消费为依据，要从需求端介入，在抑制投资性需求、遏制投机性需求的前提下，重点增加保障房、普通商品住房的供应比例，更好地满足普通自住性需求，让有限的资源解决更多人的住有所居问题，近期规定70%以上的土地供给保障房及中小套型普通住房是必要的，可以避免不适当地过多投放给意在保值增值或盈利牟利的投资、投机性需求。

表3   住房供应体系

住房体系	人均住房面积	核心家庭中位房型
保障性（生存型）	10—15 平方米/人	40 平方米
基本性（小康型）	30 平方米/人	90 平方米
改善性（中等富裕型）	40 平方米/人	120 平方米
享受性（富裕型）	>50 平方米/人	>150 平方米

第五，大力提倡、政策引导，逐步形成科学的住房消费观。住房消费是刚性消费、普遍消费，在全社会树立科学合理的消费观念，至关重要。一方面要大力宣传倡导，另一方面要有鼓励科学合理消费的政策引导，走出住房消费的误区，建立起理性消费的理念。一是要合理适度。我们不能抑制消费，住房消费水平必定随着经济社会的发展而提高，但也不支持过分地、无节制地炫耀性、奢侈性消费，住房套型以实用型为主。二是梯次渐进。住房消费水平的提高是个逐步改善的过程，不必也不可能"一步到位"，不顾条件盲目攀比，只能牺牲或降低其他消费并造成过重的心理和经济负担。三是购租皆宜。住有所居可以多种方式实现，对于住房来说，可购则购，宜租则租，随着住房租赁市场的发育，特别是在人口流动加快的情况下，通过租赁方式解决住房问题，应该是很现实的选择。我们城镇住房私有率已经处于80%的较高比例，应借鉴欧美等国家的做法，在拥有一定的私有住房比例的同时（见表4），大力发展租赁市场。

表4   欧盟私有住宅比例平均63%   单位:%

拉脱维亚 78.4	瑞典 62.0
卢森堡 75.1	法国 57.9
希腊 74.1	荷兰 52.5
英国 70.1	丹麦 50.9
比利时 69.8	奥地利 49.8
芬兰 69.2	德国 43.2

第六，综合治理，稳住基本房价。房价问题，必须研究供求关系。从需求入手，满足实现最终消费的自住性住房需求，增加这部分的有效供给，就可以稳定住这块房价，使之保持在合理的价位区间，从而稳定整个房地产市场。

按照上述思路，鉴于有支付能力的消费需求相对比较稳定，在对这部分消费增加有效供给的情况下，普通住房的价格可望得以合理的回归，并随着收入的增加和消费刚性的支撑，房价会逐步温和地上扬，既不会造成市场萎缩，早期购房者也可免遭房价贬值之灾；以大户型豪宅为特征的享受性、奢侈性消费，由于土地供给的减少可能引发房价上涨，那就由市场调节，随行就市，不但置业成本高，可能还要承担保有环节不菲的税负，这应该成为常态。这里在房价统计上，也要实行分类管理，普通商品房和高档房的房价（及地价）应分别统计，这样的价格信息在反映市场实态、引导合理消费和正确判断价格预期上，才有实际意义。这种统计的结果，很可能在普通商品房价基本稳定的情况下，均价也会继续涨高，但是，有分别统计的诠释，人们对"均价"的种种谜团和"越调越高"的窘境，自然也就可以破解了。

房价的调控，不能仅就房价讨论房价，必须实行综合治理的方针，特别是要做好以下几个方面的工作。

（1）调节收入分配，缩小收入差距，更多地增加低收入群体的收入，不然的话，房价再高也有人买，因为有少部分人是"不差钱"的；而大部分人，即使房价调低了些照样买不起，应调节收入分配改变这种状况。

（2）管理好通胀预期，如果大家都觉得钱要贬值，那就投资买房，甚至投机炒房，非消费需求就会越来越旺，只会拉动房价上扬，市场出现泡沫，这方面我们是有教训的，所以管好通胀预期十分重要。

（3）土地财政的症结必须解开。高地价最后是归结到地方财政，现行的价高者得的土地出让政策与政府渴望增加财政收入的愿望结合在一起，地价只能越拍越高，最终还是购房人通过房价为土地财政埋单，为改变这种状况，相关制度和政策必须进行调整。

第七，住房保障任重道远，须加快制度创新。解决低收入群体的住房保障问题，政府责无旁贷。政府首要的还是解决好无力购房的低收入家庭的住房问题，主要的途径是建造廉租住房，要建立健全准入和退出的动态门槛机制，尽快做到应保尽保。廉租房既然是政策性住房，对享受政策的界限必然要"切一刀"，和其他保障性政策一样，都会出现所谓的"夹心层"。夹心层的边界靠近低收入者的一边是清楚的（切在保障范围之外），而靠近中高收入的一边是模糊的，但这个群体确实是客观存在的，各地可以根据自己的实际界定。解决的途径可以发展公共租赁房，以租赁方式解决，还可以考虑制度创新，在政府的支持下依靠社会力量通过合作制度建房、购房。合作建房的土地政府可以给予优惠，关键是金融工具的创新——建议设立政策性的住房储蓄银行，以公积金为基础，将其改造为政策性住房金融机构，实行有别于商业银行的相对稳定的低利率存贷，封闭运行，不受市场利率波动的干扰，以中低收入者为主要储贷对象，建立国家鼓励（奖励）政策吸引住房储蓄，先储先贷，多储多贷，购买住房合作社（联盟）建造的中小套型普通住宅（德国合作建房数量占每年新建住宅的30%以上），这样可以提前解决这部分群众的住房问题。德国的"斯豪银行"系统和欧洲住房合作联盟都有多年的运作经验，可资借鉴。

第八，推进住宅产业现代化，加快生产方式转型。以1999年国务院办公厅转发建设部等部门《关于推进住宅产业现代化提高住宅质量若干意见》的通知为标志，十多年来我国住宅产业现代化的步伐在加快，基本构建起住宅产业的现代化体系框架（图2），今后的任务仍然是要通过技术进步和生产方式的转型，有效地提高生产效率、提高住宅质量、降低成本、减少资源消耗、降低碳排放。这里特别要关注以下几方面的问题：一是关于生产方式。应逐步改变传统的现场施工、手工为主、湿法作业的落后生产方式，转变到标准化、系列化、工厂化的现代化生产方式，在工厂生产制造、组合各种建筑构件及配件，在现场进行装配。通过生产方式的转型，可以有效地提高效率、降低成本、提升住宅品质。二是关于二次装修。住宅产业现代化必须提高产品的完成度，应该向社会提供全装修的成品房，尽快改变毛坯房上市、购房者必须进行二次装修的落后状况。三是关于住宅寿命。按我国的现行规范规定，普通住宅建筑其结构安全使用

期，必须满足50年，这是强制性约束（表5），否则是不能验收的。但我

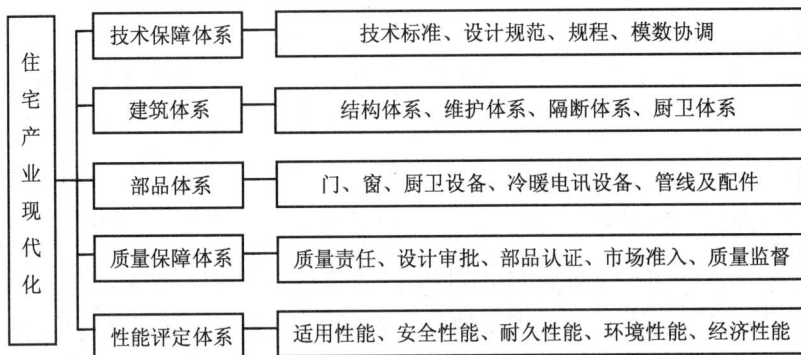

住宅产业现代化	技术保障体系	技术标准、设计规范、规程、模数协调
	建筑体系	结构体系、维护体系、隔断体系、厨卫体系
	部品体系	门、窗、厨卫设备、冷暖电讯设备、管线及配件
	质量保障体系	质量责任、设计审批、部品认证、市场准入、质量监督
	性能评定体系	适用性能、安全性能、耐久性能、环境性能、经济性能

图2 住宅产业现代体系框架图

们大量拆除的建筑，不少没有服务到50年，由于各种原因，致使大量二三十年的建筑（甚至寿命更短）被拆除，结果造成了极大的资源浪费和财产损失，这种状况不能再继续下去了。一方面，我们要切实提高住宅质量及其均好性；另一方面，也必须转变观念，依法加强对存量建筑的管理，做到"城市人民政府和建筑物所有者或使用者，应当采取措施，加强建筑物维护管理，延长建筑物使用寿命。对符合城市规划和工程建设标准，在合

表5   设计使用年限分类

类别	设计使用年限（年）	示例
1	5	临时性建筑
2	25	易于替换结构构件的建筑
3	50	普通建筑和构筑物
4	100	纪念性建筑和特别重要的建筑

理使用寿命内的建筑物，除为公共利益需要外，城市人民政府不得决定拆除"。四是关于性能认定。鉴于住宅品质的综合性强，而且有些质量的问题（如住房寿命、抗震防火、保温隔热、能耗水耗等）肉眼是难以判断

的，所以应对住宅性能品质进行认定，提高其产品质量的透明度。我国已出台住宅性能认定的国家标准，但没有全面强制认定，考虑到住房的标的额巨大，而且住宅性能涉及人身及财产安全，建议应普遍认定全面推行。

第九，市场监管必须回归以法治业的轨道。最近媒体披露各地上报的闲置土地高达 2815 宗，面积达 16.95 万亩。先不说可能还有隐瞒不报的，这个数已够令人惊讶的了，可见我们监管的漏洞和处置的乏力，有的土地竟可以闲置 10 年以上乃至 17 年之久，居然无人查处。造成这种现象的根本原因，不是无法可依，而是有法不依、不作为。法治的市场要求房地产市场主体各类角色人等，都应遵规守法、严以自律、认真履职。这里的核心角色是地方政府，这个角色无法更换和代替，因为只有政府掌握着调控资源和工具。从这个意义上讲，房地产市场的某些乱象，还要从政府的自身去找原因，在政府依法作为的同时，行政行为也要受到监督，人大的法律监督、政府的层级监督是有效的监督制度，舆论监督和社会监督也会发挥重要的作用。不管是政府还是其他的市场主体，只有行为受到监督而被约束，游戏规则才有意义，市场运行才能回归健康有序的状态。

第十，科学统计、及时披露，提高市场运行的透明度。在重视舆论导向的同时，要特别加强房地产统计工作，对市场的判断和调控政策的选择，都离不开对市场运行状态真实准确的把握，千万不能"情况不明决心大"，现在市场透明度不够，房地产"家底"不清楚，官方统计的权威性和时效性受到诟病，结果各类山寨版数据纷呈，相互"打架"，误导预期。当前亟须建立科学的房地产统计指标体系，改变目前统计混乱的状态。为摸清房地产（尤其是住宅）的基本情况，进行全国房地产普查势在必行。只有这样，产业政策才能更符合实际，规划目标才更有依据，政策措施才更具针对性，对市场预期判断才会更科学，整个产业才能健康稳定地持续发展。

▌应在大力推广公租房基础上实行租售并举

◇丁宁宁[*]

其实住房问题，并不像刚才几位领导说得那么复杂。列宁同志讲过：真理都是朴素的。凡是把一个问题说得谁都听不懂的，肯定是想骗人。目前住房问题的情况是：虽然100%的人都在骂住房政策，但是99%的人都想通过不同形式的房屋投机来取得利益。所以说这个政策就有问题了。目前的住房政策是不可持续的。

我说住房政策其实很简单，简单在什么地方？可以从历史上找答案。看看历史上的西方国家，相当于我们目前发展阶段的时候，是以买房为主，还是以租房为主？我们刚才举的那些例子，都是和人家现在的情况相比。现在人家都是后工业社会了，我们还处于工业化过程之中。这种比法本身就缺乏历史唯物主义。

实际上，西方工业化过程中的租房比例还要高很多。第二次世界大战前西方各国的租房比例，大概都在80%以上，而不是像现在这样只有一半左右。在我国目前这样一个高速工业化、城市化阶段，无视存在大量人口流动的情况，推出一个"以买为主"的住房政策，本身就是违背历史发展规律的。

为什么会发生这个变化？是因为我们的房改政策越来越走极端。

---

* 丁宁宁，国务院发展研究中心社会发展部原部长、研究员。

如果大家仔细回忆一下，小平同志于 80 年代初谈住房改革时，是讲"租售并举"的。小平同志举重若轻，没有讲那么细。他是以自己在法国留学时的印象来设计的：可以买房，也可以租房；自己想盖的话，也可以自己盖房，还可以搞合作建房，等等。到现在就剩了一个买房，其他什么都没有了。

我国目前的房地产政策，基本上是一个官商勾结、培养地产大鳄的政策。出现这种情况，主要有两个原因。

一是我们 80 年代搞财政"分灶吃饭"的时候，财政预算制度发生了很大的改变；政府"分级包干"的结果，实际上取消了中央政府的公共预算，将公共服务责任下放给了地方政府。但是 1994 年税改以后，财力向中央集中，又没有一个规范的中央预算制度，根据地方公共服务的需要来进行财政转移支付。卖地就成了地方政府的一个重要财源，以平衡地方的财权、事权缺口。这个问题不解决，卖地的问题很难解决。

二是我们经常宣传"小政府、大社会"，结果把本来应该政府办的事儿，首先是规划，再就是容积率、公用建筑、建筑标准，统统交给房地产开发商去办了。政府图省事，自己什么都不管，只管收钱，加上官员腐败，官商勾结，房地产商自然就做大了。现在一说住房政策，就拿增长速度说事儿。现在人均住房面积确实增长很快；但很多已经卖出去的房子实际上没有人去住；大量的流动人口还是挤在地下室里。

政府该管的事情不管，放弃了自己的责任，开发商就会把追逐利润的游戏玩到极端。你有了好的想法也会变味。北京的回龙观，就能把每套经济适用房的面积扩大到 260 平方米。天通苑那么大的地方，开始的时候连个公共建筑都没有，邮局、派出所、消防队都没有，更别说学校了。这样的小区实际上只能晚上睡觉，其他无论干什么都不方便。所以说，这种官商勾结的办法，盖出来的只能是一堆城市垃圾。

现在是表面文章越做越好。说是让每个人都拥有自己的住房、拥有私人产权，但都经不起推敲。不讲住宅的独立性，不讲住房人的权利，就谈不上私人产权。什么是私人产权？有一句话说得好："风能进，雨能进，国王不能进。"我们这儿的房子谁都可以进，如查水表、煤气表的。一家暖气坏了，上下十几家受影响。一家漏水，全楼遭殃，一直流到地下室。哪管住房人的权利？哪有独立的私人产权？

按照英国、美国的法律，只有具有独立性的住房才能够出售。它们的法律还明确地规定了独立性的具体内容。例如房间之间必须是隔音的，各种收费计量表都应放在户外，等等。因此，无论是水、电、气的管路都应当是并联的。我们现在卖的很多楼房都没有达到这些最起码的标准。楼上放个屁楼下都听得见，这房子怎么能卖呢？建筑标准、建筑质量，不仅要立法，而且要严格监管。政府不管，就没有尽到自己的责任。

我们很多的房子不仅没有达到这些起码的标准，连购房人最基本的权利都得不到保证。虽然买房时交了维修基金，但真正遇到问题时就没有人管了。改革初期盖的房子距今不过 30 年，门窗就全烂掉了；没人给修，还得自己花钱来换。楼房的外墙、电梯就不行了，靠住户自己没办法解决。还有很多楼卖的是白板房，让住户自己装修。结果是这些楼房从来就没有消停过。一家装修，全楼震动。这样的楼房怎么能卖呢？

目前的住房政策如果不改变，肯定要付出更大的代价，但调整起来也并非易事。不过现在中国的命特好。自从有了互联网，各种意见都可以发表，想垄断舆论都垄断不了。这就可以防止改革走极端。在住房问题上，老百姓已经开始骂街了，领导层的思路也开始转变。前不久，李克强同志讲：土地采取划拨方式，大规模推进公租房等保障性住房建设，是一个好的开端。只要坚持下去，用不了几年，房价自然会落下来。

房地产问题的根源之一是土地批租。我国《宪法》规定：城市土地归全民所有，凭什么让地方政府一卖 70 年？这个做法是从港英当局学来的。英国政府向当时的清政府租借香港 99 年，所以只能卖（批租）70 年。土地批租是英国在香港采取的特殊政策，英国本土并未普遍实行。香港回归前港英当局大搞批租，主要是英国想拿走一笔钱。大概是卖了 1800 亿港币，英国人拿走了一半，另一半留给了回归后的香港政府。

港英当局留给回归后的香港政府 900 亿港元，也没有能够救得了香港经济。由于地价太高了，不仅制造业存在不了，贸易公司存在不了，连金店都存在不了。现在号召大陆同胞去旅游，能救得了香港经济吗？还是救不了。为什么香港土地价格能炒那么高呢？由于我们担心英国人走后香港出问题，各种中资机构大举进入香港，支持了当时的香港楼市大涨。但谁又能想到楼市大涨的结果，反而导致了香港今天的不稳定。

土地是产业的立身之本。过度炒作导致的地价过高，不仅影响我国制造业的发展，而且必然影响中国的工业化、城市化。现在不仅仅是老百姓买不起房的问题，而是各地政府在那儿鼓励炒作，来增加本级的财政收入。一方面高价卖给老百姓住房，另一方面零地价招商引资。我认识的很多朋友，过去搞制造业的、搞商业的、搞贸易的，现在地价过高，都不搞了，全都去炒房地产了。这样下去，我们还有什么工业化？

现在搞廉租房、公租房，要防止走另一个极端。市场经济体制下，房屋既是消费品，也是商品，不能一味依靠政府补贴。即使搞廉租房，也应当使经营者能够维持简单的再生产，公租房就更不用说了。媒体上讲一套廉租房，五六十平方米，一个月才收 70 块钱，是不对的。以北京为例，如果北京的最低工资是每月 1200 块钱的话，廉租房的月租至少应当是300 元。

实际上唐家岭的蚁族们就是每月花 300—500 元租房子。

公租房房租应该是什么水平呢？当然应该比廉租房高，本地平均工资的 1/3 左右。

我同意程恩富院长的意见，根本的办法还是应该大力推广公租房。租售并举，让老百姓有选择的自由。公务员也一样。在以卖房为主的政策下，公务员也买不起房，买了也是靠特权。当任何一个毕业大学生找到工作后，立刻能申请到公租房的时候，这个制度就合理了。如果不是这样，还是搞土地拍租、以卖房为主，住房价格就不可能控制住。

最后还是那句话：百分之百的人骂住房政策的时候，百分之九十九的人还在想投机，这样一个国家不是疯了吗？

（根据录音整理，题目为整理者所加）

研究住房:理论比政策更重要

◇陈　淮[*]

住房和城乡建设部政策研究中心是研究政策的。今天我们的研讨会主题是理论和政策。但我们这个研究中心同样注重研究理论。为什么呢？因为政策只是人们的主观选择。主观选择未必都是符合客观规律的。什么叫客观规律呢？不以人的主观意志为转移的必然趋势叫做客观规律。请注意，这个定义是马克思主义哲学的定义。

这个不以人的主观意志为转移，包括不以谁的"官大"的主观意志为转移，不以谁掌握着公众喉舌的主观意志为转移，不以出于良好愿望、高尚动机的主观意志为转移，甚至不以大多数人的主观意志为转移！大多数人的意见不一定是符合客观规律的。我们希望祖国天天是春天。可四季轮回，谁改得了呢？

我们今天这个会议，是中国社会科学院经济社会发展研究中心和中国人民大学马克思主义研究院主办的。这两个主办单位都是研究理论的，而且是研究马克思主义理论的。为了不让这些有学问的专家笑话，今天我就打算讲点理论，讲点马克思主义经济学。讨论房价、房地产市场也可以讲理论。讲理论就是讲对客观规律的认识、对客观规律的总结。

第一，我们的住房保障比例和我们现在所能实现的住房水平，是依据中国现有的社会发展水平中的社会必要标准来制定的，而不是比照美国、

---

* 陈淮，住房和城乡建设部政策研究中心主任。

欧洲，或者理想化的标准来制定的。民生是有社会必要标准的。我们别离开一个最基本、最起码的理论依据，去设计一个理想的社会体系。

第二，马克思主义经济学的最大贡献之一，是把辩证法引入了经济学。辩证法在马克思主义经济学中是贯穿始终的。马克思提出，商品价值的本质是人类的物化劳动，利润的本质是劳动者剩余劳动创造的剩余价值。但是，马克思同时也指出，在工业化、市场经济这个社会发展阶段中，这个本质会以颠倒的方式表现出来。剩余价值会表现为资本的收益。这个颠倒是符合辩证法的，是不可避免和符合规律的。

我们得讲求本质和现象之间的辩证关系。很多人说房价有"泡沫"。那"泡沫"是什么呢？人们说，"泡沫"就是这个房子的价格超出它的价值，或者超出它的成本过多的部分。这个说法对吗？不对。为什么呢？因为资产的价格不是按照生产这个资本的耗费来决定的。在市场经济下，资产价格不是比照成本，而是比照收益，比照这个资产能挣多少钱来定价的。这是经济学的基本常识。例如，人们熟悉的股票价格就是按照它的预期收益来折算的。假定投资1000万元建一个工厂，一年能挣300万元，回报率是30%。那么这个工厂的理论价格上限就是按照现在的存款利率，你把多少钱存进银行，能挣到300万元，这个工厂就值多少钱。存款利率是10%，这个工厂资产价格的上限就是3000万元。因为花2999万元买这个工厂，就比把钱存到银行划算。这就是辩证法，这就叫做马克思主义经济学。

第三，马克思主义经济学关于利润率的表述。人们说房地产是暴利。以为有暴利就一定有大的降价空间。其实，暴利和降价空间不一定直接相关。假定在中国人民大学这个地方建房子，地价加砖瓦灰砂石、人工成本、管理费用等，每建一平方米房子需要10000元，开发商卖11000元；显然，这个房子的降价空间最多就是这1000元。但是这并不妨碍开发商有暴利。因为这10000元成本并不都是开发商出的。开发商可能只出2000元，另外有3000元是开发贷款，5000元是预售款。我们得向老百姓说清楚一个简单的经济学道理：降价空间取决于成本利润率，开发商的暴利来自于资金利润率。这个道理，叫做马克思主义经济学。

第四，马克思在《资本论》第2卷用了四章，专门论述了一个叫"级差地租"的理论。是马克思在那个时候就预见到了中国今天会面对房价问题吗？不是。马克思为什么讲这个"级差地租"理论呢？因为马克思主义经济学的理论核心是劳动价值论。有人问了，说马先生我问你，这土地不是人造的，是上帝造的，它凭什么有价格，而且价格还有差异？如果马克思不能科学地回答这个问题，他的《资本论》和"劳动价值论"就建立在沙滩上了。马先生说，假定一亩肥地能打500斤粮食，一亩薄地能打100斤粮食，人们很容易理解，这两块地出租的租金，或者出让的价格一定是有差异的。这个价格和差异一定是按照它的收益来决定的。

这个理论并不复杂，但和房子有什么关系？人们很容易理解，肥力不同的土地，其价格和租金存在着区别。但这个差别只影响土地所有者和承租人之间的利益关系，不会影响到土地产品的最终消费者。人们很容易理解，不同肥力的地种出的麦子磨成面蒸成了馒头，它们的价格一定是一样的。也就是说地价的差别，只在土地所有者和土地实际使用者之间分配。最终买馒头、吃馒头的人是感受不到这个地价、地租的差别的。但当土地不是用来种粮食，而是用来盖大楼时，情况则不一样了。这个土地价格的级差性就一定会传导到最终购房人的头上。土地价格的级差性，就是北京房价变化的重要原因。刚才我们主持人说，北京的房价涨了5倍。这个说法也对也不对。我们也可以说，北京的房价并没有涨。为什么呢？10年前在我们开会的这个地方，可以买到6000元一平方米的房子。5年前北京能不能买到6000元一平方米的房子？也可以买到，只不过在昌平。现在可不可以买到6000元一平方米的房子？还可以买到，在延庆。5年之后还可不可以买到，还能买到，在张家口。这就叫土地价格的级差性。

我们得尊重客观规律，尊重理论对客观规律的总结。马克思主义经济学不仅讲了级差Ⅰ，而且还讲了级差Ⅱ。很多人问，房子究竟值多少钱？这个问题一点也不难回答。同样一所房子，在最偏远的县城里能卖多少钱，这房子就值多少钱。假定在那里可以卖2500元一平方米、3000元一平方米，凭什么到北京卖30000元一平方米？道理很简单。你有5000元买了北京的基础设施，你有5000元给你儿子买了北京的人大附中、人大附小的教育条件。你有 5000 元买了北京的人文环境、发展机会，你有 5000 元买了北京的工资水平。你说我要的是房子本身，我要的不是这些东西。那你就回你们老家买房子去。实际上你买一所房子的时候，你同时也买了窗户外面所有的一切附加条件。窗户外面的这些条件，给你盖这所房子的开发商没花钱，但是社会一定是有人花了钱的，这个外在成本最终一定要体现在房子的资产价格之中。这就叫级差地租。

以上仅仅是就马克思主义经济学的一些基本原理来解释当前的房价、房地产市场现象。我的建议是，大家别把政策太当回事儿。政策选择是拍板决定政策的人的主观选择。制定政策的人一定是按照最有利于他的原则来选择政策的。在过去的 10 年，涨得最快的不是房价，是公务员的工资！从 2001 年到 2011 年，公务员的工资涨了不止 5 倍，还不包括最近几年来以 1/4—1/5 的市场价格实物配售的住房。这就是政策！我以为，我们还是研究规律和理论更符合科学。

仅供参考，谢谢大家！

（根据录音整理，题目为整理者所加）

推进住房建设与管理的再改革

◇任玉岭[*]

一 对住房产品属性再认识

住房是民生的必需品。国家、社会对居民住房的建设和供给，有其重要的政治性和公益性。

从古至今，从国内到国外，诸多有识之士和相关政府部门大都是十分关注居民的住房建设和保证供给的。我国唐朝诗人杜甫，就曾对百姓住房问题，留下过他的名言和诗句。其中"安得广厦千万间，大庇天下寒士俱欢颜"，至今还广为流传。新加坡租屋局，还将其作为局训。

中国共产党作为无产阶级的政党，实际上很早就把百姓的住房问题纳入了革命工作的关注范围。早在1934年毛泽东就曾指出："解决群众的穿衣问题、吃饭问题、住房问题、柴米油盐问题、疾病卫生问题、婚姻问题，总之，一切群众的生活问题，都是我们应当注意的问题。"毛泽东把住房问题与穿衣吃饭同等看待，可见住房的民生性、政治性是十分突出的。

正因如此，在新中国成立以后的半个多世纪里，党中央、国务院高度重视广大百姓的住房问题。在土地改革期间，在农村除了进行土地的改革和重新分配之外，也对住房进行了重新分配。在城市，凡建设新的工厂、

---

* 任玉岭，国务院参事室参事。

新的学校、新的机关和事业单位时，也都同时要建设职工住房。尽管当时财政十分困难，但还是保证了人人有房住。我曾经做过大学教师、企业技术人员和研究机构的研究人员，从 1960 年起，不管走到哪里，组织上总是在安排你工作的同时，也要安排住房的。而且是让大家住的地方与工作的地方相邻近，尽量使年轻人有更多的时间投入到工作和学习之中，不使你因居住过远，把时间浪费在路途中。

改革开放后的 1985 年，开始推行把原有国家住房卖给个人的时候，其初衷也是为了从中得到一些钱，并能用这些钱为百姓建更多的住房，以使住房条件得到改善。应该说，这条路走的是正确的，对于城市原有的广大市民来说，住房问题在总体上是得到了保证和有了较大改善的。

从国外看，无论是欧美国家，还是亚洲国家，各国政府也都十分重视住房的公益性质。各个国家为了保证"住有所居"，对住房的建设和供给都推出了包括贷款利息的优惠、税收政策的减免、财政的直接补贴和廉租房供应等在内的很多政策和措施。

英国作为一个老牌的发达国家，为做到"居者有其屋"出台了很多办法，其中为照顾一些买不起房的住户，国家实行了半产权售房计划，居民可以买 50% 的房产权，其余 50% 由政府和银行分担。

我在澳大利亚、新西兰调查时，他们除了对居民购房由国家和政府进行补贴外，还十分注重"可承受性住房"的建设。由非营利建设单位借助国家贷款支持建设的低价房，较好地解决了中低收入家庭的住房问题。韩国出台的一户一房等政策也都有效地缓解了住房的供应，做到了居者有其屋。新加坡政府为了解决好广大百姓的居住问题，建设了大量的称作组屋的低价房，这些住房售价十分低廉，面积较为宽敞、环境同样优雅而时尚，交通便捷，医疗、教育十分方便。

又如沙特阿拉伯，过去由政府向居民提供补贴建房。2007 年我去调查时，他们因为国家有了钱，于是就把补贴办法改成了建好房赠给居民住。2007 年已启动 150 万套住房，准备建好后赠给居民住。

我们国家的住房问题是城市化推进中的新居民及新生代城市居民的双重需求引发的。如何解决好有市民资格的新生代居民及尚无市民资格而已经成为城市发展不可缺少的新居民的住房问题，这是我们当今住房问题的中心和主体。因此住房问题，不仅涉及和谐社会的成功构建，也涉及城市化的快速推进。为此，我们应该把住房问题上升到执政为民的战略高度，将其作为以人为本的科学发展观的重要内容，抓好这项具有公益性、政治性的大事情。

二　对住房建设的服务方向再思考

当今对住房建设的服务方向，存在着激烈的争论。第一种观点是，住房建设就是要为住有所居尽职尽责；第二种观点是，住房建设就是要为有钱人服务。持前一种观点的人，主张把 70% 的土地供给保障性住房，把 70% 的房子建成 90 平方米以下的小户型，这种观点是符合我国国情的，也是被 2007 年国务院出台的 24 号文件已经明确的。但是，由于持第二种观点的人多是既得利益者和建设住房的掌权人，他们为了捍卫既得利益，在利益的驱使与官商勾结下，客观上持第二种观点占据上风，造成了为住有所居尽职尽责的国家政策和住房建设的规定与举措难以实行。根据我的调查，很多大城市的住房建设依然走着一条为富人服务的道路：为投资住房服务，为投机住房服务，为"热钱"购房服务，为购买第二套、第三套住房服务，为权贵阶层异地购房服务的情况十分突出。包括中央三令五申不许建别墅的声音，都被当成了耳旁风，不少地方近两年仍然为别墅建设投入很多，土地兴建别墅之风一直没有止息。试想，在国家要控制 18 亿亩耕地红线的情况下，我们的土地供应住房建设仍然不能为住有所居尽职尽责，我们怎样能推进城市化的进程，怎样能保证住有所居与和谐社会的建成！

中国有两个成语：一个叫"安居乐业"，一个叫"流离失所"。我们怎样使人们消除"流离失所"的痛苦，怎样保证广大百姓的安居乐业，这首先必须要从住房建设的服务方向上下工夫。

当今因为住房建设服务方向的严重偏斜，不仅造成了城市低收入居民居住条件难以改善，新生代市民与父母分居、成家立业的困难，而且造成了数以亿计的农民工，一不能夫妻团聚，二不能赡养父母，三不能教育子女，更不能同住一起享受天伦之乐。我在家门口调查中发现：有三个在大院扫地的妇女，丈夫和妻子同在北京工作，但男方在工地住工棚，女方在中关村住集体宿舍。由于没有住房，他们均常年不能夫妻团聚。前两年广州有一个报道，63%的已婚农民工常年不能过夫妻生活。我在浙江调查时，一位市长告诉我，一对农民工夫妇，因没房住，到树林里去做爱，还被警察给抓了。据有关方面调查，因没有住房，社会上增多了婚外恋，增大了离婚率。因此，要推进社会和谐，就一定要坚持以人为本的科学发展观。在住房建设方面，就一定要为广大百姓的"住有所居"尽心尽力。

有人说，房价高涨，主要是因为有"刚性需求"推动的。但在我看来，房价高涨并不是"刚性需求"造成的。"刚性需求"确实是存在的，而且是巨大的，但这种需求在很多大城市都因房价过高给淹没了，有购房需求的广大中低收入阶层在高房价面前是没有能力购买住房的。在国外，一个家庭购买一套住房的花费是家庭年收入的3倍左右，而我国有些城市住房对中低收入家庭而言，是家庭收入的十几倍、几十倍，甚至是上百倍。因此，我们的住房建设，一定要从它的公益性、政治性考虑，要重视建设"可承受性"住房，要把广大"刚性需求"作为住房建设的服务方向。

考虑到我国城市化的推进和数以亿计的农民转市民及每年数百万大学生进入城市的实际，住房的"刚性需求"潜力是十分巨大的，只要把住房建设的政策制定好，住房的服务方向把握好，这种刚性需求，不仅会推动房地产的大发展，也一定会为城市经济的发展创造辉煌。

三　对住房建设与管理制度再改革

我们的住房建设与管理制度的改革已经取得了很大成绩。但是，面对广大中低收入者买不起房、住不上房和广大百姓对房价高涨怨声载道的实际情况，我们必须看到住房改革出现的新问题。有必要进一步解放思想，进行住房建设与管理的再改革。

再改革，绝不是对此前改革的否定，再改革是新形势的需要，是实事求是的表现。如前所述，住房是有公益性质和重大政治意义的，它与民生的关系是十分直接的。面对很多大城市数以百万计的农民工无房可住；面对占70%以上的工薪阶层买不起住房；面对城市中很多房东把一间房分成多间房出租；面对很多人或住地下室或合租一套房、合租一间房的实际；面对因住房问题难解决，数以万计的夫妻不能团聚；面对因住房问题难解决，造成2000万儿童留守农村；面对没有便宜的房子可购买，而致很多人被婚姻遗弃，"剩男"、"大女"人数越来越多；面对城市买不起房，而致数以万计的人到农村去建房而又空置不用；面对因房价过高，很多家庭变成房奴，消费能力大为缩水，内需难以启动；面对因房屋问题而致的亿万农民工必须春节返乡，导致铁路一票难求、出行困难等，是可以看出住房建设和管理的改革已成为当务之急了。对于有责任心、有正义感、情为民所系、利为民所谋的主管部门来说，一定会看到住房建设与管理再改革的必要性和紧迫性。

为了搞好住房建设与管理的再改革，我认为必须着力解决好以下五个问题：

一是要着力解决好农民工在城市中的住房问题。农民工在城市就业的多达1.2亿—1.4亿人，占我国总人口的1/10，相当于15个瑞典或8个加拿大的人口。农民工不仅已经为城市发展作出了重要贡献，而且成了城市中不可缺少的一部分。再说，这数以亿计的人口，有的已经在城市生活长达30年左右。曾经于30年前在我家工作过的小保姆，当初是一个小姑娘，而今孩子都20岁了，但仍然随着城乡结合部的外移，住在新的城乡结合部，工作地点与居住地点相距几十里。我在广州、珠海调查时，都发现有同样问题，住在城郊，工作在城里，由于上下班花费时间过多，公交路费负担过重，一些扫地工人虽然中午有3个多小时的休息时间，也只能坐在马路边上艰难地挨时间。

按有关规定，这些农民工都是被作为市民统计进了城市人口的，而实际在房屋使用管理政策上，很多城市却对他们毫无关注。包括首都北京，虽曾有人大、政协多年呼吁，但至今廉租房都没有农民工的份。我调查过一些农民工住地，不仅环境脏、乱、差，而且有些路还是泥土路，住房狭小，很多人挤在一个单元里或是一间房子里，房子本身没厕所、没暖气。看看远处的豪华大厦，再看看这些农民工的生活，这同当年一些电影讽刺的"几家高楼饮美酒，几家流落在街头"的情景不差上下。

为此，城市住房建设管理的再改革，一定要把解决农民工住房问题作为重头戏，要引起高度重视采取有力措施。不仅要向农民工提供廉价的公租房，而且要为全家两代人都已住进城市，并不准备回乡的农民工建设可承受性住房，让他们走上安居之路。

二是要着力扩大保障性住房建设问题。保障性住房，除了棚户区改造和廉租房供应之外，重点应是"可承受性"住房。我不主张所有的年轻人大学一毕业都要买房住，但是，作为一个国家，一定要使大多数工薪阶层买得起房，这是我国的国情和历史传统需要的。生活在中国，就要从中国的实际出发。据前几年调整个人所得税时，人大刚刚公布每月 2000 元为个人纳税起点时，就有一个报道讲到，具有纳税资格的人仅占工薪阶层的20%，这就是说，中国的工薪阶层中80%的人的收入仍在每年 2.4 万元以下。按照世界上通行的住房价格与家庭年收入之比为 1:2—5 考虑，我们取上限，那就是不应该让房价高出居民收入的 5 倍，这才是合理的。80%的人的收入在 2.4 万元以下的话，一套房的房价应普遍在 12 万元是比较合理的。当然这个总面积应当从中国的实际出发，还要要求买房人住小户型（50—80 平方米较为适宜）。

为此我提出一个公式，即：

（1）家庭收入×5 > 当地现行平均房价×80 平方米的，应进入到购买商品房的渠道。

（2）家庭收入×5 ≤ 当地现行平均房价×80 平方米的，应进入到享受可承受性住房序列。

（3）家庭收入×10 ≤ 当地现行平均房价×80 平方米的，应进入到享受廉租房的范围，而且适用于广大新老市民。

我认为，按照这个公式的（2）来设计中国的可承受性住房，以保证广大中低收入家庭住有所居是合理的，也是能够做到的。这样既实现了同国际的接轨，又能真正解决广大中低收入家庭的住有所居和安居乐业问题。

三是要认真处理好保障性住房的土地供给问题。我国是人口大国，土地资源相对紧缺，而且18亿亩农田红线又必须确保的情况下，如何解决好保障性住房的土地供给问题，应纳入住房建设与管理再改革的重要内容。近年来这方面发生的突出问题是，保障性住房的土地被侵占在各地都十分严重。由于利益的驱使、官商的勾结，至今我们的土地供给，都没能按2007年24号文件去落实，各地用于保障性住房的土地都没有达到土地供给的70%，而且连50%也不到。土地使用上存在的突出问题：一是建别墅用地没有真正控制；二是相当多的土地被房地产商囤积；三是很多土地被反复倒卖；四是有些土地招标不公开、透明，猫腻甚多；五是土地价格方面，没有对保障性住房实行特事特办和特价处理。

不客气地讲，我们的住房问题发展到今天如此严重的情况，实际是与某些主管部门不作为和某些地方不认真对待或官僚主义有关系。我们的土地，从农民手中取出时仅有几万元，最多十几万元，但到政府手中作为商品房用地卖出时，大都达到几十万元、几百万元。很多地方在财政预算中，有近半数经费来自于土地，这就足以说明解决保障性住房用地的可能性是巨大的。把土地从农民手中拿到政府手中转为保障性住房用地，只要不无限加价，将其作为公益性需要，政府财政对其少一些依赖，是可以保证土地对保障性住房的低价供给的，是能以为实现住有所居作出保证的。

四是住房建设管理的再改革一定要有金融业的配合。我们的金融部门为房地产的发展作出了重要贡献。但是金融部门与房地产商的长期结合，也出现了很多不尽如人意的问题。例如有些金融部门同房地产商的高管勾结起来通过银行贷款炒房，也炒高了房价。有些银行部门不认真审查房地产商资格，造成房地产商自有资金极少，而利润极高，也推进了房地产界贿赂之风过于严重。而对房价影响更大的是，当银行大量贷款流进房地产后，就把银行与房地产商捆在了一个战车上，银行总怕房地产泡沫破裂，而一味地给房地产商支持贷款，造成很多政府对房价的调控政策难以落实。

为搞好住有所居，推进住房建设管理的再改革，一定要有金融部门的合作。金融部门要把支持保障性住房建设作为重要使命和应担负的重要责任。金融是经济发展的命脉，房地产的发展中金融也起着主导作用，只要金融业明确了任务和方向，我们的保障性住房特别是可承受性住房的建设，就一定能按照中央的部署，创造出更大的辉煌。

五是住房建设一定要在设计的基础上先定价后招标。据我多方调查，住房的建设费用并不是很高，住房的成本是有限的。现在住房的高价，一是土地的不合理供给推起的，二是腐败贿赂因素促成的，三是房地产商虚报造价导致的，四是对所谓的广告费、销售费过高估算形成的。全国各地建筑工人的费用和建筑材料成本基本上是差不多的，很多中小城市房价至今仅有2000多元，这就足以说明建筑安装费是有限的。

我曾于2007年在浙江仓南县看到一个28万平方米的小区，房子很漂亮，售价仅有630元（不含土地费）。他们为什么房价这样低，就是采取了先设计、先估价后招标的建设办法。并且给建筑商留足了利润空间。我专门找到建筑公司老板，他们讲每平方米有27—28元的利润，28万平方米建下来，也有较好的收入，公司运转可以顺利。我认为浙江仓南这一经验很好，先设计、先估价后招标一定可以使房价大大降下来，很值得将这一经验向各地推广。住房建设的管理与改革，一定要坚持这样的道路和方向。

六是住房建设不要过分集中搞睡城。我在新加坡组尾区，看到那里有不少写字楼和世界的大工厂。这样居民就可以有不少人就近就业，减轻了城市交通压力。而我们呢？不少城市设立了工业区、商贸区、住宅区，像北京回龙观、天通苑成了典型的睡城。而写字楼、商贸、医院、学校又多集中于二环以内。这样做必然不方便群众生活，也造成城市车辆拥堵。我在深圳看到一些写字楼落成时，同时要落成两三座宿舍楼，这些楼多是小户型（27—35平方米）的公寓，方便非婚青年租住，2005年时首付仅1万元，2007年时首付3万元。这样做的结果，既解决了工薪阶层就近上班，有利于学习与工作，又利于改善城市交通，避免上班拥堵。

所有这些好做法、好经验，都应成为住房建设管理改革的推动力和借鉴对象，应该将其列为再改革的重要内容。

我认为，只要政府重视住房建设与管理的再改革，广纳群言，广集民智，中国的住房问题是可以很好解决的，我们是可以走出高房价的困扰的。"住有所居"是能够为和谐社会的构建作出大的贡献的。

▌关于解决大城市房价畸高的基本思路

◇李崇富*

自20世纪90年代初开始，我国在城市职工"房改"中停止了福利分房，实行了住房货币化（即把原福利房廉价出卖给住户）和商品化制度。其突出成效：一是一大批原有福利房的老职工廉价买房，基本上稳住了城市居民的大头（其中占便宜的是超标者、吃亏的是未达标者）；二是加快了城市住宅建设，使商品房市场十分红火，不少人的住房有了改善。全国市民从当时人均不足10平方米，到现在已达人均30平方米左右，大体相当于目前日本的水平。这是了不起的成就。同时，其问题也极为突出和严重。主要是，目前我国城市已经形成了一种以极少数上层人士的隐性特权房、价格失控和疯狂飙涨的畸形商品房、为极少数特困户提供的保障房之"三合一"的住房制度格局。这里暂不讨论特权房（国家和部分有条件单位为少数上层人士提供的"官邸"、公寓、特许房等）和保障房（为低收入住房特困户提供的经济适用房、限价房、廉租房等）问题。因为，对前者是否和如何实行比较复杂，须作专门研究，而对后者必须加强则在舆论上比较一致，所以，我只重点讨论如何控制和解决我国大城市商品房的房价畸高问题的基本思路。

我认为，由于制度性放纵和过度市场化，我国大城市商品房市场，已

---

* 李崇富，全国政协委员，中国社会科学院学部委员、马列主义毛泽东思想研究所原所长。

经完全失控、病入膏肓、不可救药，走入了死胡同，必须深化改革、从制度上重新设计。其理由是：

其一，近几年大城市房价疯狂飙涨、房价畸高，房价与人均收入和户均收入之比也高得离谱，几乎所有人靠正常工薪收入都无力买房。有"海归"以其亲身经历比较，认为北京收入和房价比，是日本东京的 8 倍。据美国统计局和城建部报告，从 1940—2000 年的 60 年，美国房价年均上涨 2.3%，低于银行利率。到 2010 年 11 月，出售新房 29 万套，每套中间价 21.3 万美元（含地价），套均 303 平方米、地产面积 1416 平方米，且多为独栋庭院；而 2009 年，美国人年均工资 43460 美元。[①]

这就是说，美国职工可以用不到 5 年的工薪收入，就能买到 303 平方米住房，一年的工薪收入能买到 60 平方米的住房。这在我国任何省地级以上城市都是不可能的。美驻华使馆证实，距华盛顿市区 30 分钟车程，买一所占地两市亩的二到三层、居住面积 250 平方米的独栋住宅，目前市价约 40 万美元。以这个价格（约为人民币 270 万元）在北京近郊买别墅，也是不可能的。日本、美国的人均 GDP 均是我国的 10 倍以上，而我国北京等一线城市的房价，却高于东京和华盛顿，这是什么道理！进入 21 世纪前 10 年，北京四环内外的房价，至少涨价 4—5 倍，2011 年比上年均价上涨 25%。2011 年 1 月，北京新房前 10 个项目的售价，都超过了 5 万元一平方米；就连四环外 10 年前建成的稍好的二手房，其售价也都超过 3 万元一平方米。任志强说，北京四环内外的商品房价格，将要涨到超过 5 万元一平方米。目前，北京年人均工资买不到这一平方米住房。全世界包括所有资本主义国家在内，买一套户均面积之住宅的正常价格，都控制在家庭年均收入的 3—6 倍左右，而我国北京等一线城市却高达 15—20 倍以上。我国大城市的多数职工，靠其 20—30 年的工薪收入，不吃不喝，都无力买房。我们社会主义国家出现这种情况，是极不正常而难以为继的。

其二，我国大城市商品房由于过度市场化，已经基本丧失了居住功能

---

① 参见刘植荣《美国一栋 500 平方米的住房要花多少税费》，《理财一周报》2011 年 1 月 28 日第 138 期。

和民生属性，而异化为少数富人和权势者炒作投机、牟取暴利的工具，从而造成了大量房产资源浪费和严重的贫富分化。一边是人民群众买不起房，另一边是大量商品房闲置；一边是大量的年轻人沦为"房奴"，另一边是快速地造就一批"暴富"的房地产大亨和亿万富翁；同时也腐蚀了一大批掌管房地产资源的党政干部。现在，有些房地产商和为他们辩护的舆论，用所谓我国人多和土地不足、供需关系紧张来解释房价畸高。假定如此，那就根本无法说明人口密度比我国大陆大得多的日本、新加坡和中国台湾等国家和地区，为什么现在其房价相对合理和大多数人能够承受。其实，我国现在主要不是房源不足问题。据原摩根斯丹利亚太区首席经济学家谢国忠先生估计，目前中国的空置房可供2亿人居住。既然我国已达到人均30平方米的住房保有量，那么只要配置得当，就能够较好地解决人民群众的居住问题。我国畸形的商品房市场，既浪费了大量资源，造成了十分严重的经济泡沫和金融泡沫，也加速了社会贫富分化，激化了社会矛盾。我认为，如果不是当初福利房的廉价出卖稳住了大多数居民的话，那么，房地产市场造成的社会问题，可能早就不可收拾了。

其三，我国大城市商品房市场早就失去了可控性，已经由失去理智变得疯狂，患上了十足的"不治之症"。人民群众痛恨商品房市场，把它称为压在中国劳动人民头上新的"三座大山"之一。而政府面对民怨鼎沸的社会舆论，不得不一次又一次抛出"多少条"、"新多少条"来调控房价，其出发点是好的，也有一些短暂的效果，但是，都往往很快就冲掉，没有真正的调控效果，被舆论讥讽为"空调"。实际上，不是"空调"，而是"上调"，是"弹性上调"。每当中央政府的调控措施越严厉，其反弹（涨价）就越厉害。因为，各级地方政府、房地产商和银行已经形成了"利益共同体"，都消极对待、阳奉阴违，乃至或明或暗地反对"调控"。2010年"两会"期间，北京一位副市长坦言：北京建房成本是每平方米3000元。则如此，如果以6000元一平方米、9000元一平方米、12000元一平方米的价格出售新房，其利润率就分别是200%、300%、400%。而如果以3万—5万元一平方米出售，其利润率就高达30—50倍。这是比非法贩卖毒品还要高得多的"暴利"啊！马克思曾在《资本论》中引证过政论家邓宁的话说，资本"为了100%的利润，它就敢践踏一切人间法律；有300%的利润，它就敢犯任何罪行，甚至冒绞首的危险"①。当我国房地产商面对着比300%高过10倍利润率的巨大诱惑时，根据资本的客观逻辑，他们根本就不会理睬中央政府对房地产所作的任何"调控"了。

那么，我国为什么会出现这种情况呢？我认为，我国当前的商品房制度，是一个在有规矩的资本主义国家也不会出现的怪胎。因为，我国商品房制度本来应当是市场机制积极作用与社会主义优越性的结合，而实际情况则恰恰相反，它既放纵了房地产商的无比贪婪，也利用和扭曲了社会主义的掌控能力。试想：如果当权者和极少数上层人士没有特权房，或者他们在任期届满后必须搬出"官邸"和公寓，也得像其他人一样去购商品房的话，那么，他们能够设计和容许实行目前这种商品房制度吗？而这种制度的根本问题，就是以土地国有的名义，而官私勾结，进行土地使用权炒作、倒卖和实行"土地财政"的问题。各级地方政府都把住房用地作为摇钱树，即通过已经掌握的国有土地，加上廉价从农民那里征来集体土地的国有化，再以"招拍挂"，以及商人圈地倒地的方式，频频制造动辄几十亿的块块"地王"，致使地价是住房工程造价的若干倍，再加上政府其他各种税费、房地产的暴利，推动房价暴涨，而使内外投机购房者大获其利。如此机制，房价焉能不涨，焉能不发疯！据报道，2010年，在中央政府"严控"房价的情况下，全国土地出让金还高达2.7万亿元，同比增幅高达70.4%。财政部的数据显示：2009年，全国土地出让金为14239.7亿元，占地方财政收入的43.7%，2010年的这个比例，无疑会更高。这种"卖地财政"，是饮鸩止渴，后患无穷，不可持续。以致有些房地产大亨说，房价的构成，政府拿走了70%。有关各方在这种巨大利益的诱惑下，在现有商品房制度下，无论任何人的任何承诺，任何房价调控，都无济于事，最终必然失败。

其实，我国现有的商品房制度，早已进退维谷，骑虎难下，形成死结了。即使北京、上海、杭州等大都市的房价下降一半，老百姓仍然买不起

---

① 《马克思恩格斯文集》第5卷，人民出版社2009年版，第871页。

房。而一旦房价降到首付以下，就会出现退房潮，我国金融体系就会崩溃。国家当然不能容许这种情况发生。所以，国家调控房价的目标，历来就过于低调和温柔："遏制部分城市房价的过快上涨。"似乎我国城市房价上涨不是普遍存在的问题，似乎已经高得离谱的房价，不是要应当下降而是应当逐步上涨的问题。这表明了政府调控的两难处境、投鼠忌器的犹豫心态，所以下不了决心和狠招，往往是"调控"—"空调"—"高调"的恶性循环。因此，我认为，我国要真正解决大城市的房价飙涨和房价畸高问题，就必须认真反思，统一认识，以"壮士断腕"的决心，从根本上调整思路，朝着正确方向，深化我国住房制度特别是商品房制度的改革。我在 2008 年全国政协提案中，提出过类似下面的建议，可惜当做了耳边风，敷衍了事。现在，我不得不再次加以呼吁和重申：

第一，首先要认识到解决广大市民基本住房的极端重要性和目前问题的严重性。应当承认，我国现行商品房制度及其不可承受的、不可持续的畸高房价，违背了广大市民的根本利益，是与社会主义市场经济体制格格不入的。在社会主义制度下，房地产业是基础性产业而不应是支柱性产业。任何鸟雀都有一个窝。人民群众获得基本住房，是最起码的基本生活条件，不能以此作为一般商品，以新自由主义做法，让扭曲的市场自发地投机炒作。这种房地产既不能成为政府的摇钱树，也不能成为房地产商和炒房者获得"暴利"的工具。无论房屋出售（不必提倡所有居民都买房）还是出租，必须让普通住房回归居住功能和民生本性。问题的严重性还在于：现在房地产业"绑架"了银行，银行又"绑架"了政府和国民经济。而一旦房地产价格大起大落，使房地产泡沫进一步膨胀和破裂，其后果不堪设想！

第二，中央和各级地方政府必须坚决、果断和有步骤地终止"卖地财政"。应本着保护耕地、节约非农用地原则，在给予拆迁户、被征地农民以合理补偿和必要安置的前提下，不宜把建房用地的 70 年使用权一次性完全出卖，可以借鉴西方国家的一些做法，在收建房者和购房者都能承担得起的、合理的土地出让金，继而适当地多收取一点住房保有的税费，以使中央和各级政府有这方面稳定的财政来源。各级政府更不能同银行、房地产商结成利益共同体，利用所掌握的国有土地使用权的一次性出售，来盘剥城市居民，让广大职工在给内外老板当打工仔、拿低薪的情况下，再给银行当几十年乃至是一辈子的"房奴"。只要我国允许各级地方政府继续搞"卖地财政"，势必危及18亿亩的耕地底线，势必是一个脱离人民群众的畸形房地产市场，势必使现行保障房制度很难维持下去。

第三，广大市民即一般工薪阶层的基本住房，应当以各级政府为主导的通过有限的货币化来解决。我国城市可借鉴新加坡、印度等国家的经验，以政府为主导，组织国有的或者授权股份制的住房建筑、销售和物业管理等企业，坚持保本和微利经营，有时需要少量的政府补贴，在终结"卖地财政"的基础上，提高现有"经适房"地位和扩大规模，作为出售、出租和管理的主要形式，即采取类似新加坡"组屋"制度，来满足绝大多数市民的基本住房需求。当然，如果各级地方政府有办法、有能力，能够让广大工薪阶层以其家庭年均收入的3—6倍左右的房价，可以买到适当水平的商品房，那也是可以的。同时辅以少量和廉价的"公租房"和"照顾房"（即必要的"官邸"和公寓等）。可问题是，在我国现行商品房制度已经形成夹生饭的情况下，恐怕在短期内根本无法做到这一点。

第四，我国完全市场化的商品房企业，依然还有其应有的活动舞台和发展空间。这就是对富裕的阶层和群体，特别是对富商巨贾、大亨大腕、高薪高管者等少数人所需要的别墅，高档、豪华和超大面积的住宅，以及黄金地段的门面店、高档写字楼等建筑，可以在政府管理下，依法依规，实行完全的市场机制调节，来获得一切可能的、合法的和合情理的满足。因为，极少数老板、高薪高管、演艺和体育等明星，以及其他一切通过合法收入而富裕的人们，即有财力过高档生活、能够购买和租用高档住所的人们，可通过完全市场化的途径，让他们可以购置产业，住得其所。就是由原一般工薪收入者，后来合法地发达富有的人们，也有适当办法退出平民居住水平，而上升到优裕或较优裕的居住和生活水平。在社会主义初级阶段，随着生产力发展和全社会生活质量的提高，既要保障和逐步提高广大工薪阶层的基本居住水平、劳动和生活条件，同时也要允许合法先富者过上较为优裕富足的生活。

中央企业房地产业务调整的有关情况

◇楚序平[*]

尊敬的各位老师，女士们、先生们：

大家上午好！非常高兴参加这个论坛，利用这个机会，我向大家介绍中央企业在房地产行业中的调整发展情况。

国有资产监督管理委员会一直高度重视房地产行业的健康发展。从2003年国有资产监督管理委员会（下称"国资委"）成立，我们就根据国务院赋予我委的职能，从核定企业主业入手，明确了企业战略定位和发展方向，核定并公布了中央企业的主业，规定企业的主业一般不超过三个，同时压缩管理层级，把企业管理层级链条压缩到三级以内，促进国有资本进一步向关系国家安全和国民经济命脉的重要行业和关键领域集中。2003年，中央企业三级以上房地产子企业户数有728户，我们明确了16家企业可以房地产业务为企业主营业务。2004年6月，我们根据国家国有经济布局结构调整的指导意见，发布了《关于中央企业房地产业重组有关事项的通知》，要求中央企业贯彻主辅分离、精干主业的要求，积极探索将非主业的房地产资产进行剥离和重组，将房地产业务剥离到主业为房地产的企业，央企房地产企业数目大幅度减少。2010年春节前，国资委专门就房地产问题向中央企业下发了《关于进一步加强中央企业房地产业务管理有关

---

* 楚序平，国务院国有资产监督管理委员会研究局副局长、研究员、经济学博士。

事项的通知》，要求中央企业在房地产业健康发展中发挥积极作用。2010年3月19日我们召开了有房地产业务的中央企业主要负责人专题会议，对中央企业突出主业、促进房地产行业健康发展提出了明确要求。同时，我们派员参加了国土资源部、监察部、北京市政府、银监会等部门组成的调查组，指导督促企业贯彻落实国家有关房地产宏观调控的政策措施。

在2010年，中央企业认真贯彻落实党中央、国务院各项决策部署，带头执行国家房地产调控政策，在促进房地产行业健康发展中发挥了积极作用。

一是中央企业在房地产行业的可持续发展能力进一步提高。2010年，中央房地产企业响应国家号召，落实调控政策，把握开发进度，使房地产业务和资源进一步向以房地产为主业的中央企业集中，切实提高可持续能力。国家统计局公布的数据显示，2010年全国商品房销售面积10.43亿平方米，比上年增长10.1%，商品房销售额5.25万亿元，比上年增长18.3%。我们初步统计，2010年全部中央企业房地产板块商品房销售面积4178万平方米，约占全国商品房销售面积的4%；销售额2497亿元，约占全国商品房销售总额的4.8%；在全国商品房销售面积增长10.1%、销售额增长18.3%的高速增长中，中央企业商品房销售面积、销售额与2009年基本持平、所占比例下降，说明中央企业没有发烧，没有跟进房地产热。其中，16家主业为房地产的中央企业，其销售收入占全部中央企业房地产板块销售收入的93.2%，房屋销售面积占比为93.3%，利润总额占比为94.8%。16家主业为房地产的中央企业带头执行国家法律法规和有关政策，在促进房地产行业健康发展中发挥着骨干作用。

二是中央企业房地产调整重组工作取得积极进展。贯彻落实国家关于房地产业发展的政策和措施，2010年3月，国资委宣布不以房地产为主业的中央企业在完成自有土地开发和已实施项目等阶段性工作后退出房地产行业。截至2010年底，78户不以房地产为主业的中央企业已有14家退出房地产行业，主业非房地产的企业还有60多家；其房地产业务销售收入占中央企业主业房地产板块销售收入的6.8%，销售面积占6.7%，实现利润总额占5.2%，在全国商品房总量中所占比重更是微乎其微。目前尚未退出的企业正在按照已制定的退出工作方案积极、稳妥、有序地退出房地产业务，其下属的房地产公司大都是项目公司，已经明确要求在建项目完成后不得再开展新的项目。部分中央企业介入房地产有着非常复杂的历史原因，有的企业职工宿舍是自己建、自己维修、自己管理，这样的企业真正退出房地产需要一个过程，还需要完善社会保障体系、推进主辅分离、分离企业办社会；有的企业地处偏远山区、戈壁，周边没有房地产市场，必须自己盖房满足职工生活需要；有的企业由于搬迁需要开发原有土地用于职工安置，退出前需要把既有项目做完；有的企业退出转让房地产项目，也需要把握市场机遇和时机，防止国有资产流失。

三是中央企业模范履行社会责任在保障民生中发挥积极作用。中央企业主动履行社会责任，积极承担政府保障性住房开发建设任务。据初步统计，2010年仅中国建筑、中冶集团、保利集团等11家企业，就承担了全国13%的保障性住房开发建设任务，开发建设保障性住房面积达2289万平方米。"十二五"时期，中央企业将承担更多我国保障性住房开发建设重任，为保障民生作出更大贡献。

在过去的几年中，房地产在各种因素推动下持续发烧，房价节节攀高，市场上一度出现了地价高过楼价的局面，人们比喻说是"面粉"价格高过了"面包"。这个比喻很贴切，如果把房地产行业比作"面包"行业，那么房地产企业就是开面包作坊的"大师傅"。我个人认为，在当前国家不断加大房地产调控力度的形势下，国有房地产企业在这个"面包"行业里，更有必要发挥影响力、控制力和带动力，做促进房地产行业健康发展的骨干和中坚，成为优质服务的"大师傅"。

其一，要做依法合规经营的"大师傅"。依法合规经营是对消费者权益的最大保护。但是从总体上看，我国的房地产行业还很不规范，房地产行业成为腐败现象易发、多发领域。招标投标、擅改规划、擅提容积率、减少配套、超前预售、虚报面积、高价物业、偷税漏税现象层出不穷。温家宝总理近日在与网民对话中要求，房地产商作为社会的一员，应该对社会尽到应有的责任，身上应该流着道德的血液。总的来看，国有房地产企业因为企业的公有制属性，在房地产行业的经营中更能够模范遵守国家的法律法规。越是在不规范的市场，越需要发挥国有企业的积极作用、规范市场秩序。很多地方政府积极邀请、动员国有企业参与本地的房地产开发，所看重的一个重要方面就是国有房地产企业能够依法合规经营，防止出现"建起一片楼、倒下一批干部"，促进房地产行业的健康发展。

其二，要做产品质量优质的"大师傅"。房屋质量直接关系到人民群众的切身利益。我国有关法规规定，民用建筑的最低设计寿命至少为50年，但是我国目前的房屋寿命许多达不到国家标准，而发达国家建筑，像英国的平均寿命达到了132年，而美国的建筑寿命也达到了74年。我国每年消耗了全世界40%的水泥和钢材用于新建建筑，但是总体质量堪忧。目前房地产市场的繁荣掩盖了房屋质量问题，未来几年房屋质量、物业管理等方面存在的严重问题势必会成为一个影响社会和谐稳定的矛盾焦点。总的看，近年来国有房地产企业荣获了历年国家"鲁班奖"的80%以上，在国际建筑市场也具有了强劲的竞争力，但是还需要在建筑技术、规划理念、建筑设计、建筑材料、施工管理中推进改革创新，积极开发"绿色低碳地产"，努力降低成本，推动房地产业提高质量，为百姓提供高质量、低成本、用户满意的住房。

其三，做促进可持续发展的"大师傅"。当前房地产过热掩盖了房地产行业本身存在的深层次问题。据国家统计局《1999—2008房地产统计年鉴》显示，2008年，全国房地产企业户数达到87562个，企业数量多、规模小，前10名的市场份额不到6%。而同期美国房地产业前十大企业的市场份额是27%，中国香港地区前十大企业的市场份额为80%。相比之下，我国房地产业集中度低，规模经济效益差，极大限制、制约了房地产行业的依法合规和整个行业的可持续发展。因此，国有房地产企业要进一步加大改革，大力发展混合所有制经济建设，积极承担保障性住房和安居工程建设任务，促进行业的有效竞争，带动整个行业的可持续发展。

关于当前商品房价格过高问题，从经济学角度进行分析，房地产市场卖楼的和买楼的数量庞大，除了土地供应外是完全竞争的市场，卖楼的和买楼的都不能单独影响市场价格，都是价格的接受者。可以说，房价高低与"面包师傅"没有直接关系。抑制房价过快上涨，国家已经出台了很多措施，大家也提出了很多建议。这里我谈一点个人的认识。

我个人认为，当前控制房价过快上涨，最重要的优先的政策，应该是按照十七届三中全会关于农村土地改革的意见，在保障土地国家所有和集体所有的前提下，进一步加大农村土地制度改革，在严格保证耕地红线的基础上，保障我国8亿农民享有完整的房屋产权，使农民的住房使用权（包括小产权房）能够进入市场流转。通过保护8亿农民享有完整的房屋产权，彻底把城市高房价压下来。

这将会是一个帕累托改善，起到三方面的积极作用：一是将极大地增加供给，有效控制城市房价。我国每年新增1000多万农民大量进城，目前农村农民住房空置率在30%左右，初步估算农村住房空置率达到70亿—80亿平方米。允许农民宅基地和小产权房进入市场，将极大地增加供给，特别是解决土地供给瓶颈，为投资性购房需求、高端别墅性住房需求找到出路，有效遏制从一线大城市到县城的高房价，相信房价会立即下降一半，进而解决城市居民的住房问题。二是将极大地增加农民的财产性收入，造福8亿农民。促进城乡统筹发展，一方面农民在农村有宅基地，一方面为进城的农民工提供社会保障，农民在自己宅基地上建的房子也能够抵押融资，把死钱变成活钱，进而促进社会主义新农村建设。三是将有效缓解社会矛盾，促进和谐社会建设。近年来大量出现了农民因为失地陷入困难的社会问题，无地、无房、无业问题尖锐。允许农民宅基地使用权进入市场，将会在经济上对农民进行更加符合市场价格的补偿，更加合理地保障农民的利益，进而促进城乡统筹发展，促进和谐社会建设，促进小康社会建设目标的实现。

我们党在重大关头取得成功的经验都证明，尊重人民群众的产权权利是党取得群众拥护支持的不二法宝，打倒蒋介石、建立新中国，依靠的是土改政策，争取农民支持，取得了革命的胜利；改革开放取得成功，依靠的是农村土地承包到户、调动农民积极性。当前建立和谐社会、小康社会，统筹城乡建设，也要依靠保护农民利益的政策。农村土地问题是"三农"问题的核心，土地也是国有资产重要的组成部分。关于农村的建设用地、农民住房法律和政策，应该创新，更好地保障8亿农民的财产利益。在城市化建设过程中，应避免"一卖了之"，完善政策，按照马克思指出的"劳动者直接占有部分生产资料"理论，使农民直接以土地形式入股，享有部分土地增值收益，探索在农村建立新的公有制和集体所有制形式。

激辩新住房策论

主旨报告

城市以公租房为主的"新住房策论"

◇程恩富　钟卫华[*]

　　住房问题是人类社会一个经久不衰的话题，马克思主义经典作家恩格斯早在 1872—1873 年，就写下了著名的《论住宅问题》一书，提出了资产阶级无法根本解决住房上贫富对立和矛盾的基本观点。随着我国经济体制改革的深入，住房制度也经历了变革，近年来房价一路飙升，让许多城市劳动者望房兴叹，住房问题成为社会关注的焦点和热点之一。如何迅速解决我国的住房难题，不同的专家学者提出了不同的解决方案。

　　党的十七届五中全会以来，胡锦涛总书记多次强调要加强"改革顶层设计"。国家对住房的调控不能仅仅着眼于就房价调控房价，而要有完整的住房政策体系和改革住房体制的"顶层设计"。我们这里提出的未来城市的住房目标模式及其调节措施，是秉承"顶层设计"这一方针和理念的。

　　基于住房的双重经济性质、房价收入比、平均利润和房价对 CPI 和 GDP 影响以及市场的负效应等相关理论，我们的基本政策思路是主张以"市场调节为基础、国家调节为主导"的双重调节机制，来构建城市以"公租房为主、商品房和私租房为辅"的新格局，针对动态的不同群体提供不同的住房产品予以妥善解决。

　　* 程恩富，全国人大代表，中国社会科学院学部委员，马克思主义研究院院长、教授、博士生导师；钟卫华，福建三明学院政治法律系副教授。

一 关于城市居民住房的若干理论

1. 住房的双重经济属性

住房主要是基本生活必需品。吃穿住行用是人类赖以生存和发展的基础，不管穷人、富人都离不开住房，人的一生当中至少一半以上的时间是在住房中度过的。"住有所居"自古以来就是人们的美好愿景。唐朝诗人杜甫就写出了"安得广厦千万间，大庇天下寒士俱欢颜"的千古名句。中国近代民主革命的先行者孙中山先生曾将民生问题概括为衣、食、住、行四要素。住房位列民生问题的第三位。[①] 联合国大会 1948 年的《世界人权宣言》第 25 条规定："人人有权享受为维持他本人和家属的健康和福利所需要的生活水准，包括食物、衣着、住房、医疗和必要的社会服务。"[②] 1996 年联合国在伊斯坦布尔召开的第二届人类住区会议上通过的《人居议程》和《伊斯坦布尔人居宣言》提出两大奋斗目标之一也是"人人享有适当住房"[③]。

住房又具有投资品的性质。投资是投入当前资金或其他资源以期获取未来收益的承诺行为。[④] 投资品是指购买后不需要追加新的使用价值，也不需要附加新价值即可择机出售获利（也可能亏损）的商品。[⑤] 从投资和投资品的概念可以看出，住房具有投资品的属性。住房是一种资产，这种资产可以保留、继承和转让。当人们购买了住房之后，可以用其出租，也可择机出卖，获得收益，但住房又与纯投资品类（如股票、证券等）显然不同。我国目前住房投资性功能的凸显，是因为解决老百姓的住房问题过度依赖市场化政策所造成的。

---

① 秦凤伟：《民生、住房与责任》，《社会科学论坛》（学术研究卷）2009 年第 10 期。

② 《世界人权宣言》（http：//www. un. org/chinese/work/rights/rights. htm）。

③ 联合国人居署（http：//baike. baidu. com/view/146108. htm）。

④ ［美］博迪、凯恩、马库斯：《投资学》，陈收、杨艳译，机械工业出版社 2009 年版。

⑤ 孙继伟：《论投资品对经济危机的诱发与加剧作用》，《审计与经济研究》2009 年第 3 期。

2. 房价的收入比

房价收入比是指住房价格与居民家庭年收入之比。国际上通用的房价收入比的计算方式,是以住宅套价的中值除以家庭年收入的中值。我国采用的是 1997 年世界银行的定义:平均住房价格与家庭收入平均数之比。[①]

房价收入比指标是用来衡量房价是否处于居民收入能够承受的合理水平,它直接反映出房价水平与广大居民的自住需求相匹配的程度,直接关系到民众的安居乐业。国际上普遍认为房价收入比合理区间为 3—6 之间,超过 6 则说明居民购房的压力比较大。

尽管目前对这一量化指标还存在争议,但世界上许多国家都在使用房价收入比,因为它是一个比较好的综合指标,而且现在还找不出比它更好的指标来代替它。特别是这个计算方法的依据,是住房消费占居民收入的比重应低于 30%,这也是世界所公认的合理界限。所以用住房收入比来衡量居民对房价的合理承受能力是有科学依据的。[②]

3. 不同行业的利润平均化理论

根据政治经济学原理,由于不同行业的资本有机构成是不同的,相同的资本投资在不同的行业所获得的利润不同,通过市场竞争,利润低的行业的资本会向利润高的行业流动,而利润高的行业由于资本的流入,造成供过于求,利润则下降。这样,通过市场机制的内在调节,在竞争性领域不同行业的利润会趋于平均化。如果受政策性或垄断性影响,则这种利润平均化的机制会受到破坏,使资源达不到最优化的目标。因此,房地产行业的利润长期大大超过社会各行业的平均利润,是不利于国民经济按比例又好又快发展的。

4. 房价变动对 CPI 和实际 GDP 的影响理论

消费者物价指数是反映与居民生活有关的产品及劳务价格的物价变动指标,通常作为观察通货膨胀水平的重要指标。国内生产总值是指在一定时期内,一个国家或地区的经济中所生产出的全部最终产品和劳务的价

---

① 夏刚:《房价收入比来源、用途及局限性》,《经济研究导刊》2009 年第 27 期。
② 包宗华:《关于房价收入比的再研究》,《城市开发》2003 年第 1 期。

值。国内生产总值分名义国内生产总值和实际国内生产总值。有的研究表明："房价上涨对 CPI 通货膨胀率上升有显著的推动作用，而房价是否上升对实际 GDP 的影响并不明显。"①因此，各地期望利用房价不断升高来拉动 GDP 的做法，是需要质疑的。

5. 市场的负效应理论

市场机制对资源配置的调节属于一种置后性调节，必然会造成资源的浪费。如果放任自由市场调节，对于公共物品和准公共物品调节便会失效，不利于社会协调发展与和谐社会的构建。纯粹的市场调节在追求效率和公平两个方面都会出现严重问题。目前我国住房领域出现的问题，很大程度上就是因采取了自由放任的市场化政策造成的。

6. 双重调节机制理论

基于上述理论，住房领域需要建立以"市场调节为基础、国家调节为主导"的"基础—主导型"双重调节机制。一方面发挥市场对资源配置的基础性作用，提高住房资源配置的效率和公平性；另一方面要通过国家的有效调节，防止房价脱离广大居民的实际购买力，抑制其投资性功能的不适当扩大而影响住房市场的健康发展，把住房更多的复归到生活必需品的属性上来，让广大民众和弱势群体住有所居，维护社会的稳定和谐。

二 构建和谐的城市居民住房目标模式

1. 城市住房自有率不应过高

住房自有率是指在所有居民居住单元中，拥有居住房屋产权的居住者的百分比。其公式为：住房自有率 =（居住于自有产权的住房家庭户数/全部住房家庭户数）×100%。作为过去我国城市居民住房体制自有化和市场化改革的结果，目前住房自有率已超过80%，而西方国家的住房自有率相对较低，住房的公有率则相对较高。比如，德国的住房自有率只有40%，大大低于英国（67%）、美国（65%）、法国（54%）、日本

---

① 张延群：《房价变动对实际 GDP 影响小》，《中国社会科学报》2011 年 3 月 24 日。

（61%）和意大利（70%）。① 住房投资是居民很大的一笔投资，考虑到战争因素和自然灾害对住房的破坏，住房自有率过高不利于对居民个人财产的保全。因为战争和自然灾害对居民个人财产的损害，政府是不负责赔偿的，而维护国家统一和反侵略战争又都需要广大人民的支持。可见，作为社会主义国家，政府对居民的住房问题理应承担更多的责任，因而公有住房的比率不宜过低，这样也更有利于政府较快地解决我国中低收入家庭的住房问题，共享改革开放的成果与和谐社会的构建。

2. 房价收入比应控制在居民能承受的范围之内

根据国外市场国家的经验数据，普遍认为家庭住房消费占可支配收入的30%以内为正常；如果超过30%，说明家庭购房压力较大，支付能力不足；如果超过50%，说明家庭购房压力巨大，居民购房支付能力严重不足。正是基于这一经验数据，联合国人类住区（生境）中心设计了房价收入比以衡量家庭的住房购买力和承受力。② 国际上一般认为，房价收入比落在3—6区间为正常。根据2010年国家统计局公布的数据，2009年我国城市人均家庭可支配收入17175元，三口之家的人均家庭可支配收入51525元，城市人均消费性支出是12265元，城市家庭平均消费性支出是36795元。2009年住宅的平均售价是4459元，以一套中等面积的90平方米的住房来计算，房价总值为401310元，首付三成，需120393元，按揭280917元，20年计，需要支付的利息是147215.82元，这套房价的总额为548525.82元，年均还27426.219元。据此测算，我国城市2009年的房价收入比为10.65，住房消费占可支配收入的53.23%，部分城市还大大超出了这一水平。这远远高于国际认可的合理水平，也远远超出了居民的承受能力。③ 过高的房价使得居民缩减其他方面的开支，导致其他方面的内需不足，影响国民经济健康发展。

---

① 王志平：《美国居民住房自有率探析》，《上海市经济管理干部学院学报》2008年第3期；范方志：《我国高房价的政治经济学分析》，《博士后交流》2010年第4期。

② 苏多永、张祖国：《房价收入比研究现状及发展改进——基于上海房地产市场的经验分析》，《科学与管理》2009年第1期。

③ 数据来源：《中国统计年鉴（2010年）》，其他没有标注的数据均来自此统计年鉴（http://www.stats.gov.cn/）。

参考国际标准，并结合我国的实际情况，我们认为，国内城市的房价收入比应控制在7以内比较合适。以2010年国家统计局公布的数据，如果房价收入比控制为6，那么，2009年住宅的平均售价应是以2512.11元这样一套中等面积（90平方米）的住房来计算，房价总值为226090元，首付三成，需67827元，其余按20年贷款158263元，需要支付的利息是82938元，这套房价的总额为309028元，年均还15451.4元，占家庭平均可支配收入的30%，首付通过5年左右时间积累完成，不会过分影响家庭日常生活需要的开支。可见，考虑到目前城市家庭的结构，并综合考虑工资增长机制，就全国而言，我国的房价收入比控制在7左右是比较合适的。这样既有利于解决老百姓的住房问题，不会产生因房价过高而导致的"挤出效应"，又有利于国民经济的持续健康发展。

3. 行业利润不能过度超过平均利润的水平

房地产行业的利润不应过度高于平均利润，这样才有利于国民经济的健康发展。近几年我国房地产行业的利润到底有多高？虽然没有一个精确的统计，但综合第二次全国经济普查主要数据公报公布的数据，2006年财政部会计信息质量检查所反映的情况，以及胡润富豪排行榜等，大体可以判断房地产企业是一个获利过度的行业。

2009年国家统计局公布的第二次全国经济普查数据显示，房地产业企业增长数高出工业行业企业增长数的2.12倍，利润增长是工业企业的1.83倍（见表1）。2006年11月财政部公布的一份会计信息质量检查公报，公告了对39个房地产开发企业的检查情况，这些企业会计报表反映的平均销售利润率为12.22%，而实际平均利润率高达26.79%，有的企业实际利润率达到了57%。[①] 如果以自有资金来计算利润的话，比例还要更高。2009年胡润中国富豪排行榜榜单前10位中有6位是以房地产业为主业的，前100位中有49位涉及房地产业，2010年前10位中房地产主业虽然只有2位，但涉及房地产业仍有4家，前100位以房地产为主业和涉

---

① 《三十九户隐瞒利润房地产企业最高利润率达57%》（http://news.qq.com/a/20061110/001972.htm）。

及房地产的仍有 41 家。

表1　　　2008 年工业企业与房地产开发企业数量增长和利润增长对比表

	企业个数（万） 2008 年	相对 2004 年企业 数量增长率（%）	相对 2004 年 利润增长率（%）
工业企业	190.3	31.2	159.1
房地产业	21.439	66.1	290.4

数据来源：第二次全国经济普查主要数据公报（http：//www.stats.gov.cn/tjfx/fxbg/t20091225_402610156.htm）。

中国社会科学院发布的 2010 年《国家竞争力蓝皮书——中国国家竞争力报告》也表明，中国近 20 年的经济增长并非靠产业结构升级换代来获得，而是靠消耗资源和扩大投资，尤其是房地产业膨胀发展。正是房地产企业的高利润，近年来吸引不少非房地产的实体企业纷纷加入这一行业，随着更多的有实力企业的进入，由于土地市场的垄断，"地王"便纷纷出现，这样又进一步推高房价，使住房问题严重化。另外，由于许多不是房地产的企业纷纷涉足房地产业，导致企业资金分散，经营注意力分散，企业创新力不够，因而严重影响了实体经济的健康发展。

可见，政府必须加强对房地产经济的调控，加大保障性住房的建设力度，把房地产企业的利润控制在合理的范围之内，才能有利于国民经济的健康发展，有利于广大老百姓安居乐业和社会主义和谐社会的构建。

4. 未来城市住房以公租房为主、商品房和私租房为辅

前几年的城市住房模式是以市场为主导或市场化来解决老百姓的住房问题，保障性住房被忽视。而所占比例不高的保障性住房又以一次性出售的经济适用房和限价商品房为主，加上购买经济适用房、限价商品房的制度漏洞，这些保障性住房并未落到需要得到保障的低收入和最低收入家庭中，有一部分被中高收入的公务员群体所购买，使得保障性住房并未真正发挥保障作用。为了纠正这种有缺陷的住房制度，未来和谐的城市居民住房目标模式应以"公租房为主、商品房和私租房为辅"。中等收入家庭和

低收入家庭（含农民工）通过不同类型的公租房来解决，高收入家庭住房可以通过市场化购房来解决，有特殊情况的家庭可以通过私租房来解决。其中，商品房一般应建在离市中心较远，而公租房应建在离市中心和工作中心较近的地方，以大幅度减少公共交通量和上下班时间。

三　国家应采取的调节措施

国家对住房的调控不能仅限于房价，而要有健全的住房领域的法律法规体系，有完善的保障性住房的管理机构，对保障性住房政策要有长期周密的考虑和安排。

1. 迅速搞好公租房建设，让所有城市劳动者居有其屋

制定《住房保障法》，并以相关法律法规约束各级政府在公租房建设及运行的相关义务和权利，尤其是依法建立完善的居民收入考核机制、公租房的承租条件和退出机制。要根据不同城市的经济社会发展状况，对收入群体和工龄进行划分，不同的收入层次和工龄对应可承租不同档次的公租房。收入达到高一层次时，应退出低档租金的公租房，进入租金高一档次的公租房。要考虑公租房建设运行成本，调动有能力的家庭自行解决住房的积极性。对不生育者要实行超过生育者的优惠住房政策，以利于较快提高人均住房水平。

公租房的建设要根据各个城市的经济实力和居民的收入状况，划分为若干个档次，分别在建筑面积、建设成本和舒适度上有所不同。例如，分别为40、70、100、130、160平方米等建筑面积。不同套型和档次的建筑成本不同，租金也不同。建筑档次越高，租金越向市场化租金靠拢。此外，小套型的公租房（如50平方米）在设计上应该考虑到将来可以相互打通，由两套小套型的住房变成一套大套型的住房，以便适应将来经济社会发展对居住条件改善的需要。

2. 加强对商品性住房市场的调控

高收入的城市家庭，其可支配收入高于平均水平，其住房问题自我解决的能力强，因而这部分家庭的住房问题通过市场来完成。高收入的生活

成本支付能力强，因此，商品性住房应该建在远郊。

高收入的住房虽然主要靠市场调节，但必须有国家的调控。第一，我国是人多地少的国家，按《中国统计年鉴（2010 年）》的数据，耕地面积只有 18.26 亿亩，逼近 18 亿亩耕地红线，人均耕地面积失守 1.4 亩，只有 1.37 亩，但目前耕地数量仍逐年减少，保护耕地面积的任务非常艰巨。因此，新开工建设的商品住房的单套面积必须严格按照目前国家的规定，90 平方米以内要占到 70%。以后视各地情况变化应另行修订。第二，这几年某些地方的房价高飞猛进与各类炒房团不无关系。因此，各地政府早就应该出台对本地和外地居民购房的限制性政策，已经出台的政策今后应视情况继续完善。第三，商品房和保障性住房的价格是紧密相关的。一方面，商品房的价格越高，买不起房的人就越多，需要保障性住房的人就越多，反之则相反；另一方面，政府提供的保障性住房越多，就越能抑制商品房的价格上涨。对此，各级政府可以视不同时期和不同城市来加以调节。第四，要防止货币升值及过剩的国内资本尤其是国际资本冲击房地产市场。日本房地产泡沫破裂的原因很多，但与大量国际资本进入日本的房地产业，刺激了房价的上涨不无关系。目前西方国家压迫我国人民币升值，与当年美国、联邦德国、法国、英国与日本签订的"广场协议"有相似的情况。因此，应密切加以监控和限制。

3. 制定《住房租赁法》，促进住房租赁市场的健康发展

私人租赁市场是解决我国住房问题的重要组成部分。但是，长期以来我国住房市场"重买轻租"，租赁市场发展滞后，缺乏监管，租赁市场不规范。房屋出租者随意终止承租合同或提价，中介不规范操作等不利于租赁市场健康发展的现象普遍存在。导致许多人提前进入购房行列，从而推高商品房价格。为了规范住房租赁市场，使住房租赁市场健康发展，政府应该制定《住房租赁法》，法律要对租赁合同的签订、期限、解除、出租人和承租人权利义务等进行全面规定，核心侧重于强调对承租人权利的保护。[①]

---

① 魏东、季彦敏：《住有所居的德国经验》，《上海房地》2010 年第 6 期。

4. 对现有空置房和闲置房进行调控

国家应尽快开展一次全国性住房普查,摸清我国住房的家底,并参照其他国家的有关经验,对空置房和闲置房分别采取不同的政策措施,促使其出租或出售。

空置房是指开发商已经造好并在两年内未租售的住房。截至 2008 年 12 月末,全国商品房空置面积 1.64 亿平方米,同比增长 21.8%,增幅比 1—11 月提高 6.5 个百分点。其中,空置商品住宅 9069 万平方米,同比增长 32.3%,增幅提高 9.4 个百分点。[①] 对于空置房,政府应该制定相应的政策,促使其在一到两年内卖出去或者租出去,同时设法确保开发商约有 10%—15% 的净利润。对于没有出租和出售的空置房,政府应依据新的政策和法律法规,征收略高于当地租金的空置费。这是因为,对空置房主要是促使其出售,让捂盘无利可图,要把捂盘所获得的利润以费用的形式征收。费比较灵活,税比较固定。因为不同时期的捂盘获得的利润差别较大,所以采用征收空置费。征收标准,按高于捂盘期间这套房子出租时能够获得的租金来征收,因为房价越高,租金一般也越高。

闲置房是指已出售但超过一定期限没有人入住的住房。世界各国对闲置房都进行严格调控管理,以避免资源浪费。荷兰法律允许人们入住闲置一年以上的住房。瑞典政府为了遏制闲置房数量上升趋势,除了加强租赁服务外,甚至将无人居住的住房推倒。在德国,业主必须使空房得到重新利用,在房屋闲置率超过 10% 的市镇,当地政府还会推倒那些无法出租的住房。法国的一些城市中,房屋闲置的第一年,业主必须缴纳的罚金为房款的 10%,第二年为 12.5%,第三年为 15%,以此类推。丹麦政府则在 50 多年前就开始对那些闲置 6 周以上房屋的所有者进行罚款。在美国亚特兰大,在边远地区租房者不仅不用付房租,还能因为租住在偏远地区而得到补偿。在该城市的一些地区,甚至还有业主出钱让人租住其房屋以逃避因房屋闲置而面临的处罚(美国的克利夫兰和巴尔的摩等城市也会将空置

---

① 王麦玲:《2008 年度经济述评:中国需要一个健康发展的房地产市场》(http://www.stats.gov.cn/tjfx/ztfx/2005sbnjjsp/t20090217_ 402538023.htm)。

房推倒)。① 参照有关国际经验，我国对闲置房也应该进行严格的调控。这是因为，闲置房浪费了有限的土地资源，造成对资源占有的不公平，而且进一步拉大了贫富差距，对构建和谐社会带来了负面影响。为了节约资源，盘活存量住房，对于闲置房，我国政府应该通过征收闲置税或其他相关手段来加以调节，促使其出租或出售。闲置税应该按闲置年限采用累进税率征收，闲置时间越长，税率越高。

外国更多是针对闲置房的政策，而较少有空置房的严重问题。国内理论界对空置房和闲置房这两个概念常混用。依据有关统计资料，我国现存的各类空置房和闲置房已有数千万套，与近几年的城市住房总需求大体相同，因而一旦实行这一新政，可以很快在住房总量上达到供求平衡，各地政府只需要拾遗补缺地建造一些公租房即可，从而解决政府大量建造公租房的资金问题和抑制房价上升的难题。

5. 对与上下辈同住或住在其附近的公租房申请者和商品房购买者，分别制定优惠政策

据国家人口计生委 2003 年预测，按总和生育率 1.7 计算，2010 年中国 65 岁以上的老年人口将占总人口的 8.29%（按国家统计局公布的 2010 年统计年鉴的数据，2009 年我国 65 岁以上的老年人占总人口的 8.5%，绝对数量为 11309 万人），2020 年将占 11.98%，2030 年将占 16.68%，2040 年将占 22.56%，2050 年将占 24.41%。从绝对数量上来看，2010 年中国 65 岁以上的老年人口将增加到 1.13 亿，2020 年将增加到 1.72 亿，2030 年将增加到 2.42 亿，2040 年将增加到 3.24 亿，2050 年将增加到 3.46 亿。② 因此，除了社会养老的模式以外，如何从住房政策上促进"以家为根"的家庭养老模式，将成为我国政府的一件大事。

为了促进父母与子女能经常当面交流和相互照顾的和谐家庭格局，在新形势下弘扬我国尊老爱幼的传统美德，应分别制定与上辈或下辈（可规定年龄界限）同住或者住在其附近（可规定距离界限）的公租房申请者和

---

① 夏明：《欧洲向闲置房开战　荷兰空置房产可以无偿入住》，《中国贸易报》2008 年 7 月 24 日。

② 吕华菊、赵淑兰：《人口老龄化与养老模式探析》，《科技信息（学术研究）》2008 年第 8 期。

商品房购买者的优惠政策。新加坡在这方面的经验值得我们借鉴。比如，"新加坡政府就通过提供优先选择权的方式，鼓励多代同堂。建屋局有15%的新建组屋是用来鼓励多代同堂而建的。同时还特意设计建造了三间一套和一间一套的相连组屋，既方便照顾老人，又能保证子女有自己的私生活。政策上，有倾斜的'购屋津贴计划'和'已婚子女优先计划'。'购屋津贴计划'规定，第一次申购组屋者，若在公开市场购买一间靠近父母或者自己子女的组屋，可获得4万新元的购屋津贴。'已婚子女优先计划'则规定，如果已婚子女在'抽签购屋计划'和'预购组屋计划'下申请组屋以便与父母同住或住附近，将比其他申请者多一倍的机会抽中"。[①]

6. 加强对商品房开发程序和合同的管理和完善

商品性住房的国有土地使用权以招标、拍卖、挂牌方式出让。国家对其调控主要是防止其屯地、捂盘惜售、哄抬房价等扰乱房地产市场的行为。对于其通过招拍挂方式获得的国有土地使用权，必须严格按照《闲置土地处置办法》、《中华人民共和国城市房地产管理法》、《国有土地使用权出让合同》、《国有土地使用权出让合同补充协议》的相关规定，按照合同约定日期动工建设并在约定的时间完成工程建设。对于未及时开工建设，或已开发建设面积占建设总面积比例不足1/3，或已投资额占总投资额不足25%，且未经批准中止开发建设连续满一年的，应按上限收取受让人征收土地闲置费。同时，应该按合同约定的时间完成工程建设，未及时完成工程建设的应按土地增值的价格缴纳延期完工溢价款。开发完成的住房必须在规定的时间完成销售，未在规定时间完成销售的，延期归还银行贷款的上浮银行利率10%。今后，随着住房供需矛盾的缓和，商品房开发商的自有资金比例等这类制度需要从严掌握和改进。

7. 取消商品房预售制度

根据《城市商品房预售管理办法》定义，商品房预售是指房地产开发企业将正在建设中的房屋预先出售给承购人，由承购人支付定金或房价款

的行为。我国商品房预售制度是一个历史的产物，适应了一个特定历史时期住房市场发展的需要，曾为我国住房市场发展和繁荣作出了一定贡献，但也留下了许多弊端，越来越成为住房市场健康发展的障碍，现已没有存在的必要。

一是商品房预售制度已失去了存在的经济条件。商品房预售制度最初是为了解决我国住房制度改革初期房地产开发企业资金不足、商品房供应不足的问题而设立的。随着经济条件的变化，目前房地产企业的资金和住房的供应问题都已不存在。就开发资金而言，房地产企业经过十多年井喷式的发展，已积累了不少的资金。况且，还有大量的内资闲置，外汇储备也很充足。取消预售制度，打击的是那些"空手套白狼"的皮包公司或资金不足的公司，不会对有实力的房地产企业产生影响。另外，目前我国有大量的商品房空置，不存在当初供不应求的问题。取消预售制度，影响的是住房买卖投机者，对自住用户不会产生实质性的影响。

二是取消预售制度，有助于减少住房交易产生的纠纷。由于预售制度卖的是期房，开发商与购房人的信息不对称，难免有制度先天的缺陷，由此产生一系列纠纷。譬如，可能导致建房质量、面积缩水、结构改变、社区不配套、一房多售、预售款挪作他用、延期交房、甚至烂尾楼现象的出现等问题，不一而足。取消预售，购房人购买的是实在的有居住功能的商品，其各种问题都容易搞清和谈判，从而减少不必要的社会纠纷。

三是取消预售制度，有助于控制房价。预售制度让开发商从购房人手中收取了大量的预购房资金，使开发商不需要支付任何成本就获得了大量的流动资金。这样，开发商就可能延期住房上市，待价而沽，从而推高房价。取消预售制度以后，开发商的资金只有自有资金和银行贷款两部分组成，银行贷款是有偿使用的，需要支付利息。为了减少资金使用成本，加速流动资金回收，开发商就会加快开发进度，加速商品房的上市来回流资金，从而有利于控制商品房价格。

四是取消预售制度，可以避免隐性风险。过去房地产开发商的自有资金所占的比例较少，开发资金主要是预售款和银行信贷。但房地产业是一个周期长、资金密集型和有较高风险的行业，受政策或其他因素的影响很大。要是开发停止，就会出现烂尾楼这样的现象，而此时房地产开发商已通过预售制度，把风险转嫁到了购房人和银行身上。取消预售制度，就必须增加自有资金，那些资质差或靠"空手套白狼"的企业自然淘汰出局，并有效防止企业把资金中途转移到其他项目开发上，有效防止中途卷款而逃和烂尾楼的出现，避免隐性风险的显性化。

目前，预售制度所存在的一些弊端，政府管理部门已经意识到了，并试图通过第三方账户集中管理预售资金来加以解决部分问题。这对预售款进行集中管理有积极的一面，在一定程度上约束了开发商使用预售款的条件和范围。不过，这项新措施难以全面解决问题，并且增加了管理成本和监督成本。

8. 深化土地、财政、金融、公租房和所有制等制度的配套改革

依据 2009 年中央经济工作会议精神，房地产业已经不再作为"国民经济的支柱产业"，因而总体应改变和减少从政策层面"照顾"房地产行业市场化和过度扩张的措施。[①]

住房与土地是紧密联系在一起的。住房是土地的附着物，不改变目前地方政府的土地财政现状，便难以解决住房问题，公租房的建设也不可能取得突破性的进展。土地制度改革的重点应该是改变目前一元化的土地市场，在保证耕地面积不减少的情况下，使国有土地和集体土地平等地进入土地市场。重点保障公租房土地供应，并从商品性住房和商业用房土地出让收入中，确定用于公租房建设的比例。

多渠道筹集公租房建设资金和后续维修资金。公租房建设资金主要来源应该是国家财政划拨、租金的收入、商品房土地出让金和商业土地出让金。根据公租房的"重庆模式"及其经验，公租房永远"姓公"而不出售，其建设资金和后续维修资金等都能有效保证。

此外，共产党执政的中国特色社会主义模式不应模仿资产阶级执政模式，即不宜把竞争性的高赢利领域完全让给非公企业，公有经济专干一些

---

① 参见倪鹏飞主编《中国住房发展报告（2010—2011）》，社会科学文献出版社 2011 年版，第 352 页。

赢利性很差的领域，让公有经济为非公经济服务而成为其补充。因此，国有经济和集体经济应在利润率较高和保障性较强的住房领域保持主导地位，真正藏富于广大人民和代表人民的国家，而非极少数私人。

总而言之，城市住房问题是涉及广大老百姓的一个非常重要的民生问题。国家必须树立起以人为本和民生导向的住房发展思路，并制定科学有效的住房目标模式及其国家调控政策，这样才能在短期与长期相结合的基础上真正解决城市住房领域存在的问题，让所有的城市劳动者住有所居并不断改善。

激辩新住房策论

甲方文章

对房地产市场调控的系统思考及预测

◇步德迎[*]

◇步德迎[*]

从 2005 年至 2011 年，中央几乎每年都要就调控房地产市场、防止房价过快上涨出台若干政策措施，但每次政策都只是短时间对住房价格有所抑制，很快就重拾升势，一路高歌猛进，越涨越快。目前，高房价已成为影响社会和谐稳定的重要因素，越来越受到社会各界的关注。那么，是否住房价格稳定或者回落，就达到了住房市场调控和管理的目的了呢？我的回答是否定的。因为政府对住房市场的管理，住房价格仅仅是一个方面，还必须考虑住房对社会保障、交通和城市效率、节能减排、人才流动甚至产业升级等多方面的影响。而这一系列影响是相互关联的，必须统筹考虑，不能头痛医头、脚痛医脚。目前社会和政府关注的主要是住房价格问题，其次是住房保障问题，对住房制度与城市交通效率和节能减排问题的关系、与人才流动和产业升级的关系等，似乎还没有引起注意。本文将对与住房有关的问题作一统筹思考，并提出相应的政策建议，供有关部门制定住房政策时参考。

---

* 步德迎，国家信息中心经济预测部副主任。

一　研究住房问题应统筹考虑六个问题

1. 有房住的问题

要有针对不同收入水平家庭的住房供应体系，保证人人有房居住。

2. 城市效率问题

通过科学的城市规划和住房布局，保证城市效率，一要道路系统发达，二要交通流量适度，三要缩短交通距离。

3. 生活方便问题

要求各项商业和服务设施分布合理，靠近居住区，保证城市居民生活方便。

4. 资源流动问题

应通过科学的住房制度设计，保证需要的人能够及时获得，不需要的人能够及时退出，使住房资源得到最大限度的利用，使住房和劳动力资源都能获得较好的流动性。

5. 环境保护问题

要减少环境污染，一要减少污染物排放，二要使有污染的工业企业远离居住区，三要使城市排污与净化实现平衡。

6. 杜绝投机问题

应尽可能减少社会资金用于房地产的投机，以保证社会资金投向实体经济的产业升级和技术研发，促进我国实体经济的国际竞争力不断得到提升。

二　对当前房地产问题的基本看法

1. 我国房价已经过高

判断房价是否过高，一般看房价收入比。一套平均居住水平的住房价格约为家庭平均年收入的倍数称为房价收入比。虽然合理的房价收入比各国不尽相同，但有一个大概的区间，一般房价收入比在 3—6 倍时为合理房价。发展中国家经济发展和收入增长快，房价收入比要比发达国家高一些。据有关专家测算，我国目前房价收入比已达 8—10 倍，北京甚至达到 27 倍以上。显然，我国房价收入比已经过高，一线城市房价过高已十分严重。

2. 房价过高且持续上涨的七大原因

一是城镇居民收入二元结构所致，即城镇居民收入差距过大所致。2009 年全国最高收入的 40% 家庭收入是最低收入的 40% 家庭收入的 3.3 倍。当平均房价收入比为 8 倍时，对低收入的 40% 家庭来说房价收入比已达 17 倍，完全无法承受，而对高收入的 40% 家庭来说房价收入比只有 5 倍，并不算高。

二是宏观调控政策过于宽松，持续的银行存款低利率或负利率，使购买住房成为居民资金保值增值的首选。在这种情况下，住房价格已经主要由它的投资品属性所决定，不但高收入群体将购买房产作为资金保值增值的重要选择，中低收入者也会提前贷款购房，从而放大了社会对住房的需求。

三是中国经济和居民收入处在高速增长期，2000 年以来城镇职工平均工资增长 15% 左右，假如房价在 2000 年处于合理区间，那么，2000 年以来房价就应该年平均上涨 15%，因而社会对住房价格上涨的预期比较高，再加上强烈的通货膨胀预期，居民购买住房宜早不宜迟的心理较强，把大量未来需求提前集中实现，加快了房价上涨。

四是人民币升值预期较强，购买中国房产可获价格上涨和币值提高双重收益，致使国际热钱快速流入中国，其中很大部分投入了房产市场。

五是宏观经济对房地产市场的依赖程度过大，各级政府始终把对 GDP 增长速度的追求作为第一要务，导致宏观调控被房地产市场绑架，房价只能上不能下，中央在对房价的调控中给出的信号一直都是遏止房价的过快上涨，这种政策支撑是房价不断上升的重要原因。

六是我国没有正规的租房市场，租房者基本上都是租住私房，租赁关系不规范，没有法律保护，租户缺乏稳定感，没有家的感觉，随时面临房主退房的要求，包括户籍管理也拒绝为租房人上户口，买房成为长期生活的唯一选择，扩大了购房需求。

七是各种错误信息误导中央决策者，如众多媒体对城市建设用地招拍挂制度提出批评，认为这一制度导致地价不断上升，从而推高了房价，促使政府土地部门严格控制土地供应，甚至提出改变土地竞拍中价高者得的市场规则。事实上，土地价格不断攀升完全是预期房价不断攀升的结果而不是原因，而目前的舆论却把结果当成了原因，为此而出台的相关政策，不但不能解决房价过高的问题，反而可能抑制供给推高房价。还有开发商所说目前购房者主要是刚性需求，使决策者误认为目前的房价有真实的需求支撑，因而不敢提出降低房价的目标。事实上，在所谓的刚性需求中有相当部分并非有能力购房，而是担心房价继续上涨而不得不提前购房，并不属于真正的刚性需求。

3. 房价过高且快速上涨的六大危害

一是造成大量虚假需求，包括投机需求和超前需求，导致房地产业及其相关行业投资和生产过度，抑制其他产业生产和消费，形成产业结构失调。

二是使多数人买不起住房，同时却有少数富人拥有多套住房，造成大量住房资源闲置浪费，这种社会的不公必然引起不满情绪，影响社会稳定。

三是提高企业成本特别是服务业的成本，提高创业门槛，加大创业风险，抑制服务业的发展。

四是形成房地产暴利，吸引各个行业的资金进入房地产开发领域，全面影响我国的产业升级和技术创新。

五是形成大量通过信贷进行的房地产投机和超前购房，使部分不具备买房能力的家庭由于恐惧房价继续上涨而提前贷款买房，背上沉重的债务负担，也造成房地产泡沫恶性循环，加大了酿成金融危机的风险。

六是增加了控制房地产价格的难度和风险，房价越高，下跌的概率就越大，跌幅也会越大，房价下跌对经济的冲击就越大，酿成金融危机和经济危机的可能性就越大，危机治理的难度也就越大，对房价的调控就难免投鼠忌器，使政策左右摇摆。

4. 控制房价的六大手段

一是紧缩信贷，提高存贷款利率，加大投机成本，这是治本之策。从 2005 年以来对房市的宏观调控效果看，只有 2008 年一线城市房市出现了量价齐跌的局面，原因在于 2007 年 12 月银行存款基准利率提高到 4.14% 的上轮调控最高位。

二是通过税收调节住房需求，抑制投机性需求。包括提高房屋交易环节的税率，并对房屋买卖价差严格征收所得税，对第二套及以上住房征收房产税，加大住房的持有成本。

三是全面实行住房限售制度，对本地户籍人口购买第二套以上、非户籍在本地工作一年以上人口购买第一套以上住房、非户籍在本地工作一年以下人口购房，实行严格禁售，违规者不得过户，用行政手段限制住房投机。

四是政府加大保障性住房建设力度，建立保障性住房体系，保障低收入群体的基本住房需求，还住房基本生活必需品的本来面目，将保障性住房作为再分配的一种重要手段。

五是改革收入分配制度，增加低收入群体的收入水平，提高高收入者个人所得税累进税率，缩小过大的社会收入差距。

六是尽快建立租赁房体系，让租房市场专业化、规模化、规范化，形成包括面向低收入群体的廉租房、面向中低收入群体的公租房和面向中高收入群体的商租房供应体系，逐步让租赁房市场成为住房市场的主体。

5. 应逐步建立以租房为主的住房供应体系

控制房价宜早不宜迟，越晚越被动。目前房价水平已经过高，降到合理水平需要的跌幅过大，将抑制房地产投资，会对宏观经济有较大冲击，需要一个既抑制房价又稳定投资的两全之策。建立商品房和保障房双轨制的住房体系，既可有效抑制商品房价格，又可保障中低收入群体的住房需求，还可以保障房投资的扩大抵消房价下跌导致的商品房投资收缩对宏观经济的冲击，可谓三全之策，因此成为社会共识。但加大保障性住房建设只能解决住有所居和抑制房价的问题，并不能解决提高交通和城市效率、节能减排、人才流动等问题。从长远看，应按照商品房和保障房双轨制的思路，逐步建立住房租赁市场体系，形成包括廉租房、公租房和商租房的以租房为主的住房供应体系。廉租房和公租房要严格限制建筑面积，不能以租金赢利，主要由政府投资建设并管理，提供给社会中低收入者，也可由企业、事业单位投资建设并管理，提供给本单位中低收入职工。商租房由房地产企业或从事租房业务的企业投资和经营，建筑面积不作限制，由投资者根据市场需求决定，租金按市场供求关系确定，针对中高收入群体和其他有需求的人士。

显然，租赁房体系不仅更能够满足不同收入水平消费者的住房需要，而且更能适应城市内部及城市之间劳动力的流动，便于就近选择租房，有利于提高生活效率、降低上下班交通流量、缓解城市交通拥堵、节约能源、减少城市机动车污染和提高住房资源利用率。

三 我国城市住房供求分析及预测

1. 新增住房需求量（未来10年共需8900万套）

（1）目前城市无房户需求量：

城市无房户 = 城市总人口/户均人口 × 0.2 = 62186/2.53 × 0.2 = 4916万套

说明：按2009年统计数，其中户均人口按北京市2009年水平估算，与全国比偏低，按此得到的无房户数会比实际偏多，城市无房户比例按20%计算。如果按央视等多家媒体报道，由联合国人居署、住房和城乡建设部、上海市人民政府共同主办的"2010年世界人居日"庆典活动在上海发布的《中国城市状况报告2010/2011》中称中国城镇居民的自有住房拥有率至2008年已达87.8%计算，2009年无房户不超过2950万户。两个数据中取最保守的数字。

（2）新增城市人口需房数：按"十二五"规划，未来五年城市化率年均提高0.8个百分点，每年约增加城市人口1056万，按2.53人需要一套住宅计算，每年新增需求为417万套。累计需要4170万套。

（3）有相当比例城中村和近郊的农村人口进入城市后并不需要新增住

房，按每个地级市有 3000 人，共计 180 万人，每个县及县级市有 2000 人，共计 450 万人，合计约 630 万人，按每户 3.5 人计算，约有 630/3.5＝180 万户已有住房。可从 2009 年新增城市人口住房需求中减去。

2. 新增住房总供给（未来 10 年新增供应 18477 万套）

（1）新建住房：按 2009 年新开工住宅面积 93298 万平方米，平均按 90 平方米/套，工期按 2 年计算，2011 年将新增住宅 1037 万套。假设每年递增 10%（2009 年、2010 年实际增长都超过 30%），2012—2020 年各年新增住宅套数为 1140 万套、1254 万套、1380 万套、1518 万套、1670 万套、1836 万套、2020 万套、2222 万套、2444 万套。2011—2020 年累计新增 17464 万套。新增住房中部分用于拆迁安置，按 20% 估算，2011—2020 年能够用来满足无房居民的新增住房为：1037 万套、1140 万套、1254 万套、1380 万套、1518 万套、1670 万套、1836 万套、2020 万套、2222 万套、2444 万套，累计 17464 万套。

（2）在商品房中的非住宅房占比在 20% 以上，其中有一部分商住两用房和公寓实际是用做住房的，这部分我们按保守的 5% 估算，2011—2020 年各年新增住宅套数为 10 万套、11 万套、12 万套、14 万套、15 万套、16 万套、18 万套、20 万套、22 万套、24 万套，累计 173 万套。

（3）老年人去世空出住房：根据 2000 年人口普查数据推算，未来每年 70 岁以上城镇老人去世约 126 万人，可空出 84 万套住房，相当于增加 84 万套。相当于 10 年累计增加 840 万套。

3. 现有存量房因素（可供量估计超过 9000 万套）

（1）租房户：目前无房的 4916 万户并没有露宿街头，而是租住在别人的房子里，这些房子也应该属于房屋的供应。

（2）空置房：据中国社会科学院有关调查数据显示，全国 660 个城市房屋空置高达 6000 多万套。还有赵晓教授引用的"据国家电网利用智能网络在全国 660 个城市的调查，发现大约 6540 万套住宅电表读数连续 6 个月为零"，从而认定为空置房，我们保守按一半估算，有 3000 万套空置房。

（3）在无房户中有约 10% 的年轻未婚人口实际住集体宿舍，或拼房，或租房，这部分现象总是存在的，按4916万户计算应有491万户动态地暂时不需要独立住房。

（4）小产权房估计不低于5000万套。一种说法：央视网记者2010年6月采访北京大学教授王锡锌时提出，非官方统计全国小产权房有60亿平方米。从网上搜索，可以发现许多关于小产权房数量的估计，大概占到中国村镇住房总量的20%。当然，很多居住小产权房的家庭已作为有房家庭被统计，但在售和空置的小产权房仍很多，姑且按1000万套估计。

4. 分析预测结论

按照以上极为保守的测算，如果不考虑目前已有的存量空置房，城市全部实现每户拥有一套房的目标需要到2018年初。如果按住宅投资年均增长15%（仍比近10年实际值明显保守）计算，实现这一目标要到2017年年中，而如果按2002年以来的实际投资平均增速，只要到2016年即可实现这一目标。如果考虑存量房因素后，目前中国城市住房在总套数上已完全能够满足需要，但在住房面积、房屋质量上仍有较大改善需求，部分老旧房屋需要拆除重建，更多人需要将较小面积的住房更新为较大面积的住房，也有部分人需要两套住房。只要国内通货膨胀预期消除，抑制房价的各项政策落实到位，我国住房供求关系会迅速发生根本变化。而住房市场的变化将导致房地产投资的变化，对经济将产生长远而深刻的影响。

四 建立租房体系为主的住房制度的政策建议

1. 建立科学的租房体系，大幅度提高城镇租房比例

政府建立公房出租公司和廉租房公司，负责廉租房和公租房租赁业务。同时鼓励各类企业投资建立房屋出租公司经营商品房出租。廉租房按家庭生活的基本需要严格限制面积，由政府投资建设，承租人不需支付租金，只需支付物业费；公租房也由政府投资建设，面积根据经济发展水平作出严格限制，承租人需要支付按不包括房地产开发利润计算的租金和物业费；商租房的承租人需要按市场供求关系决定的租金标准支付租金和物

业费。政府应对各类租赁房建设和经营实行税收优惠，包括免征房产税。

2. 优先保证租赁住房建设资金和用地

住房公积金一律用于公租房建设，交缴公积金和没有购买商品房作为租住公租房的必要条件。应当规定土地出让金的一定比例用于公租房和廉租房建设。城市中心地区（以北京为例，中心地区为四环路以内）的住宅用地，一律用于租赁房建设，并对建筑面积严格限制，应满足一般家庭的基本居住要求，公租房标准应高于廉租房，商租房标准可由企业根据市场需求确定，但应对最大面积作出限定。停止建设经济适用房。城市政府应根据具体情况对廉租房、公租房和商租房建设用地的比例作出规定。用于销售的商品房只能建在郊区（例如北京的五环以外）。

3. 规范住房租赁市场秩序

公租房由当地物价部门审定初始租赁价格，每年公布统一调整幅度。商租房租赁价格由租赁双方商定，每年提高幅度由物价部门公布上限。出租方无论是机构还是个人，都应与承租方签订租赁合同。房屋租赁合同可分为定期合同和不定期合同，不定期合同出租方无特殊理由不得单方面终止，承租方若终止合同须提前2个月通知出租方。

4. 规范廉租房和公租房的流转制度

租住廉租房的家庭，如果收入水平提高到一定标准后，应当退出廉租房，改租公租房或购买商品房；租住公租房的，购买商品房后应在一年内退出公租房。拥有住房的家庭不得租住公租房或廉租房。

5. 尽快全面推出房产税

对于一户家庭拥有多套住房的，规定一套可免征房产税，房产税从获得房屋产权次月开始征收。房产税按照房屋购买价格乘以购买住房当年为基期（100%）的当地住房价格指数作为纳税标的，无须重新进行评估，这样既便于操作，又可以杜绝评估过程中的腐败。如果从节约土地和减少碳排放出发，还可考虑按照总面积实行房产税累进征收，鼓励住房的合理消费。购买第二套住房一年内卖出第一套房的，已交房产税应予退还，以促进住房流通。房产税率可作为政府调控房价的一个杠杆，在房地产市场出现波动时进行调整。

6. 城市规划要充分考虑办公区与居住区的合理布局

现有的 CBD 越大越好的建设思路不符合城市效率最大化原则,使办公区过于集中,人为加大了日常交通流量,降低了城市工作效率和生活效率。因此,大城市的 CBD 总规模可以不受限制,但应将 CBD 分散化,每个 CBD 的规模应严格限制,应像商业网点一样将 CBD 与居住区统一规划,合理布局,以提高城市工作和生活效率。原城市用地规划中住宅用地比例较低的区域应该作出调整,使每一地区住宅用地和办公及商业用地都保持合理比例。

7. 颁布《住房法》

将国家住房体制、保障房建设资金来源用法律的形式加以确定,以保证消费者的住房权益,稳定消费者对未来住房市场的预期,合理配置住房资源,促进城市生产生活效率的提高和节能减排。

住房保障的政府责任及解决之道

——评程恩富教授的《城市以公租房为主的 "新住房策论"》

◇汪洪涛[*]

程恩富教授的文章《城市以公租房为主的 "新住房策论"》对解决当前困扰我国社会的房价不断飙升问题，提供了根本性的解决之道，具有很强的政策操作性。特别是其 "建立以市场调节为基础、国家调节为主导"，城市以 "公租房为主、商品房和私租房为辅"，针对不同的群体提供不同的住房产品来加以解决的基本观点，为我国解决未来的住房问题提供了指导性思路。

一　政府有责任帮助民众解决最基本的民生问题

住房属于最基本的民生问题，在当前的综合物价指数统计中，住房作为统计篮子中的重要因子，其权重大致占了 20%—30% 左右，2000 年以来，各地特别是大城市住房价格的持续飙升，已经严重地影响了市民的生活幸福指数，严重地影响了内需的增长，严重地影响了国民经济的后续发展能力。

1998 年开始的房改，其正面效应和积极意义已经无需赘言，截至 2010

---

* 汪洪涛，同济大学马克思主义学院马克思主义教研部副主任、副教授、经济学博士。

年末，我国城市居民的住房拥有率达到 80%—90%，有些城市达到了 96.1%（常州）。堪称世界第一的自有住房拥有率，主要是在 1998 年房改以后以住房商品化、市场化为基础性解决路径的背景下实现的，十多年的房地产业市场化运作解决了绝大多数城市市民家庭的住房困难，但是，十多年的住房商品化、市场化运作也附生了房地产业的恶性炒作，国内外资本与资金集中流向房地产市场，一方面在一定程度上造成了实体经济空心化倾向；另一方面也"飙升"了城市的房价，造成了房地产业的资产泡沫的严重问题，使得中低收入阶层改善住房条件的愿望无法通过市场途径得以实现，也使得新城市人以及新适婚年龄段的市民无法实现居者有其屋的愿望，在现有的城市户籍制度及相关政策下，无自有住房的新城市居民在享受城市生活时，会面临一系列的困难，如享受优质教育资源等，因此，当前的高房价属于市场失范和市场失灵的典型表现。经济学基本原理告诉我们，当市场失范、失灵和失效的时候，就需要政府出面干预。美国政府对房利美和房地美（即"两房"）的救赎行动很好地演绎了市场经济国家由政府出面挽救危机和解决社会隐患的案例，政府作为市场和国民的最后与最大的靠山，必须成为民生投资的终端埋单者，是现代社会的共识。程恩富教授所主张的"政府主导的公租房为主"的解决方案，正式提出了市场失范背景下政府应该尽到的责任，是符合程序公平原则内在要求的。

二 尽快实行公租房为主的住房供给方案是程序公平原则的内在要求

1998 年以来的房改，通过市场化的运作，基本上解决了困扰我国城市居民几十年的住房困难，使得我国 80%—90% 左右的城市居民拥有了自己的产权房，为城市居民家庭财产的保值和增值发挥了积极的正面效应。但是，任何国家和地区都存在着收入较低的阶层和人群，低收入群体的住房保障如何解决，发达国家和地区的实践已经提供了很好的诠释，政府托底，是程序公平原则的内在要求。程序公平原则最基本的要件就是政府有责任通过救助的方式让弱势群体享受到与其他公民一样的权利和生存条件。我们国家人口基数庞大，家庭数量繁多，政府投资拉动经济增长的任务还很繁重，因此，无法做到像新加坡那样的住房基本由政府保障的住房供给模式，当然，我们也没有必要做到新加坡那样的程度，即政府组屋基本实现全覆盖，毕竟大国模式和小国模式存在着巨大的差别，事实上，1998 年以来的市场调节已经基本解决了城市大多数家庭的住房困难，现在需要全社会关注的是剩下的 10%—20% 左右的困难家庭，在房价飙升的现阶段，这些困难家庭凭借其收入无法实现改善其住房困难的愿望，政府就有责任帮助他们实现其愿望，公有住房的供给，是社会主义社会制度体系建设的重要组成部分，也是和谐社会的应有之意。

三 发展公租房有助于实现经济增长模式的改变

当前的高房价已经严重地抑制了我国居民的消费能力，50% 左右的城市居民因为房贷负担而被限制了其他消费，新生代的年轻人也因为需要积攒首付款而放弃了对其他消费品的购买，这样的消费格局影响了企业的生产布局和市场战略。为谁生产是企业生产经营活动的重要影响因素，房价的逐年上涨，在一定程度上抵消了我国长期以来拉动内需的政策效应。今天，出口拉动型增长模式和土地依赖型财政模式已经严重地影响到了我国的经济发展模式和产业发展重点，严重地抑制了自主创新性产业能级的提升能量。如何释放国内需求的消费力，把新生代群体和中低收入群体从住房重压下解脱出来，发展公租房是一个非常重要的解决路径。笔者依据国家统计局发布的统计年鉴计算的结果显示，如果政府能够为 10%—20% 左右的城市家庭提供公租房，则可增加社会总需求的 18% 左右，这对我国经济增长中出口所占权重为 35%—40% 的增长动力格局而言，其意义是重大的。同时，公租房的大规模建设，也可以提高我国城市的发展活力，加速人才的良性流动。有研究表明，在美国的不同城市中，自有住房率高的城市其经济活力远低于自有住房率低的城市，自有住房在一定程度上"套牢"了人才，抑制了人才的流动，限制了人才的"人尽其才"。因此，程恩富教授提出的"以公租房为主"的新住房策论在当前及今后相当长时间内对改变我国经济增长模式、促进人才的合理流动具有积极的政策指导意义。

四 "以公租房为主"可以对房地产市场的健康发展起到积极的纠偏作用

"以公租房为主"的主张如果能够上升到政府的政策层面，可以有效地抑制房地产市场的过度炒作，对于挤干房地产泡沫具有积极意义。我国庞大的人口基数以及客观存在的住房短缺为房地产炒作行为提供了需求空间。特别是目前，庞大的新生代人群的存在，以及我国传统理念中的"拥有自有产权房是结婚成家的前提"思想，使得房地产炒作基本上不存在亏本的风险，人民币升值的预期，通货膨胀预期等因素，使得国内外资金热衷于进入我国房地产市场寻求获利空间，当"政府缺席住房保障托底责任"成为社会共识，新生代急迫入市和中低收入阶层的广泛焦灼情绪就会为房产价格的飙升起到助推作用，住房问题的严重性也会被无限放大而成为影响社会和谐与可持续发展的主要原因之一。

程恩富教授所提出的"住房领域需要建立'基础—主导'型双重调节机制。一方面发挥市场对资源配置的基础性作用，提高资源配置的效率。另一方面要通过政府的有效干预，防止房价脱离广大居民的实际购买力，把住房这种既是生活必需品又具有投资性功能的投资品的属性更多复归到生活必需品的属性上来，抑制其投资性功能的扩大，防止投资性功能的强化而影响住房市场的健康发展"。设想可以在根本上斩断炒作者的市场想象空间，使房价波动回归到理性的轨道上来。

任何政策都有其时效性和阶段性，1998 年以来以市场为基础的住房商品化解决之道的正面效应不可否认，但是，任何政策也会有其"短板"之处，当其"短板"的缺陷无法依靠自身内在的体制性能力去解决的时候，就需要更换思路，寻找新的解决之道。"以公租房为主"的处方并不否认"以市场为基础"，而是在市场力量不能解决的范畴内提供完满的"填空"作用，并对市场经济的失序、失效、失范和失灵起到纠偏的作用。

五 "以公租房为主"可以有效减少空置房对社会资源的浪费

据互联网报道，目前我国大约有3500万套空置房，数量庞大的空置房的存在，是开发商惜售的产物，惜售的原因则是为了等待涨价，当然，作为房产市场价格主导者和控制者的开发商为了达到其涨价的目的，会采取一系列的商业运作手段，这就对处于弱势地位的潜在购买者造成了事实上的不公平以及巨大的利益损失。大家都知道，我国城市的空间资源是有限的，特别是经济发达城市的空间资源更是有限，开发商囤积的空置房就是恶意地侵占城市空间资源的行为，政府的行政和司法部门应该对其采取有效的遏制措施。"以公租房为主"的主张一旦得到贯彻，就可以为法律解决空置房提供需求空间。程恩富教授的文章中所提议的《住房租赁法》条款设计中，可以对开发商开发物业的空置时间作出法定规定，一旦超出法定时间还不出售，则可由地方政府强制租赁，充作公租房的房源，以减少城市空间的资源浪费，也可以打击开发商哄抬房价的原始冲动。

程恩富教授的《城市以公租房为主的"新住房策论"》一文，还对取消商品房预售制度提出了充分的论证，笔者认为，这些论证是非常严谨和科学的。取消商品房预售制度，其积极的效应主要体现在：（1）消除房地产市场的混乱局面，将那些不具备开发商实力、资质和能力的公司清除出去，有助于住房建设质量的提高；（2）有助于消除买卖过程中的潜在纠纷，切实保障购买者的利益；（3）有助于降低开发商的囤房惜售能力，在一定程度上遏制房价的上涨；（4）有助于消除房产市场中的隐性风险。

笔者认为，程恩富教授的《城市以公租房为主的"新住房策论"》一文，为我国房地产市场的宏观调控提出了根本性的解决思路，可以避免现有调控政策可能产生的负面效应，因此，该文中的主张应该被上升为政策层面和法律层面，通过具体细则和条款的拟定加以贯彻，则可以有效地缓解当前全社会关于住房问题的焦虑与不满情绪，有助于国民幸福指数的提高，也有助于我国房地产市场的健康成长。

论城市住房体制的改革目标

◇何干强[*]

一 问题的提出

新中国建立以来，我国城市住房体制到目前经历了两个阶段。20世纪90年代中期以前可以简称"福利分房体制"，以后逐步转变为建房、住宅私有化的"住宅私有体制"。

"住宅私有体制"实施初期，广大租用城市公有房产的居民通过住房制度改革，获得私人房产，不少人居住面积扩大，有较灵活的购房选择权，这使人们形成"住宅私有体制"优于"福利分房体制"的感觉。但是，在房屋建设私有化、住房私有化推行15年左右之后，其真实效果越来越显现出来。除私人房地产商、有能力购置高档房和投资多处住房获得很大私人利益的少数人之外，越来越多的人开始埋怨了。普通工薪阶层从居住权应当有保障的角度看，反而觉得现行"住宅私有体制"比"福利分房体制"倒退了。客观事实是：房价与所谓"土地财政"交织在一起不断上涨、高档房越盖越多、投机性的房产投资不断攀比、工薪阶层购房困难、房地产私商暴富、政府官员因地产受贿腐败案接连不断、收入差距两极分化在居住领域明显表露；尽管国家政府不断出台调控措施，但是实施起来阻力重重，收效不大；而经济学家关于调控房价、保障住房的对策建

* 何干强，南京财经大学当代马克思主义中国化研究中心主任、经济学院教授。

议则众说纷纭，莫衷一是；诸如此类问题已影响社会稳定，给人们造成了很大的困惑。

唯物辩证法告诉我们，"问题与解决问题的手段同时产生"①。要科学地解决"住宅私有体制"产生的问题，必须以唯物史观的思想方法为指导，解放思想，破除迷信，从现行住房制度的弊病中发现标本兼治的根本办法，构建类似程恩富教授提出的城市以公租房为主、以商品房和私租房为辅的"新住房体系"。

二 "住宅私有体制"具有严重的弊病

现行"住宅私有体制"是在城市土地归全民所有的基础上推行的；在操作实践上，由地方政府直接代理全民土地所有权，向房地产商提供建筑地段，而占房地产领域绝大部分的私营企业操作房屋建筑和销售，由此形成基本由私商供房、私人购房的市场供求关系。这就必然产生一系列不利于科学发展的深层问题。

第一，造成私人房地产商暴富。在市场经济条件下，决定房价上涨的主要因素是土地价格的上涨；土地价格的本质是地租的资本化，地租包括绝对地租和级差地租，城市级差地租必然随经济社会的发展而上涨，由此必定引起土地价格的上涨。正如马克思所揭示的，"建筑投机的主要对象是地租，而不是房屋"②。级差地租的实质是土地租赁期内土地经营者获得的超额利润，租赁合同期满，超额利润即应作为级差地租转归土地所有者。现在的问题是，国有土地在房地产上的土地"拍卖"，其经济关系的实质，本来只应是一定时期一定面积的土地使用权或经营权的租借，而不是属于全民所有的这块土地所有权的转让，但是，现在房地产私商获得土地经营权的时期很长，在其获得的土地经营期内，他们就可以长期因土地价格上涨获得超额利润，于是，大量的原本应当属于全民所有的土地级差

① 《资本论》第 1 卷，人民出版社 1975 年版，第 106 页。
② 《资本论》第 3 卷，人民出版社 1975 年版，第 872 页。

地租就落入私人房地产商的腰包；而级差地租的实体，是"虚假的社会价值"，是作为"消费者的社会对土地产品支付过多的东西"①。这就意味着，地方政府把土地"拍卖"给私商，等于放任他们无偿占有整个社会劳动群众创造的剩余价值。这就是房地产商能够暴富的根本经济原因。对于把住房当作投资转卖对象的购买者来说，实质上也是投机于土地价格上涨，通过占有本应归属国家的级差地租来谋取高额利润的。

第二，滋生房地产投机腐败。建房私有化，这为私商"空手套白狼"牟取暴利提供了温床。人们看到，私商通过一定办法取得大块地皮；以此向银行抵押贷款；接着预售住房，让购房者预交房屋款项，并边盖房边出售，由此取得收入，然后偿还银行。现代中国的这种私人建筑投机方式，与马克思在《资本论》第 2 卷引用 1857 年伦敦一个建筑业主证词中描述的投机方式，竟然如出一辙，② 差别似乎只是，150 多年前英国建筑商投机支配的资本可以超过他自有财产的 20—50 倍，而当今中国某些私人房地产商经营的资本可以超过他自有资本的千百倍以上。私人地产商就是这样利用市场经济的信用制度和现行"住宅私有体制"，"使他可以不用自己的资本而用别人的资本来预付、来冒险"③。而私商为了获取地皮行贿，腐蚀了我们多少以权谋私的干部，这更是骇人听闻、众所周知的。

第三，产生人们对土地所有权占用的不平等。我国宪法总纲第 10 条规定，"城市土地属于国家所有"④，也就是土地所有权归全民所有。本来，人们平等的土地所有权决定平等地享有土地使用权。但是，住房的私有化必定造成人们在住宅上使用土地面积的不平等。这并不是说，在土地全民所有制的条件下，人们只能绝对地居住占用同样面积土地的住房。问题在于，对于购买了多处住房的人，对于住房占用土地面积很大的人，他们享有了较多的土地使用权，却并没有向社会交出因社会经济发展而形成

---

① 参阅《资本论》第 3 卷，人民出版社 1975 年版，第 745 页。

② 参阅《资本论》第 2 卷，人民出版社 1975 年版，第 261 页。

③ 同上。

④ 《中华人民共和国宪法》（2004 年修正文本），《中华人民共和国全国人民代表大会常务委员会公报》，全国人大常委会办公厅，2004 年 3 月 15 日，第 82 页。

的级差地租。

第四，造成土地利用的无计划并阻碍可持续发展。私人投资购买多处商品房，为了待价而沽，又囤积居奇，这就造成想正常购房的人因房价不断攀升而购房困难，同时又造成有购买力的购房需求旺盛、房屋供不应求的假象。于是，注意到表面现象的社会舆论乃至由私商操纵的某些舆论，就要求地方政府尽可能多地提供盖房土地，而地方政府一旦被动地接受这种要求，就势必难以有计划地控制城市住房的占地总面积。在现有财政体制下，地方政府选择住宅群的建筑地点，往往会从增加土地财政收入考虑，私人房地产商则必定要追求利润，这样一来，对于城市土地的利用，就很难把优化生态环境和社会文化建设放在首位，势必阻碍可持续发展和社会文明发展。

第五，引发住房供求结构失衡和产业结构失衡。从住房供给看，由于私人地产商要追求利润，必然把建筑高档房放在首位，因为与销售中低档房相比，高档房可以抬高售价，从而获得更多利润。这就是为什么党和国家政府反复主张多建设经济适用房、廉租房、公共租赁房，即使用行政手段控制，依然难以实现的原因。而盲目发展高档房，脱离大多数人的收入水平，必然遇到有购买力需求的限制，经过一定时期，必定发生高档房供给过剩，这就势必发生所谓房价"泡沫"破裂，导致一系列相关产业的产能过剩。从住房需求看，由于私人房地产商必定要建设高档高价房，大多数需求者就不得不大力压缩其他消费支出，储蓄资金以备购房，这就势必缩减住房之外的社会消费需求，从而严重制约社会总消费对一系列产业的拉动。可见，现行城市"住宅私有体制"是一种助长市场经济自发性运动的体制，容易促使商品流通存在"危机的可能性"转化为现实性，[①] 很不利于遵循社会再生产按比例发展的客观规律。

第六，导致社会文化资源的无形损耗。典型表现是对高校的影响。"住宅私有体制"要求高校教师住房与校园分离，导致教师居住地由原先在校园中或校园附近较集中地居住，转换为分散到城市各地，这就导致师

---

① 《资本论》第1卷，人民出版社1975年版，第133页。

生之间、教师之间的交流时间显著减少；校园难以形成只有由师生共同活动才能形成的文化氛围；教师不得不把许多时间耗费在来校上班的路程上，不得不储蓄资金购买轿车，这又助长了资源的消耗和交通的拥挤。这方面的损失是无形的，也是难以弥补的。

近年来，广大群众压低房价的呼声不断，这使地方政府陷入两难境地，一方面，人民政府的宗旨是为人民服务，理应控制房价；另一方面，如果降低土地价格，把"房价/个人收入"从目前的14—20倍，大幅度下压到联合国指导线的3—6倍，① 那么从地方经济发展考虑，则担心大幅度减少地方土地财政收入，将严重降低财政预算支出；还担心起支柱作用的房地产业萎缩带来与之关联的一系列产业的萎缩，由此又会带来政府税收收入的下降。

实际上，只要继续实行"住宅私有体制"，尤其是只要继续把房地产开发的经营权交给以赚取利润为目的的私商，上述问题和政府所处的两难局面就不能从根本上改变。

三 改革目标是公有制为基础的"新住房租赁制"

从建设中国特色社会主义经济制度的大方向上看，上述问题的实质是，在住房体制上没有实现社会主义公有制与市场经济的有效结合。笔者认为，要构建和完善当代中国城市住房体制，关键在于要充分认识，住房这种商品与一般消费品相比具有特殊性，它是一种与土地使用权不可分割地结合在一起的消费品；土地使用权由土地所有权决定，在社会主义制度下，人们对国有土地的所有权享有平等的权利。这就决定了，中国的城市商品房制度，应当具有土地全民所有制决定的特殊性质，不能完全照搬资本主义国家的私人住房制度；何况随着当代资本主义制度的发展，为了缓和资本主义对抗性的基本矛盾，一些发达资本主义国家实行的住房制度，

---

① 数据转引自施祖麟《为什么说住房分配是一个政治问题》，《中国社会科学报》2010 年 9 月 9 日。

已经有了一些考虑公共利益的新因素，并非完全实行住房私有化。因此，我们有必要紧密结合《宪法》规定的土地国家所有制也就是全民所有制的性质，研究社会主义市场经济条件下的中国城市住房体制特点，明确深化改革的目标。

从这个基本认识出发，也就可以明白，"住宅私有体制"实际上已经到了需要转向住房制度改革的新阶段了。这就是说，新中国城市住房体制不应当停留在否定"福利分房体制"而形成的"住宅私有体制"阶段，而应当提出第三个发展阶段的改革目标，笔者认为，这就是要转向公有制为基础的"新住房租赁制"，其主要特点是：

其一，它是适应市场经济的住房新体制。必须明白，"新住房租赁制"实行住房的租赁关系，这同样属于商品货币关系范畴，并不改变由社会主义市场经济体制规定的住房的商品性质。住房的租赁关系，实际上是在商品交换范围内，将一次性付款变为分期付款；但是，"住房租赁制"可以在不变更住房所有权的条件下进行，还能在土地全民所有制和住宅所有权公有两者统一的条件下，形成房屋使用权的分期租用；因而可以在房屋的生命期内根据租赁时段更换住房使用者。显然，它与"住宅私有体制"相比，具有更大的使用灵活性，能给住房者较大的自由选择权，能够更好地适应社会化生产和市场经济条件下的人员流动。恩格斯曾在《论住宅问题》中提出一个重要观点："大资产阶级和小资产阶级解决'住宅问题'的办法的核心就是工人拥有自己住房的所有权。"[①] 他认为，在当时的历史条件下，这会把工人束缚在有利于资本家剥削的地盘上，不利于工人阶级争取自身的解放，住房私有化也不适应大工业的发展对工人自由流动的要求。这个观点在今天并没有过时。

其二，它能够实现公有制土地供给与住房建设公有制供给的统一。"新住房租赁制"将彻底改变公有制土地供给与住房建设私有供给的矛盾，从根本上杜绝腐败，能够在很大程度上防止私商暴富和两极分化。这里要回答的一个重大问题是，房屋建设实行公有制，是否会降低住房供给的效

---

① 《马克思恩格斯选集》第3卷，人民出版社1995年版，第135页。

率？其实这个问题的实质是，公有制条件下能否形成对建筑企业的激励，也就是公有制能否与市场经济实行有效结合。回答当然是肯定的。既然我们搞社会主义市场经济，就是坚信公有制能够与市场经济不但在宏观上能有效结合，而且在微观上也能对生产劳动者形成建立在按劳分配基础上的激励。建筑业公有制当然不能形成像私商暴富这样的包含剥削关系的激励，这是背离公有制性质的；而对劳动者的社会主义积极性的物质激励，是完全可以通过对经营管理者实行复杂劳动的按劳分配方式，通过对一般职工遵照按劳分配原则实行劳动用工制度改革和多种形式的工资制度来实现的。

其三，它有助于实现人民享有土地使用权的平等。"新住房租赁制"实行房屋租赁者分期交付租金，根据不同的建筑地段、房屋面积和占地面积，根据城市级差地租的变动，在人民群众民主参与下，规定不同地段、不同标准的房屋的租金，并根据城市不同地段经济社会的发展，适时相应地调节房租，这就可以实现多占土地使用权、处于优良地段的租房者多付租金，少占土地使用权、处于劣势地段的租房者少付租金，形成土地使用权占用上的平等，从而实现人们对土地所有权的公平。恩格斯指出："消灭地产并不是消灭地租，而是把地租——虽然形式发生变化——转交给社会。所以，由劳动人民实际占有全部劳动工具，决不排除保存租赁关系。"① 根据具体建筑地段、房屋面积和占地面积决定不同住房定期租金，可以做到，在土地全民所有制的条件下，把城市住房占用的土地级差地租转归代表人民利益的国家，为全体人民服务，从而根本消灭那种放任私商和投机购房占有原本属于国家和人民的级差地租的不公平现象。

其四，它有助于社会再生产遵循按比例发展的客观规律。实行"新住房租赁制"，由于居住者可以分期缴纳住房租金，就可以不必为一次性支付昂贵的房价而压缩住房之外的消费开支，有助于全社会扩大有购买力的消费需求。而公有制控制的住房供给，不再以私人赢利为目的，而是以满

---

① 《马克思恩格斯选集》第 3 卷，人民出版社 1995 年版，第 217 页。引者注：语录中的"消灭地产"指的是消灭土地私有制。

足全体人民群众在住房基本需要、并且居住水平能根据社会生产力发展总体水平的提高而逐步改善为目的，同时，在实践上注意住房规格标准及其结构与收入结构的实际状况相适应，这就可以使住房建设真正拉动相关的一系列产业，促进市场总供给与总需求实现平衡，促进国民经济实现良性循环。

其五，"新住房租赁制"不是回到传统的旧体制。传统的"福利分房体制"形式上也是租赁住房，也以公有制为基础，因而没有发生造成私商暴富、投资购房牟利和相关的腐败现象。但是，这种旧体制下的住房基本上属于企事业单位的所有制，一般按行政级别分房，租金差别小，住房管理缺乏灵活性，居住者缺少自由选择余地；由于撇开市场经济关系，租金带有福利性质，导致住房建设资金周转缓慢，再生产周期很长，住房改善比较困难。"新住房租赁制"不再回到住房企事业单位的所有制，它要求使城市土地的全民所有权得到更好实现，实行住房土地的统一计划管理；要求住房租金纳入个人消费基金范畴，而不是福利的范畴，尽可能加快房屋建设资金的周转；要求综合考虑文化、教育事业、城市文明建设和生态发展，统一住房总体规划；要求有专门的覆盖全社会的住房租赁管理部门，实行社会化的住房租赁。显然，具体的"新住房租赁制"不应当凭主观随意设计，而是根据社会主义市场经济体制的新要求来建立，并通过实践来逐步健全完善。但是有一点是可以肯定的，它是针对现行"住宅私有体制"的弊病提出的，因而是住房制度深化改革的前进方向。

四 向"新住房租赁制"过渡具有现实可能性

从"住宅私有体制"向"新住房租赁制"过渡，具有必要性，因为只有实现这种过渡，才能根本改变上面指出的违反中国特色社会主义方向和阻碍科学发展的一系列问题。不可否认，过渡到新体制会遇到若干难题，但是，新生事物只有敢于克服困难才能发展起来。

第一，把住宅供给由私有制转化为公有制是能够办到的。在坚持社会主义基本经济制度的前提下发展住宅建设公有制经济，这绝不意味着回到旧体制。我们必须把公有制与旧体制区分开来。公有制占主体地位是符合我国社会生产力发展客观要求的，这是"只有社会主义才能救中国"这个历史经验已经充分证明了的，公有制属于生产资料所有制范畴；旧体制是指国家依据对生产资料所有制和国民经济运行机制的认识程度制定的具体经济管理体制，它难免具有主观性。改革是社会主义制度的自我完善和发展；是为了纠正旧体制的主观性，形成与社会生产力发展客观要求的市场经济关系相结合，公有制为主体、多种所有制经济共同发展的生产资料所有制结构，形成公有制更有效的实现形式。这绝不意味着要改变公有制的主体地位，相反，一旦公有制的主体地位受到削弱，就必须纠正过来。在房地产业这个关系到广大人民群众居住权、又是与全民所有制的土地使用权紧密结合的经济领域，把住宅供给由私有制转化为公有制为主体是十分必要的，也是完全可以办到的。不能忘记，新中国推进生产资料私有制向公有制的转变，已有1956年对生产资料私有制进行社会主义改造取得伟大成功的历史经验。在实行社会主义市场经济条件下，这种转变的办法更多：可以建立公有资本控股的股份制房地产公司，将现有的房地产私人资本纳入公有资本控制的轨道；也可以将大型私人房地产公司直接收归国有。

第二，已经形成的大量私有住房转为公有的租赁房是必要的和可以办到的。国家规定国有土地使用权为70年，实际上这已经指明了住房所有权变私为公的必要性。须知70年之后，国家必定要收回土地所有权，这是土地所有权属于全民所有的客观要求；如果私人土地使用权无限延长，那么实际上就将土地公有权转化为私有权了。其实，国有土地使用权70年期满之后，那时出现问题只在于解决国家与某些高级住宅的住户私人之间房屋残值所有权的转移问题。既然那时要解决的问题如此简单而清晰，那么，要提前解决这种问题也是完全能够办到的。选择适当时机逐步将现有私有住房提前转为公有的租赁房，要解决的问题也不过是房屋残值的计算及其所有权的转移；只要贯彻等价交换的原则，在技术上是不会遇到不可逾越的困难的。

第三，尽快按照新租赁制提供住房供给也是可以办到的。根据目前出现的一系列不良问题，从"住宅私有体制"向"新住房租赁制"的过渡期不宜拖得太久，因为由私商供房、私人购房的市场供求关系，存在时间越长、在房地产领域私有制占的比重越大，新产生的问题就越多，旧的问题也越难解决。尽管说，国家近期已经出台了抑制不合理需求、调整住房结构（增加保障房、公共租赁房比重）、完善土地出租、加强房产市场监督等措施，取得了某些效果，但是，只要仍基本保留"住宅私有体制"，尤其是保留私商控制住房供给，现有的问题就难以得到根本治理。如果上述关于"新住房租赁制"的目标是正确的，那就有必要从现在起，尽快在推进住宅供给由私商控制转化为国有资本控制的同时，不再实行住房私有，而规定对新住户只搞租赁制，然后将现有私人住房逐步基本转为公有的租赁房。这里提出的问题是，这样的过渡是否会造成已有私人住房的居民不满？是否会造成有条件购房群众的不满？回答是，对于已有私人住房的居民，只要明白转向"新住房租赁制"可以让绝大多数人实现"居者有其屋"，平等地享有全民所有土地的使用权；只要在操作上贯彻等价交换原则，使他们已购房产支付的价格能够收回，恐怕绝大多数人是会抱支持态度的。对于大多数原先准备购房的人来说，只要能够早日获得符合收入条件的一定规格标准的住房，租赁房就不过是将一次性付款转为分期付款，这对住房需求者反而是有利的，又何乐而不为？

因此，笔者认为，从"住宅私有体制"转向"新住房租赁制"，不但是必要的，也是具有现实可能性的。

论发展公共租赁住房的必要性、当前定位及未来方向

◇曾国安　张　倩[*]

我国现行的城镇住房保障制度对城镇住房保障的发展发挥了积极的历史性的作用，但因其制度设计本身存在多方面的缺陷，使得其难以支撑城镇住房保障的可持续发展。要解决城镇住房保障中存在的诸多现实问题，迫切要求对现行的城镇住房保障制度进行改革，要求创新城镇住房保障制度。

一　发展公共租赁住房的必要性

（一）现行城镇住房保障制度设计的缺陷与发展公共租赁住房的必要性

我国在进行商品化、社会化和市场化取向的城镇住房体制改革之后，住房市场迅速发展起来，同时由于旧的福利性质的住房分配不复存在，低收入住房困难户的住房困难问题也很快凸显出来。由此，住房保障政策先后出台，经济适用住房制度、廉租住房保障制度、限价商品住房制度等逐步建立起来，最终形成了现行的以廉租住房保障和经济适用住房保障为主，以限价商品房以及其他形式的住房保障为补充的城镇住房保障体系。

---

* 曾国安，武汉大学经济与管理学院副院长、教授，武汉大学中国住房保障研究中心主任；张倩，武汉大学经济与管理学院博士研究生。

应该说，由现行城镇住房保障制度设计而建立起来的现行城镇住房保障体系的确向相当部分的低收入住房困难居民提供了他们所需要的一定水平的住房保障，为住房保障的进一步发展奠定了基础。但现行城镇住房保障制度设计还存在多方面的问题。

第一，应保未保的对象面相当广。虽然通过对经济适用住房保障对象、廉租住房保障对象的收入和住房困难的具体标准不断放宽，并且通过建立限价商品住房制度、制定农民工住房保障政策，扩大了住房保障对象，但住房保障的覆盖面仍然有限，应保未保的对象面仍然很广。这有住房保障运行方面的原因，[①] 但即使住房保障运行严格遵循保障制度，按照现行的住房保障制度设计，住房保障覆盖面小也会是必然的结果。

从现行城镇住房保障制度设计来看，对保障对象有严格的"城镇居民"身份的限定。总体来看，作为住房保障对象的"城镇居民"至少必须同时满足四个条件：（1）属于非农户口居民；（2）属于申请地户籍居民；（3）属于独立立户的居民；（4）属于申请地常住居民。由此看来，作为城镇住房保障对象的"城镇居民"要比人口统计中的城镇居民的范围小得多。长期工作或生活在城市或者短期工作或生活在城市的大量的"真实城镇居民"因为现行的户籍管理制度和政府对保障负担的考虑，政府对保障对象奉行的严格甄别的政策，而不被政府认定为"城镇居民"。不被认定为城镇居民的"真实城镇居民"（以下统称为"不保城镇居民"）大体包括以下几类：A类，归属集体户口的大中专学生；B类，归属集体户口的大中专毕业生；C类，长期在所在城市工作，但未购买规定面积和总价格的商品房的户籍为外地城镇户口的非集体户口常住人口；D类，长期在所在城市工作，但未购买规定面积和总价格的商品房的户籍为本地农村户口的非集体户口常住人口；E类，长期在所在城市工作，但未购买规定面积和总价格的商品房的户籍为外地农村户口的非集体户口常住人口；F类，长期在所在城市工作，但户籍为外地城镇户口的集体户口常住人口；G

---

① 如符合条件者未申报而导致未保，因审核不严导致不符合条件者获得保障待遇而使应保者不能获得保障等。

类，长期在所在城市工作，但户籍为本地农村户口的集体户口常住人口；H 类，长期在所在城市工作，但户籍为外地农村户口的集体户口常住人口；I 类，在所在城市工作，但居住年限不满一年的户籍为外地城镇户口的非常住人口；J 类，在所在城市工作，但居住年限不满一年的户籍为本地农村户口的非常住人口；K 类，在所在城市工作，但居住年限不满一年的户籍为外地农村户口的非常住人口；L 类，长期在所在城市居住，但无工作，户籍为外地城镇户口的非集体户口的常住人口；M 类，长期在所在城市居住，但无工作，户籍为本地农村户口的非集体户口的常住人口；N 类，长期在所在城市居住，但无工作，户籍为外地农村户口的非集体户口的常住人口；R 类，长期在所在城市居住或生活，但既无户籍，也无集体户口的常住人口；S 类，在所在城市生活，但既无户籍，也无集体户口的非常住人口；T 类，其他不被认定为 "城镇居民"，但长期或短期在所在城市工作或生活的常住人口与非常住人口。

虽然各地不保城镇居民的规模和在城市总人口中的占比不同，一般而言，大城市和经济发达的城市，这部分人口在城市总人口中的占比会高于其他城市，但无论规模和占比如何，各个城市都会有大量的或者相当数量的不保城镇居民。这部分居民中除了 A 类应不属保障对象，其他类居民如果符合政府所确定的收入和住房标准，大多应包括在应保障对象内。① 这就意味着现行住房保障制度设计本身就将大量的城镇居民排除在了保障对象之外，所谓 "住有所居" 的保障目标并未包括这些不保城镇居民。无论是廉租住房保障，还是其他住房保障，都不包括这部分应保对象。

第二，现行住房保障制度设计缺乏 "金字塔式" 的保障待遇安排，造成了大规模的不能享受住房保障的 "夹心层"。要达到应保予保，实现住房保障的公平，保障待遇应该根据收入水平等经济条件的差异进行 "金字塔式" 的安排。一是使应保对象都能享受到应享受的保障待遇，二是使保障待遇依经济条件的差异而有相应的差异，即经济条件越差，获得的保障

---

① 对于不同类型的不保城镇居民，不同层级的政府所应承担的责任应该不同，不应该全部由城市地方政府承担保障责任。

待遇越多，经济条件越好，获得的保障待遇越少。按照现行的城镇住房保障制度设计，保障待遇并非是"金字塔式"的安排，而是"断层式"的安排，由此造成即使是城镇居民，也有很大一部分不能享受到住房保障。第一部分是不符合廉租住房保障条件，但又没有能力购买经济适用住房的住房困难居民（"内夹"）。他们实际上被排斥在保障对象之外。第二部分是不符合经济适用住房条件，又无力通过市场购买商品住房的住房困难家庭（"外夹"）。由于不存在任何其他选择，因此这部分住房困难居民也无从享受住房保障。

第三，由于收入标准的限制，既造成了相当部分住房困难居民应保未保，也造成了严重的"悬崖效应"。从目前的制度设计来看，廉租住房保障的对象虽然由最低收入居民扩大到低收入居民，但实际上仍属最低收入居民。因为现行廉租住房保障制度对低收入居民的界定不是从收入分层，而是从绝对收入进行界定的低收入居民，并非是按收入分层所确定的低收入居民。这样实际上就造成相当部分的低收入住房困难居民被排除在保障对象之外。而收入标准超过经济适用住房的住房困难居民既没有资格享受经济适用住房保障，也不能享受廉租住房保障。

由于目前的住房保障是按照绝对收入标准来确定享受资格的，只有线下居民有资格享受住房保障，线上居民没有资格享受，由此造成住房保障待遇极大的"悬崖效应"。线下和线上居民享受的福利少则上万元，多则达到几十万元。

第四，现行住房保障制度的保障方式相互割裂，且保障待遇存在着不合理的错层。作为先行城镇住房保障制度支柱的经济适用住房保障和廉租住房保障是各循其规、各保其人、相互割裂。经济适用住房属于产权式保障，只售不租，廉租住房属于租赁式保障，只租不售，相互之间也不能进行转换。这既降低了保障资源的利用效率，也导致了住房保障的不统一。

从现行的城镇住房保障制度来看，保障待遇不是"金字塔式"的安排，而是跳跃式的"倒金字塔式"的安排。经济适用住房的购买者收入水平高于廉租住房保障对象的收入水平，但其享受到的住房保障待遇却远远高于廉租住房保障对象，住房保障待遇存在着严重的错层，即经济条件好的居民获得的住房保障待遇反而超过经济条件差的居民所获得的保障待遇，这种错层显然是不合理的，它违背了住房保障应遵循的原则。

第五，保障性住房产权安排比较单一。这主要反映在以下几个方面：(1) 从目前分配给保障对象的保障性住房的产权安排来看，实际上只有两种安排，一是所有权（经济适用住房、限价商品住房所给予的都是住房所有权），二是承租使用权（廉租住房保障的实物配租所给予的只是承租使用权）。没有所有权和承租使用权混合的产权安排。(2) 从经济适用住房售前的所有权安排来看，产权主体是单一化的。面向社会分配和销售的经济适用住房售前其所有权要么为政府所有，要么为开发商所有；集资合作建房形式的经济适用住房的所有权售前归属于企事业单位。售前经济适用住房的所有权没有多元主体的制度安排。(3) 从经济适用住房售后的所有权安排来看，产权主体也是单一化的。面向社会分配和销售的经济适用住房售后其所有权归购房者所有，其他单位无权处置；集资合作建房形式的经济适用住房的所有权售后一般也归购房者所有。售后经济适用住房的所有权也没有多元主体的制度安排。(4) 从廉租住房来看，由政府投资新建的廉租住房的所有权归属于政府，由政府向社会租赁的用作廉租住房保障的住房的所有权归属于出租人。廉租住房所有权并没有多元化的主体安排。保障性住房产权安排比较单一的制度设计，一方面阻碍了社会资源向保障性住房建设和供应的流动，不利于调动社会力量投资于保障性住房的建设和运营，也不利于充分调动保障对象增加住房投资的积极性；另一方面也降低了保障性住房的配置效率。

第六，住房保障制度不统一。现行城镇住房保障制度包括经济适用住房制度、廉租住房保障制度、限价商品住房制度、农民工住房保障政策等，它们各自针对不同的人群，在资格审核等方面缺乏统一的标准，各自依循不同的法规，各自有其独立的运行机制，相互独立、相互割裂。住房保障制度的不统一，既造成了住房保障待遇的不公平，也降低了住房保障资源的配置效率。

第七，住房保障制度不公平。住房保障制度的不公平，除了反映在未保城镇居民和可保城镇居民保障待遇的不公平之外，还体现在以下几个方面：首先，经济条件差的居民获得的住房保障待遇反比经济条件好的居民少，总体来看，购买经济适用住房获得的经济利益远远超过获得廉租住房保障所获得的经济利益。其次，因住房保障方式的不同，保障对象获得的住房保障待遇存在很大的差别。在经济适用住房和廉租住房保障中，享受廉租住房保障的居民所获得的保障待遇远小于获得经济适用住房的住房保障，实物配租的经济利益远超过租金补贴的经济利益。再次，经济条件相同，获得的住房保障不同，如在经济适用住房保障中，一部分居民可以依靠"外援"的支持购买经济适用住房，无"外援"者无力购买，也就享受不到购买经济适用住房所能享受到的利益。这些是现行城镇住房保障制度的必然结果，不可能在现行住房保障制度下得以解决。

第八，保障性住房供给缺乏有效的激励机制。由于住房市场的供求失衡，商品住房投资能够获得高额的利润。保障性住房基于其性质，投资和营运绝对不可能获得投资商品住房的利润。而要增加保障性住房的供给，就需要对保障性住房建设投资和提供给住房保障对象的住房给予政策优惠，进行足够的激励。但是，现行制度设计实际上对保障性住房建设投资和提供给住房保障对象的住房没有激励措施，甚至是限制社会力量参与保障性住房建设投资和保障性住房供应。由此，造成保障性住房建设的投资不足和保障性住房供给增长缓慢，从而限制了住房保障的发展。

第九，住房保障缺乏明确的有效的责任制度。到目前为止尚无立法明确住房保障的责任主体，尽管有关的政策表明了住房保障是政府的民生目标，但实现民生目标是整个社会的目标，而不是对政府责任目标的规定。具体而言，以下问题尚未明确：（1）住房保障到底是不是政府的责任；（2）如果政府是住房保障的责任主体，那么住房保障的责任主体到底是中央政府，还是地方政府，抑或由中央政府与地方政府共同负责；（3）如果由中央政府与地方政府共同负责，那么住房保障的主要责任主体到底是中央政府，还是地方政府；（4）在不同层级的地方政府中，到底应该由哪一级地方政府承担责任；（5）如果地方政府是主要责任主体，那么应该由哪一级地方政府承担主要责任；（6）如果明确了主要责任主体，那么其他层级的政府采取什么方式分担责任。由于住房保障责任没有明确的法律规定，也就无法建立起有效的责任监督制度。由此造成：住房保障工作的随意性；对住房保障负担的推诿；对住房市场的管控失效。这些问题说明，必须对现行的城镇住房保障制度进行改革，必须创新城镇住房保障制度。只对现行各项住房保障制度进行边际改革不可能解决上述问题，因为经济适用住房制度、廉租住房保障制度等是不同性质的保障制度，各自的保障对象、定位、保障方式、产权制度、投资体制、分配制度、管理制度等都有着很大的差别。要解决现行城镇住房保障制度存在的问题，只有依靠建立公共租赁住房制度，大力发展公共租赁住房。

（二）现行城镇住房保障制度运行中存在或者面临的问题与发展公共租赁住房的必要性

第一，住房困难居民的规模仍很大。虽然随着城镇住房保障的发展，解决了上千万户的城镇住房困难户的基本住房问题，但住房困难居民的规模依然很大。一是存在着庞大的大中专毕业生住房困难群体，他们基本上得不到任何形式的住房保障；二是存在着相当规模的"内夹"群体，他们也得不到任何形式的住房保障；三是存在着庞大的进城农民工住房困难群体，他们无从获得政府提供的住房保障。在现行的城镇住房保障制度下，他们的住房困难不可能解决。

第二，保障性住房严重供不应求。一是反映在产权式保障的经济适用住房需求过旺，供求严重失衡；二是政府持有可供出租的保障性住房存量极少（实际上只是最近几年加大了廉租住房建设力度之后，才开始有保障性住房存量）。究其原因，一是重售轻租、重产权式保障轻租赁式保障的制度设计，导致建多少房卖多少房，无法形成保障性住房的存量；二是"悬崖效应"产生了对保障性住房的旺盛需求；三是购买经济适用住房可获得的巨大的经济利益导致了对经济适用住房的无限需求；四是住房保障责任机制的虚化及软化导致政府对住房保障的资源投入不足。

第三，住房保障供应主体比较单一，住房保障实际供给低于住房保障供给的潜在能力。城市住房投资、建设、分配、流通等都处在政府严格的管制之下，在现行城镇住房保障制度下，企事业单位等社会力量只有在获得政府的许可下，才能参与保障性住房的投资、建设等，一方面缺乏明确而有效的住房保障责任制度，政府对利用社会力量参与住房保障缺乏积极性；另一方面在财政利益驱动下，政府并不愿意社会力量参与保障性住房的建设投资等，尤其是在认为保障性住房供应的增加会冲击商品住房市场的条件下，更不愿意社会力量参与住房保障（除了社会力量的无偿捐赠）。其结果就是住房保障供应主体的排他性制约了住房保障供给的增长，使得住房保障的现实供给要大大低于住房保障供给的潜在能力。这一现象存在的根本原因在于现行的城镇住房保障制度未对政府（体系）的住房保障责任作出明确的规定。

第四，住房保障分配不公现象屡屡出现。无论是在廉租住房的分配中，还是在经济适用住房的分配中都不断出现分配不公的现象，特别是在经济适用住房的分配中，不仅出现了谎报信息骗取经济适用住房购买资格，而且出现了摇号作弊以及内部分配经济适用住房等问题。究其原因，在于获取经济适用住房就能获得巨大的经济利益，不能获得经济适用住房则得不到任何利益。

第五，保障性住房腾退困难。总的来看，保障性住房基本上只进不出。经济适用住房满五年即可上市交易，不可能退还给政府。廉租住房中的实物配租的住户基本上是只进不出，不仅如此，住户还继续占有自有产权住房。保障性住房腾退困难不仅导致住房保障资源的配置效率下降，而且损害了住房保障的公平。

第六，保障性住房管理困难。保障性住房本只能由保障对象自住，但将保障性住房用于出租的现象相当普遍。几乎一半的经济适用住房被用于经营性出租，廉租住房住户欠交或者拒交物业管理费的现象也相当普遍。这不仅损害了社会公平，也损害了公共利益，加大了政府的公共财政负担。

第七，住房保障发展在地区之间很不平衡。各地住房保障发展很不平衡，有些地区住房保障投资规模大，受益对象多，有些地区很少提供住房保障。究其原因，一是住房保障的责任制度尚未建立起来，二是现行住房保障制度阻碍了社会力量参与保障性住房的投资和供应。

应该说，上述这些问题是现行城镇住房保障制度必然产生的结果。由于现行城镇住房保障制度的性质，这些问题不可能在现行的城镇住房保障制度下得到解决。要解决这些问题，必须创新住房保障的发展思路，建立能在根本上克服现行城镇住房保障制度设计上的缺陷和解决上述问题的新的城镇住房保障制度。在保障对象、保障方式、产权制度、投资体制、分配制度、管理制度等方面都有着不同于现行城镇住房保障制度性质的公共租赁住房制度是可以解决上述问题的，因此应建立公共租赁住房制度，大力发展公共租赁住房。

二　当前公共租赁住房的发展定位与未来的发展方向

（一）公共租赁住房的含义与公共租赁住房制度设计应遵循的基本原则

所谓公共租赁住房是指以满足城镇低、中收入住房困难居民的基本住房需要为目标，政府提供政策支持、执行政府公共租赁住房政策、纳入公共租赁住房管理体系，限定保障面积、供应对象、租金水平，实行统一租金标准、分类补贴、租补分离、可租可售的政策，面向城镇住房困难居民出租或出售的保障性住房。

公共租赁住房制度设计应遵循以下基本原则：

第一，广覆盖。公共租赁住房保障对象应覆盖所有低、中收入城镇住房困难居民，以应保即保为目标。

第二，限对象。广覆盖是有条件的广覆盖，公共租赁住房保障对象应满足两个限制条件：一是住房困难，二是收入处于低、中水平。其他需要租住公共租赁住房的，经批准后可以租住，但不应享受保障待遇。

第三，保基本。即公共租赁住房只向保障对象提供基本住房保障，超过基本住房保障的住房消费应由消费者自己负担。

第四，多类型。即公共租赁住房应有多样化的供应类型、产权类型的安排。一是供应类型的多样化，公共租赁住房供应类型应包括政府供应的公共租赁住房、企事业单位供应的公共租赁住房以及其他社会力量提供的纳入公共租赁住房体系的公共租赁住房；二是产权类型的多样化，鼓励社会投资和供应，产权类型可包括政府独立持有的公共租赁住房、政府与社会单位及个人共有的公共租赁住房等。

第五，广开源。即要遵循开放原则，多渠道、多方式筹集公共租赁住房和公共租赁住房购置资金。一是要多渠道、多方式筹集公共租赁住房，除了政府投资新建公共租赁住房之外，同时要利用政策杠杆，动员社会力量投资新建公共租赁住房和将空置住房纳入公共租赁住房体系中；二是要多渠道、多方式筹集公共租赁住房购置资金，一方面要确保政府资金投入，另一方面要充分动员社会资金投入公共租赁住房。①

第六，高统一。即公共租赁住房的全部运行过程（包括公共租赁住房的投资、建设、分配、租金补贴、物业管理、腾退管理等）均服从于统一的制度；对公共租赁住房保障对象应根据保障对象的经济条件（收入状况、住房状况、净资产状况等），按照保障制度的规定，执行统一的保障政策。

第七，高公平。即公共租赁住房的全部运行过程应遵循公正和平等的原则，特别是公共财政对公共租赁住房建设的投资分配、公共租赁住房的分配、公共租赁住房的腾退及出售必须严格遵循高公平的原则，以确保内部公平和社会公平。

第八，多机制。即公共租赁住房的供应、分配和管理等要将经济激励机制和强制机制结合起来，一方面充分利用经济激励机制的作用，另一方面要利用强制机制驱使职能部门履责，驱使各有关当事人依法行事，以促进公共租赁住房供应的快速增长和公共租赁住房分配、管理等的公平、有序和高效。

---

① 要避免将公共租赁住房等同于政府公房，避免将政府作为公共租赁住房建设投资的唯一主体。

第九，反梯度。即公共租赁住房的保障待遇应根据保障对象的经济条件区别对待，经济条件越差，获得的保障待遇应越多，经济条件越好，获得的保障待遇应越少（应是金字塔形的保障待遇设计）。

第十，多层次。在反梯度的原则之下，根据保障对象经济条件的差异合理地划分出多个层次，按照相应的层次向保障对象提供相应的保障待遇。层次的划分要兼顾公平与效率，以公平保障为原则，以可操作性为约束条件，确定出能避免"悬崖效应"，同时公共租赁住房管理部门又能方便管理的保障层次。

第十一，多形式。即公共租赁住房保障既可采取实物配租的形式，也可采取租金补贴的形式，既需要有实物配租，也需要有租金补贴；既可向保障对象出租，也可向保障对象出售，既需要有出租形式，也需要有出售形式。配租并举、租售并举应是公共租赁住房保障形式的常态。至于以实物配租为主，还是以租金补贴为主，以出租为主，还是以出售为主，则根据经济发展水平和住房供求状态确定。

第十二，强政策。即政府应对公共租赁住房的发展提供多方面的强有力的政策保障和支持。政府应在土地供应、公共租赁住房建设融资、公共租赁住房运营等方面提供强有力的政策保障和支持。

（二）当前公共租赁住房的发展定位

无论是在当前，还是在未来，公共租赁住房的发展都应遵循以上原则。但公共租赁住房的发展在当前的定位与未来的发展方向上还是有差别的。2010年6月8日，国家住房和城乡建设部等七部委联合颁发了《关于加快发展公共租赁住房的指导意见》（以下简称《意见》），《意见》指出：要"大力发展公共租赁住房，是完善住房供应体系，培育住房租赁市场，满足城市中等偏下收入家庭基本住房需求的重要举措，是引导城镇居民合理住房消费，调整房地产市场供应结构的必然要求。各地区、各部门要统一思想，提高认识，精心组织，加大投入，积极稳妥地推进公共租赁住房建设"，要求"各地区要制订公共租赁住房发展规划和年度计划，并纳入2010—2012年保障性住房建设规划和'十二五'

住房保障规划，分年度组织实施"①。这表明政府已将公共租赁住房纳入城镇住房保障体系之中。但是，当前公共租赁住房应当如何定位呢？笔者认为，在当前，公共租赁住房应是新植入城镇住房保障体系的，弥补现行城镇住房保障体系缺陷的，补位性质的，但其功能又是不可替代的城镇住房保障体系的组成部分。

第一，旧的城镇住房保障体系的支柱是经济适用住房和廉租住房保障，因其将大量的应保住房困难居民排除在外，需要建立新的住房保障制度，逐步将未保城镇居民纳入保障体系，目前公共租赁住房所担当的就是弥补旧的城镇住房保障体系覆盖面的缺陷，具有补位性质的保障制度。②因此在目前，廉租住房保障、经济适用住房保障和公共租赁住房保障应该各负其责，公共租赁住房保障应主要保障"夹心层"（特别是就业时间不长的大中专毕业生、新就业的职工和"内夹"）和长期居住在城市、有稳定职业的外来务工人员。

第二，公共租赁住房不可能替代经济适用住房保障和廉租住房保障。首先，经济适用住房保障和廉租住房保障有其保障对象，公共租赁住房在短期内还不能越俎代庖，而主要是补位；其次，经济适用住房保障和廉租住房保障有其利益群体，受益者不太可能放弃其既得利益，应有适当的过渡期；再次，公共租赁住房保障尚未形成成熟的制度，定位以及如何实现对现行城镇住房保障体系的替代尚需从理论和实践两个方面进行深入的探索。

第三，公共租赁住房有着经济适用住房保障和廉租住房保障所不可替代的功能。其一，公共租赁住房所保障的对象是经济适用住房保障和廉租

①　中华人民共和国住房和城乡建设部、中华人民共和国国家发展和改革委员会、中华人民共和国财政部、中华人民共和国国土资源部、中国人民银行、国家税务总局、中国银行业监督管理委员会：《关于加快发展公共租赁住房的指导意见》（建保［2010］87号），见中华人民共和国住房和城乡建设部网站（http：//www. mohurd. gov. cn），2010年6月13日。

②　《意见》指出，"由于有的地区住房保障政策覆盖范围比较小，部分大中城市商品住房价格较高、上涨过快、可供出租的小户型住房供应不足等原因，一些中等偏下收入住房困难家庭无力通过市场租赁或购买住房的问题比较突出。同时，随着城镇化快速推进，新职工的阶段性住房支付能力不足矛盾日益显现，外来务工人员居住条件也亟须改善"，并明确指出"公共租赁住房供应对象主要是城市中等偏下收入住房困难家庭。有条件的地区，可以将新就业职工和有稳定职业并在城市居住一定年限的外来务工人员纳入供应范围"。

住房保障所不保的住房困难居民；其二，公共租赁住房可配可补、可租可售、开放性的政策原则以及多类型、多机制、多层次等的探索既是经济适用住房和廉租住房保障所不具有的，也是为建立新的城镇住房保障体系寻找可行路径，更代表了城镇住房保障体系未来的发展方向。

第四，应将目前所处的阶段作为向新的以公共租赁住房为主导的城镇住房保障体系发展的过渡阶段。建立起公共租赁住房制度之后，城镇住房保障体系将变成以廉租住房保障、经济适用住房保障和公共租赁住房保障共同作为城镇住房保障体系三大支柱的功能互补的保障体系。[①] 但这一体系绝对不应作为中国城镇住房保障体系的目标模式，因为它不可能解决旧的城镇住房保障体系所导致和存在的问题，并且还会带来新的制度冲突。因为这一体系仍然是"打补丁式"的拼接成的拼盘式的保障体系，缺乏内在的统一性，无法实现住房保障的公平，仍然不是公平的统一的完善的住房保障体系。

但是，过渡阶段应该是经济适用住房保障制度和廉租住房保障制度逐步退出和萎缩，公共租赁住房保障制度逐步进入和扩展的阶段。在这一阶段，应该对旧的城镇住房保障制度进行改革，逐步取消经济适用住房保障制度和廉租住房保障制度，逐步扩大公共租赁住房覆盖面，做好新旧体制的衔接工作，将经济适用住房保障和廉租住房保障制度的保障对象统一纳入公共租赁住房保障体系。

第四，大力支持公共租赁住房的发展应成为住房保障发展的政策导向和重点。公共租赁住房可视为是在旧的城镇住房保障体系中播下的一个种子，制度内容的设计和其发展实效将决定着公共租赁住房发展状态，从而也决定着城镇住房保障体系未来的发展。一方面要做好公共租赁住房保障制度的设计，另一方面要予公共租赁住房的发展以大力的政策支持。政策支持包括两个方面：一是要给出明确的政策导向，即要形成公共租赁住房发展是未来城镇住房保障发展的方向的明确的信号和政策引导；二是要在政策上给予公共租赁住房的发展以重点保障和支持，要在梳理现行城镇住

---

① 城镇住房体制改革以来，城镇住房保障体系经历了从"单支柱"（经济适用住房保障）到"双支柱"（经济适用住房保障、廉租住房保障），再到现在的"三支柱"（经济适用住房保障、廉租住房保障、公共租赁住房保障）的演变。

房保障支持政策的条件下，对住房保障的政策支持进行结构性调整，并根据公共租赁住房发展的需要和现实经济条件，制定出新的保障和支持政策，以有力地促进公共租赁住房的发展。

（三）未来公共租赁住房的发展方向

在当前，公共租赁住房是作为城镇住房保障体系的三大支柱之一，与经济适用住房保障和廉租住房保障互有分工、各负其责，但这绝不是公共租赁住房未来应处的状态和地位，而只是过渡期的过渡性状态。在城镇未来的住房保障体系中，公共租赁住房应该是城镇住房保障体系的主导。有关公共租赁住房的现行政策只能是过渡性的政策，而不应该是公共租赁住房发展的长期政策，因为现行政策是将公共租赁住房定位于弥补现行城镇住房保障体系缺陷的补位性质的住房保障。因此不能以现行政策而定位公共租赁住房，而应该将公共租赁住房作为未来城镇住房保障体系的主导来考虑公共租赁住房的发展。

第一，公共租赁住房是未来城镇住房保障体系的核心和重点。未来的城镇住房保障体系将是以公共租赁住房为核心和主导、以社会公益性住房为补充的保障体系。公共租赁住房发展的目标是替代经济适用住房保障制度和廉租住房保障制度，使城镇住房保障体系由目前的以廉租住房保障、经济适用住房保障和公共租赁住房保障共同作为城镇住房保障体系三大支柱的功能互补的保障体系转换为以公共租赁住房保障为支柱的保障体系。因此公共租赁住房是未来城镇住房保障发展的重点，其发展将决定整个住房保障制度的发展。

第二，公共租赁住房保障对象必须包括城镇所有低、中收入住房困难居民。建立起以公共租赁住房保障为核心和主导力量的城镇住房保障体系之后，低、中收入住房困难居民的住房保障将取决和依赖于公共租赁住房的发展。住房保障的广覆盖、完整性必须内在地置于统一的公共租赁住房保障制度之中，必须将所有保障对象纳入统一的公共租赁住房保障体系之中。①

---

① 公共租赁住房保障覆盖面的扩大，应是随着经济发展而逐步提高的渐进过程，但广覆盖始终是公共租赁住房保障发展的方向。

第三，公共租赁住房保障制度必须具有高度的公平性。在公共租赁住房为主导的新的城镇住房保障体系中，公共租赁住房制度的公平性直接决定着住房保障的公平性，未来应以公平为原则确定公共租赁住房保障资源（公共资源、社会资源等）的分配，确定出合理的平滑的反梯度的保障待遇的分配原则，建立起高度公平的公共租赁住房制度。

第四，建立完善的公共租赁住房管理体系是公共租赁住房发展的重要任务。其一，公共租赁住房保障对象的经济条件千差万别，应以公平为原则给予不同的保障待遇，由此应建立起包括多个层次的保障待遇的体系；其二，公共租赁住房包括不同的类型，其运营与管理一方面因其性质有异而应有差别和主动性，另一方面作为公共租赁住房的组成部分又应具有共性，遵循共同规则，因此必须兼顾公平与效率，建立起包括不同类型的公共租赁住房的运营与管理体系在内的有机统一的运营与管理体系；其三，公共租赁住房的建设与供应需要充分动员社会力量，因此应建立起激励机制与强制机制、经济手段与非经济手段功能分工合理、相互配合的机制与手段体系；其四，公共租赁住房可配可补、可租可售，因此应建立配补、租售利益均衡、监督有效的配补、租售管理体系；其五，公共租赁住房的发展需要获得多方面的政策支持，各项政策应保持协调，因此应建立起公共租赁住房发展的政策支持体系；其六，公共租赁住房的运营与管理需要分工科学、责任明确、运行高效的多种、多层机构的支持，需要不同的职能机构之间、不同层级的机构之间相互协调、相互支持，因此需要建立起公共租赁住房发展所必需的机构支持体系。

公共租赁住房是未来城镇住房保障体系的核心和主导，应该按照公共租赁住房在未来城镇住房保障体系中的定位，尽快建立起完善的公共租赁住房制度，采取各种措施大力促进公共租赁住房的发展，以不断提高城镇住房保障的发展水平。

（原载《山东社会科学》2011 年第 2 期）

警惕房地产"投机赌博新经济"

◇夏小林[*]

一

1998年以来，逐步由自由市场机制主导的房地产市场和住房市场问题层出，调控屡屡成为"空调"。"十二五"伊始，党和政府加强"给力"，解决问题有了新开端。但改变"我国85%的家庭无能力买房"的基本情况，仍有一些深层次问题待破解。其中，在与私营企业主导的房地产投资紧密联系的住房改革中，显山露水的"自由市场理论"、"追涨杀跌"的投机赌博行为，尤其需要反思。

进一步说，今天治理房地产和住房市场投机已有新要求，即要着力治理"投机赌博新经济"在市场中的泛滥。

二

在关于政府调控房地产、住房市场的理论观点和政策主张的博弈中，在"调控变空调"的过程中，在自由市场的价格信号引导资金、土地等资源配置偏向投资性、投机性商品住房的格局中，那些反对政府合理调控，维护房地产和住房市场上资源自由配置的观点，归根结底，都源于价格应

* 夏小林，国家发展和改革委员会宏观经济研究院研究员。

让市场自由决定，价格自发完成资源的合理配置，不能"权力搅买卖"的自由化理论。

但是，一方面，自由市场的价格决定机制是一种不切实际的理论假说。例如，它所要求的完全竞争市场和信息最大化等条件，在现实中难以满足。另外，全球性的历史经验都表明，私人经济主导的自由市场经济不能解决多数人（包括所谓"中等阶级"或"中产阶级"）的住房问题。①

就资本主义制度的国家而言，无论在 19 世纪，还是在 21 世纪，也都是如此。

另一方面，结合新的情况看，是自由市场经济已经发展到了"追涨杀跌"的"投机赌博新经济"的新时期。② 在全球，这次直接由美国房地产危机引发的全球金融海啸就是例证。在国内，现在的房地产发展和商品房价格早已不是供给—需求关系的简单决定。相反，在自由市场机制主导下，今天我国房地产市场和住房市场也早与"追涨杀跌"的"投机赌博新经济"联姻。少数富人"有支付能力的需求"，在金融机构和一些政府官员的激励下，操纵和拉升房地产价格，"追涨杀跌"生生不息，目的是通过赌场手段，实现利润需求的最大化，而不是居住。不过，由于"虚拟经济"还没有成为中国经济的主体，金融衍生品不发达，目前其危害的范围比美国小。但需要警惕，防患于未然。

所以，在今天住房成为中低收入者压顶"大山"的情况下，人们已经没有理由再相信，自由市场能够成为解决大多数居民住房难题的有效机制。实际上，这种机制反而使中低收入者的住房困难日益严重与房地产商、投机客的暴利大跃进并行不悖。"经济适用房"、"公租房"等政策性住房建设也受到持续的冲击，中央政府公益目标难以实现。

当然，在这种混乱的市场状态下，关于房地产市场危机的剑气是否已令人窒息，各式各样的专家自说自话，但房地产危机和金融安全威胁的达摩克利剑毕竟已悬了起来，不可忽视，需要关注。

---

① 1872 年，恩格斯在《论住宅问题》中已经指出，在资本统治的自由市场经济中，以小资产阶级、一般官员等为主的中等阶级解决住宅问题也是困难重重。

② 推荐阅读王小强《投机赌博新经济》，香港大风出版社 2007 年版。

三

有关分析早已表明：这几年在政府的连续调控下，"为什么成交量大幅度下降，房地产价格却没跟着下跌？（因为）如今的房子已经不再是普通消费品。随着'投机赌博新经济'大发展，房地产市场也和股市一样，完成了'从投资到投机的质变'，交易的原理不再是传统经济学'贱买贵卖'达到均衡价格，而是'追涨杀跌'，价格决定建立在对未来价格的'预期'上。价格的变动可能很小，也可能突然波动很大，无从准确预测"①。

"房子跟股票等金融产品还不完全一样。不炒股可以，只要有人就不能不住房，衣食住行是必需消费品。住房与老百姓的日常生活息息相关，不能也不应该全盘卷入投机赌博'洪流'，成为下注的筹码。房地产市场让'追涨杀跌'的赌博逻辑牵着走，房屋作为必需消费商品的作用被冲得七零八落。厚利少销，减少生产，能够参与的人越来越少……'饼'只能越做越小。反过来，只有薄利多销，扩大生产，大力发展住房建设，让多数人都能参与，带来更多、更大的住房消费（而不是投机），房地产的'饼'才能越吃越大。"②

但是，进一步地看，如果今天的房地产市场（包括住房）仍然由自由市场的价格信号来完成配置，自由买卖，这"反过来"也还是难以实现的。

因为，在市场经济的发展中，价格机制越来越自由地发挥作用——卡尔·马克思早就一针见血地指出——其宿命就是私人资本视生产为"倒霉事"，"企图不用生产过程中介而赚到钱"③，完全脱离实际生活的逻辑，脱离实际经济逻辑，从而对社会化生产造成伤害，成为自己的敌人。④ 换

---

① 梁晓：《压房价≠房地产健康发展——六论"转变经济发展方式"》，《香港传真》NO. 2010—26。

② 同上。

③ 马克思：《资本论》第 2 卷，人民出版社 1975 年版，第 68 页。

④ 王多：《〈资本论〉的持久魅力》（http://news.xinhuanet.com/comments/2008——10/22/content_10232300.htm）2008 年 10 月 22 日。

句话说，就是资本在发展中，必然完成"从投资到投机的质变"①，加剧社会混乱和矛盾，增加经济周期性波动的复杂性和破坏力。不仅如此，在《资本论》中，马克思还在纯理论比较的意义上，提出了用公有制和计划分配解决资本主义生产和分配问题的设想。② 当然，在具体的历史场景中，应该怎么办，他是主张根据当时的具体情况采取办法的。

而在《论住宅问题》中，恩格斯也提到，在当时的英、法、德的市场经济中，由于两极分化严重，多数人的贫困和投机盛行，以及房地产投资人的自私自利和官僚腐败，个人和国家的努力，都无法真正解决住宅问题。在无产阶级掌握政权以后，将根据具体情况，采用革命或赎买政策，利用现有住房资源等，解决社会的住房问题。而具体的办法，将由那时的人根据实际情况的许可来制定。在这里，作者对于那个时代住宅问题的清晰描述中，也同时告诉了我们，当资本主义生产方式在西欧诸大国快速发展的时期，住房市场也存在国家干预，不是真正的"自由市场"。

我们延伸马克思主义的这些分析，以美国金融危机为参照系，就可以进一步看到，有些人主张在私人资本和自由市场紧密结合的格局下，通过市场供求关系变化下的价格自发波动配置资源，在房地产市场和住房市场上来解决最大多数人的住房问题，是没有出路和历史依据的，是"黑板经济学"，客观上是"投机赌博新经济"在意识形态上的反映，是为少数富人服务的。而现实中财富和收入分配的两极分化，劳动力市场的竞争，失业、经济周期性波动等，则是妨碍住房问题解决另外一些制度性逆向趋势。其中，财富在少数人手里集中这一趋势，无疑是房地产、住房高价和投机赌博的重要推进力量。

所以，自由市场理论及其政策主张（包括"私有化"），不能解决中国的住房问题。相反，它是增进投机赌博利益集团的理论工具，是社会麻烦的制造者。

---

① 王小强：《投机赌博新经济》第一章第一节，香港大风出版社 2007 年版。
② 马克思：《资本论》第 1 卷，人民出版社 1975 年版，第 95—96 页。

四

在马克思、恩格斯之后，卡尔·波兰尼在《大转型：我们时代的政治与经济起源》中，在新古典经济学的层面对市场经济调节范围、对象和后果进行了富有启发意义的批评性探索。其中，就包括房地产的基础——土地，以及自由市场下的劳动力生存状态问题，亦即今天说的民生（逻辑上包括住房）问题。他提出：

第一，土地和劳动力是被组织在市场中的，"但劳动力、土地……显然都不是商品；这样一个基本假定，即任何在市场上买卖的东西都必须是为了出售而生产出来的，对它们而言显然是不成立的。换言之，根据商品的定义，它们不是商品。劳动力仅仅是与生俱来的人类活动的另外一个名称而已……不是为了出售……而存在的。土地不过是自然的另一个名称，它并非人类的创造……（它们）没有一个是为了出售而生产出来的……（其）商品形象完全是虚构的"①。

第二，"如果允许市场成为人的命运、人的自然环境（指土地——引者注）……的唯一主宰，那么，它就会导致社会的毁灭"②。因为，在这种情况下，多数人的命运将沦落到没有人性的物品的水平，被少数人任意支配和压迫，引起犯罪、堕落、饥荒等社会混乱；自然环境如土地也将被少数人胡乱利用，环境破坏，污染滋生，土地生产力也将被破坏殆尽，等等。③

当然，如何定义劳动力和土地的商品属性可以再讨论。但是，卡尔·波兰尼关于劳动力和土地任由市场机制支配"会导致社会的毁灭"的理论判断，是非常具有积极意义的。并且，这也完全符合欧洲市场经济发展的逻辑和历史。在这本书中，卡尔·波兰尼描述了欧洲市场经济扩张的历史

---

① 卡尔·波兰尼：《大转型：我们时代的政治与经济起源》，浙江人民出版社 2007 年版，第62—63 页。

② 同上书，第 63 页。

③ 同上。

进程，非常客观地指出，19 世纪在市场经济扩张的同时，另外一条历史线索也是清晰可见的，这就是社会"各种措施和政策所织成的网络与各种强有力的制度配合，目的是抑制与劳动力、土地……相关的市场行为"①。由此，我们也就能够清晰地看到，19 世纪以来的欧洲社会历史是"一个双重运动的结果"，即一方面市场经济在发展，另一方面发展的市场经济"受到限制"、"抑制"。② 原因一目了然，"在自发调节的市场体系所固有的威胁面前，社会奋起保护自己"③。其中，典型案例是 20 世纪 30 年代大危机促使主要资本主义国家纷纷进一步实行混合经济体制，政府、工会等利益攸关者大肆地"权力搅买卖"。

五

其后，自 20 世纪 70 年代开始，新自由主义一度在某些方面开始削弱、解构这种混合经济，号称由于经济自由化，竞争代替监管，"理性人"避免盲目性，经济周期也消除了。实际上，经济自由化的推行，导致欧美国家出现了工人工资和福利长期下降，并"向底线冲刺"的趋势。"虚拟经济"的无政府状态借助电子技术和互联网表现复杂化，令不断弱化的政府监管长年内手足无措。同时，由于工薪阶层收入下降，吸纳大量就业的低端服务业之大发展使低收入者增加，社会中有支付能力的需求下降。生产的无限发展趋势与有支付能力的需求矛盾不断加深，构成了与房地产有关的金融衍生品泛滥的社会基础。于是，在表象上人们就看到，自由化中金融衍生品大发展引起了房地产大发展，继而引发了经济大崩溃，金融风暴呼啸而来，自由商品世界人仰马翻，贫富分化加剧，中产阶级更多成员沦为"下流阶级"，甚至是无房户。这导致新凯恩斯主义计划调节和国有化政策大规模回潮。媒体调侃"社会主义救资本主义"。这也就是说，市场

---

① 卡尔·波兰尼：《大转型：我们时代的政治与经济起源》，浙江人民出版社 2007 年版，第 66 页。

② 同上。

③ 同上。

经济需要受到比米尔顿·弗里德曼说的要更多、更严格的限制和调节，而不是"和尚打伞，无法（发）无天"。

政府规模大小、是否"权力搅买卖"，不是衡量政府合格与否的价值标准。奥巴马的务实标准是，政府"是否行之有效……危机提醒我们：没有严格的监督，市场就会失控"①。其实，更本源的大问题是：为什么人服务。在房地产和住房市场上，在与其密切联系的金融市场上，都是同一个道理。

六

不用再仔细介绍，大家都晓得，就房地产和住房市场而言，人们今天时常引用的欧洲发达国家，以及美国、日本、新加坡等国家的情况表明，这些国家都在这些方面采取了政府调节和限制措施，而且它们的一些规制往往比中国更为细致和严厉。

另外，这些国家在房地产和住房方面采取调节的重要启示是：第一，人不是经典理论意义上的商品。除去少数富人，多数人要满足居住要求的基本人权，需要在市场经济中，依靠一部分非市场干预措施的帮助。第二，房地产和住房体系在总体上也不是，或者，不应该是一个纯粹由价格信号调节的对象。否则，中低收入者的基本人权无法满足，社会分裂动荡。房地产和金融市场自由化的后果很严重：这些产业中大佬们傻玩的"投机赌博新经济"，"会导致社会的毁灭"，而对他们自己的威胁也会"从天而降"。

七

如前所述，当"投机赌博新经济"在房地产和住房领域开始蔚然成风

①　"美国总统奥巴马就职演说全文中文翻译版"（http：//edu.sina.com.cn/a/2009—01—21/1623163986_2.shtml）。

的时代，多数人要满足居住要求，可能更需要非价格的市场干预措施来帮助。经济适用房、公租房、政策性贷款、限制空房与投机等，都属于干预的范畴。在这方面，已有分析显示，房价降到多少才合适，说不清，道不明；仅靠经济适用房、公租房也难以全面解决问题。[①] 但新加坡等的成功经验，值得借鉴，以开拓思路，完善对策，形成中国特色的新鲜做法和经验。

例如，新加坡的政策目标明确：要给人民一个稳定的房地产消费预期。李光耀说："我要让新加坡每个家庭都有真正的资产让他们去保护，尤其是他们自己的住房。""居者有其屋"成为凝聚人民保家卫国的纽带。新加坡建屋局的目标是"兴建人民负担得起的住房"，一手组屋定价，主要考虑组屋买家的购买能力，同时兼顾组屋的平均建筑成本。"组屋可以在一个有准入限制的市场上买卖。这样，既是鼓励居民搬入面积更大更好的组屋，进一步改善居住环境；同时也是引入市场检验，尽可能地消除一般福利公屋制度的弊端。"[②]

同时，一个完善的组屋系统，"把居民住宅消费与普通房地产投机分割成两个市场。前者一户一套，更多自住消费；后者来去自由，数量不限，敞开投机，尽情折腾"[③]。

当然，新加坡把居民住宅消费与普通房地产投机分割成两个市场的做法，也是舶来品。其他国家早就在做了。并且，为了严防投机和浪费资源，维护社会稳定和人权，有的欧洲国家对于空房的限制也是非常严厉的：政府强制空房出租。

至于在这些政策日程中，由于政府掌控了更多的经济资源和干预权力，"权力搅买卖"，有违自由市场经济的价格原理，是否如有的经济学者说的"越来越走向权贵资本主义"，新加坡或欧洲各国政府是没有去理会的。大概，他们认为，这是在市场经济中"社会奋起保护自己"。所以，

---

① 梁晓：《压房价≠房地产健康发展——六论"转变经济发展方式"》，《香港传真》NO. 2010—26。

② 同上。

③ 同上。

在这个意义上说，"权贵资本主义"抹不黑实行利民政策的政府"搅买卖"行为。反过来，完全的自由市场经济，"权力不搅买卖"是会破坏人民的住房权利和社会稳定的。恩格斯也曾指出，聪明的资本家和其总代表——国家，也会采取办法避免出现这种情况。新加坡的李光耀就是这方面的东亚模范。我们的政府，实行社会主义市场经济、"三个代表"、"以人为本"，着力解决中低收入阶层的住房问题，更不能允许取消国家干预市场的原则。

国家调节市场，古今中外皆如是，天经地义。中国应该做得更好。自由市场理论不可取，要清理。

八

"十二五"时期，在中国发展房地产市场和住房改革中，曾经风生水起的"自由市场理论"需要彻底反思。要警惕和治理"投机赌博新经济"。

丰富多彩的市场经济理论、历史和现状表明，研究和完善抑制房地产和住房分配中市场行为的政策体系，就是要在公有制为主体的经济基础上，实现社会公益目标的政府调节和市场调节的平衡，这是在中国特色市场经济体系中发展房地产和进行住房改革的政策选择方向。

目前，政府的政策取向比较明显。例如，"十二五"时期进一步加大政策性住房的建设、完善相关配套的金融政策、抑制房地产投机等。当然，在这一政策体系中，也应包括减少"政府失灵"现象的制度约束和激励措施。目前，这方面的问题还是较为突出的。

另外，鉴于我国人口规模是世界第一，可利用的土地、能源、水资源等紧缺，污染严重，实际（而不是有货币"支付能力"）的住房需求将持续扩大，以及奢侈性住房消费影响较大的特殊国情，中国政府转变经济发展方式，在抑制房地产和住房市场投机赌博、限制空房、调节住房面积等方面，比较国情不同的市场经济国家，应该采取更强有力的措施。例如，在进入低碳经济时代时，不能如有的国家那样允许发展一个"来去自由，数量不限，敞开投机，尽情折腾"的房地产投机市场，以及一个相对独立的奢侈性住房体系——它们都是绝对高碳的"富人俱乐部"。而作为过渡措施，现在就应该进一步严厉限制房地产和住房买卖的投机赌博行为，研究制定和执行符合国情的商品房面积标准。

住房保障要新思路新举措

◇汪利娜[*]

近年来，房价的快速上涨使得住房难成为民生问题关注的焦点。2011年国家虽推出兴建 1000 万套保障性住房的计划，但从我们的实地调研发现保障性住房建设和实施中存在的诸多问题：一是土地供给不足，各城市土地储备热情之高、规模之大却没有为保障性住房提留充足的土地；二是城市拆迁补偿制度不健全，国有土地"事实上的所有权"成了使用者、占有者所有，加大了城市棚户区改造和旧城改造的难度；三是融资渠道不畅，长期低成本资金供给不足；四是出售型保障性住房的分配不公，加剧了收入分配不公，浪费了公共资源，也弱化了政府住房保障能力。我们认为，短期突击性的大规模保障性住房建设固然重要，但面对中国城市化远没有完结所带来的巨大住房需求，住房保障任重而道远，更需要长远发展的大思路和有效的制度安排。

一 市场调控与住房保障"两手都要硬"

住房保障是住房领域的社会保障，是政府为弥补市场"失灵"，通过运用经济、行政和法律手段，为保障满足全体国民的基本住房需求所作出的多种制度安排。而政府拥有人民赋予的公共权力，掌控着大量的社会资

* 汪利娜，中国社会科学院经济研究所研究员。

源，住房保障是政府不可推卸的责任，但这并不意味着政府"包办"，针对不同的收入群体，政府履行责任的方式应有所不同。针对高收入群体，其住房问题完全可以由市场解决，而无须政府参与；对于广大中低收入群体来说，政府可以利用信贷、税收政策从供给或需求面入手为满足其住房需求提供支持，也直接参与保障性住房建设，提供特殊的救助，即住房保障的政策目标为"高端有市场、中端有扶持、低端有救助"。换言之，住房保障的对象不同，政府实施保障的方式也应有所不同，但政府住房保障责任应止于基本住房需求。

许多人认为住房"双轨制"就是保障归保障，市场归市场，两者可以分道扬镳。其实，保障性住房和商品房虽服务的对象不同、供给方式不同，在住房市场上各有其位，各有其功能，但也不是泾渭分明，互不关联。保障性住房与商品房两者是对立统一、相互转化或互为补充的。表面上两者矛盾对立、分享资源与市场份额，但实则相辅相成。首先，两者的目的是一致的，都是为了解决国民的"住有所居"的问题。其次，两者是互为因果、互为补充的。住宅市场的商品房价格越高，居民可支付的商品住宅越少，对政府直接供给的保障性住房的需求越大，政府的负担越重；土地市场和住宅市场越规范，商品房价格越合理，可支付性越高，保障性住房的需求越小，政府负担越轻。因此，在推进住房保障中，抑制高房价、低密度的别墅和一户多套住房是中国现阶段或城市化没完结前的现实选择。再次，两者的对立表现为资源的分离与分配上。在土地供给既定的情况下，高档房、别墅开发建设越多，中低价位商品房和保障性住房可占用的土地就相对减少，因此，保障性住房与商品房两者不可顾此失彼，双轨并行才能保障一个国家的住房的生产与消费、社会与经济发展的两个轮子安全、高效运行。

二 建立以公共租赁住房为核心的住房保障供给体系

目前，我国保障性住房的供给主要可分为出售型和非出售型保障性住房供给。出售型保障性住房包括经济适用房和限价商品房；非出售型保障性住房包括廉租房和公共租赁住房。

出售型保障性住房虽然可以短期内缓解政府提供保障性住房的资金压力，但是其弊端也是显而易见的：（1）收入不透明、保障对象难认定，甚至许多城市的两限房、经济适用房成了公务员房和"特权房"，在资产收入占比不断提高的今天，人们在住房分配和取得上机会的不平等，进一步加剧了收入分配不公；（2）出售型保障性住房是一次性房屋买卖交易，但居民的收入是动态变化的，这导致退出机制难以建立，无形中增加政府公共管理的成本；（3）出售型保障性住房在一定期限后可上市交易，买卖差价形成巨额资本收益诱发"寻租、创租"行为泛滥；（4）保障房出售后成为个人私有财产，导致政府可支配和供给的公共资源（土地、房源）不断减少，这无疑是对国有土地资源和政府住房保障能力的极大挑战。此外，出售型保障性住房供给短期内的急剧增加或供给的大起大落，对房地产市场的稳定也会产生影响。短期内出售型保障房的急剧增加，有增加投资、就业、拉动经济增长之功效，也会影响局部的商品房市场；长期看住房的数量与人口的数量有着密切关系，特别是在城镇人口增长停滞以后，住房总量与住房数量的不均衡，会造成房价的剧烈波动，对住宅市场和整体经济稳定造成不利影响。

鉴于经济适用房和限价房存在的诸多弊端，我们认为，应当减少我国保障性住房的种类，大力发展公共租赁房，以公共租赁住房作为政府对中低收入群体提供基本住房保障的主要方式。这种方式不仅有利于实现保障性住房的循环利用，节约土地资源和公共资源，而且有利于商品住房市场的稳定，从而实现基本住房保障靠政府，改善性住房需求靠市场的住房消费模式。

三　完善和构建住房保障体制的政策建议

鉴于保障性住房和商品房都具有满足住房需求之功能，两者互为补充的关系，政府干预和实施住房保障就要兼顾商品房市场调控与保障性住房建设，既要有短期的调控政策，更需要有长远的制度安排。因此，强化制度建设是我国住房市场健康发展和实现国民基本住房保障的关键。

1. 深化土地制度改革

从日本和美国房地产泡沫的形成来看，土地和金融是两大重要推手。在我国，土地具有资源、资产和资本三位一体的特殊性，使其成为房价上涨过快和保障性住房的土地供给不足的重要因素。简单地改变"招拍挂"方式并不能从根本上解决合理地价的形成机制问题，在现行征地、土地储备、供给渠道地方政府全面垄断的土壤里，"招拍挂"形式上的市场化却很难长出市场化的苗。因此，土地制度改革必须从产权、交易、管理多个环节入手。首先，国家应通过新的立法构建多元土地产权平等分立的市场地位。所有的集体土地和国有土地，都可平等地进入农用地、城乡建设用地交易市场，允许农村集体建设用地以有偿出让、作价出资（入股）、租赁、联营、抵押等方式出让，改变现行"一口进一口出"的地方政府的行政垄断和土地市场"最大做市商"的地位，以消除绝对垄断产生的腐败和价格扭曲。

其次，应按土地用途，构建多种土地交易市场，将商品住宅用地市场与非居住类商业用地市场（写字楼、商厦、文化娱乐等）、工业用地和公益性用地市场区别开来，以保障各类土地的供给规模、价格和买方卖方供求信息公开透明度，避免信息不对称影响市场预期。

再次，随着土地市场的完善（产权登记、建档、土地规划、用途、交易规则的制定等），政府应退出从现行直接参与征地、储地和卖地，限定政府权力为"产权保护、信息公示、调控总量、土地用途、结构管制和维护市场秩序"等，以保障土地市场交换的公开、公正、公平，优化配置，真正从根本上解决合理地价的形成机制问题，抑制地价、房价的非理性上扬。

最后，增加中低价位可支付住房和保障性住宅用地的供给，在市场不健全的情况下，严格土地出让收益的管理，实行"收支两条线"、专户和比例管理，确保与民生相关的公共服务支出、重点项目占较大的比例。以促进政府职能从"投资型"向"服务型"政府的转化。

2. 探索和开拓保障性住房建设的融资渠道和金融工具

在我国城市化尚未完成之时，以公共租赁住房作为住房保障实物供给的主要形式，其面临的最大问题就是资金问题。公共租赁住房建设具有资金需求量大、占用周期长等特点，仅仅依靠政府财政资金投入，或者其他单一方式（住房公积金、地方投融资公司和银行）都是无法满足其资金需求的。通过金融创新、体制创新和产品创新，才能以更多市场化方式为政府加快保障性住房建设融通长期低成本资金。具体包括：

一是构建面向中低收入群体的政策性住宅金融体系。与时俱进地改革现行的住房公积金制度，促进其事业单位、行政化管理体制向政策性金融转变，规范其信贷范围、信贷扶持的对象、资金用途，以保障百姓个人的互助储蓄资金"取之有方，用之有道"，安全和高效。

二是引导鼓励商业银行、保险公司、房地产信托基金等金融机构开展与国家住房产业政策相一致的金融服务。积极引导和鼓励商业银行、保险公司等其他金融机构介入与国家"住有所居"的产业政策相协调领域，这也应是金融机构绿色金融和企业责任的一部分。商业银行可以多种方式参与住房保障：实施差别信贷政策，对投资兴建中低价位可支付住房、公共租赁住房的企业，在资本金可得性、信贷额度、信贷比例、借贷条件（期限、利率）上应与其他商业地产、别墅高档房企业有所不同。

三是应积极开辟资本市场，通过以公共租赁住房的租金收入作为稳定的现金流，创建保障性住房信托基金和资产证券化，为公共租赁住房建设提供长期稳定的资金来源。主管机构应引导对从事符合国家产业政策的信托基金和商业银行开展证券化业务给予政策扶持。

3. 深化财税体制改革，强化其住房保障功能

财政税收是政府调节经济、实现社会公平的重要手段。在政府财力不断增强的情况下，政府应优化财政支出结构，提高住房保障等公共服务支出的比重；增加税收的市场调节功能，对一次购房和二次购房者实施差别的营业税；增强税收的收入分配调节功能，积极推进对低密度高价住房、第二套住房开征房产税，将政府公共投资产生的外部效应，即私人房产增值收回来。

4. 引导民间资本进入租赁房领域

在住房市场结构调整中，政府除直接提供公共租赁房外，还应运用财政、金融、土地和税收政策鼓励和动员更多的社会资金进入与民生相关的领域，特别是要细化公共租赁房"谁投资、谁受益"的政策，如对从事公共租赁或普通租赁住房的房地产开发企业能否在土地取得上、土地价格上给予一定的优惠政策，或在企业提供 20—30 年租赁房期满后可以将现有的土地改建为普通住宅；在金融方面能否给予长期的低息信贷支持；政府财税政策可否给予贴息和税收减免，这样政府可以较小的投入来撬动更多的民间资本介入，形成政府与企业的"双赢"。

5. 完善规划、组织、管理和协调机制

实现住房保障，政府要两手抓，既要抓房地产市场调控又要抓保障性住房供给，且两者都需要有一个高效的运行机制。近年来，房地产市场调控和住房保障政策频出，时而重拳刺激、时而抑制调控，但实施效果甚微，其原因之一是缺少一个目标一致、步调协调、高效有序的运行机制。中国正处在城市化进程中，国家应对现有城镇住房的存量进行普查，在此基础上制定住房产业发展中长期发展规划，为调控和保障住房建设决策提供依据。建立上下目标一致的组织管理体制，从垂直行政管理体制上自中央政府，下至省、市地方政府，从纵向的行政管理体制上涉及发改委、住建、国土、财税、金融、规划、民政等多个部门。消除部门利益，在他们之间建立责、权、利、职能、分工与合作组织、管理和高效的运行机制，这是提高政府执政能力、社会管理能力和着力解决民生问题的不可或缺的制度安排。

[原载《中国社会科学院（要报）——经济》2011 年第 20 期]

中国住房保障体系构建研究

——基于"三元到四维"的视角

◇郭士征 张 腾[*]

近几年来，国内房价居高不下，已经远远超出我国普通家庭的合理承受范围。据 2010 年《中国经济蓝皮书》的数据显示，加上每年需要向城镇转移的农业人口，85% 的中国家庭没有购买住房的能力。面对这种情况，2010 年 6 月 12 日，住房和城乡建设部、国家发展改革委、财政部、国土资源部、农业部、国家林业局联合印发《关于做好住房保障规划编制工作的通知》，明确强调要加快建设公共租赁住房、限价商品住房，着力解决新就业职工、进城务工人员等中等偏下收入家庭的住房困难，这标志着中国住房保障制度改革进入了一个全面深化和实施的新阶段。

一 我国住房保障的基本定位

（一）我国住房保障目标定位

一个国家住房保障的目标设定非常重要，直接关系到本国的社会经济发展进程。住房保障的目标要根据国家的供给能力和社会经济的承受能力来设定，根据国际经验，住房保障的目标随社会经济发展，可以依次分为

---

 * 郭士征，上海财经大学公共经济与管理学院教授、博士生导师；张腾，上海财经大学公共经济与管理学院博士研究生。

"能有居"、"能宜居"和"能善居"三个阶段。根据目前我国的国情与社会经济发展现状，我国住房保障的目标应定位在住房保障的第一阶段，即"能有居"的阶段，应据此制定适当的政策和采取合宜的措施。[①]

（二）我国住房保障对象定位

依据目前我国的社会经济发展状况，住房保障重点是要解决好中低收入家庭的住房困难，无疑这是我国住房保障中最紧迫的任务。但是，国家在制定与执行好面向中低收入群体住房保障政策倾斜的同时，也要整体规划好面向全体国民的住房保障。同时，各个层次的住房保障对象的确定都是有条件的，包括家庭收入、住房面积等，只有符合条件的人才能成为某个层次或某些政策的保障对象。另外，住房保障对象要根据本地区的社会经济发展水平来确定，而且不是固定不变的，是动态变化的。此外，成为住房保障的对象是公民的权利，而保障对象也有义务遵守相关的政策法规。因此，保障对象是权利与义务的综合体，是双向的统一。

（三）我国住房保障的原则定位

1. 突出解困是最基本立足点。像我国这样的发展中人口大国，将住房保障资源平均用于全体国民既不可能也不现实，我们只能把有限的资源用在刀刃上，用在社会发展最急需的地方。也就是说，在保障资源有限的情况下，我们必须把住房保障的重心移至住房最困难的人群和家庭，立足解困是头等任务，住房最困难的人群和家庭应被置于优先解决的位置。突出解困既是实事求是，也是逐步解决人们住房难的唯一正确选择。

目前我国中低收入人群住房困难问题十分突出，无疑，这些困难家庭正是我们住房解困的重点，保障资源向这部分人群和家庭倾斜，尽全力使他们早日解困，是当前乃至一个较长时期内住房保障的主要任务，也是我们实施住房保障所必须要牢牢掌握的最基本立足点。

2. 保障适度是最基本的准则。我国居民的住房需求可分为三个层次：

---

① 郭士征：《关于住房保障的若干理论问题》，《中共福建省委党校学报》2008 年第 5 期。

一是基本型需求，二是发展型需求，三是舒适型需求，这三个层次是按不同阶层和不同阶段展开的。对于目前我国住房保障的重点对象中低收入家庭来说，住房保障主要是满足其居住的基本型需求，即基本的生活需求，基本的生活空间，基本的安全保障。简言之，住房保障为中低收入家庭提供的是适度的基本保障，使保障程度能够满足中低收入家庭适宜、体面、简单和安心四个方面的住房需要。保障适度的"度"是动态的，随着经济社会的进步，住房保障的广度和深度都会延伸，特别是住房保障的水平会适时提高。但在任何情况下，我们都应保持清醒的头脑，牢牢地控制住保障的"度"。对待中低收入家庭的住房保障不能忘记这个基本准则，要使中低收入家庭的住房保障，一直维持在适度水平上，并且使这种住房保障能够沿着可持续发展的正确轨道顺利前进。

（四）我国住房保障的政策定位

住房保障政策应是连贯的、系统的，并具有针对性强和相对稳定的特点，根据我国目前的国情，住房保障政策的具体定位是：

1. 突出重点。目前，我们要把中低收入住房困难群体作为保障重点。"夹心层"群体是我国住房保障制度一直忽略的群体，我们在花大力气解决低收入家庭住房困难的同时，也要考虑解决"夹心层"群体的住房困难，政策重点要有所倾斜，甚至在一个时期内要予以突出。总之，住房保障政策不能平均用于全体国民，有限的资源必须要重点用于住房困难群体。突出重点是住房保障政策定位中必须具备的重要指导思想。

2. 租赁为主。我国现阶段，人人买房不仅不现实，也不可能，已超越出事物本身的发展规律和社会所能承受的能力。我们要实事求是地从客观现实出发，尽快积聚"租赁"是目前我国住房保障的合理选择，住房保障政策也应适时调整为从"购房"保障到"租赁"保障的转变，不仅鼓励低收入家庭"租用公房"，中低收入家庭包括"夹心层"在内的群体也应被纳入"租房"保障的范围之中。为此，政府发展公共租赁至关重要。

3. 分层应对。每个家庭有每个家庭不同的住房需求，因此从政策层面上来说，要以多形式、多层次的保障政策应对，也就是说，住房保障政策必须是根据不同类型、不同收入和不同的现有住房条件而设定。家庭收入是分层分类的主要依据，但不能仅以收入实行分层"一刀切"，必须细分下去，根据进一步分层的政策，人性化地分别处理各种具体情况，使住房保障政策对号入座，各取所需，这样才能真正实现保障公平。

二 构建"三元到四维"的住房保障体系

住房问题的解决需要有合理的住房供应体系，根据不同居民的收入水平和住房状况提供不同类型的住房，形成住房分类供应的格局。[①] 因此，结合现行住房供应体系的运行实际和我国城镇居民的收入状况，笔者认为，近期我国住房保障体系框架可以设计为"三元到四维"的住房保障分类供应体系框架，以期共同面对不同收入家庭及群体的住房需要。

合理的住房保障分类供应体系，就是要以人的现实住房需要为出发点同时兼顾未来住房需求来设计住房供应体系，使每一社会阶层的居民都有合理的住房获取途径，而不是让人被动地适应住房制度的变化，甚至被排斥在合理的住房获取途径之外。本文所提出的"三元到四维"的住房保障体系就是据此设计的。所谓"三元"，就是指根据统计分类方法，[②] 将城镇居民划分成第一元群体、第二元群体、第三元群体，第一元群体处于基本型需求层次，第二元群体处于发展型需求层次，第三元群体处于舒适型需求层次；所谓"四维"，就是指分别提供四种类型的住房保障方式，[③] 第一元群体主要是最低收入阶层、低收入阶层和中等偏低收入阶层，他们的住房需求主要通过第一维与第二维住房保障方式解决，即通过廉租房、公共租赁房和住房补贴等方式保障其基本的居住权利；第二元群体主要有两类收入阶层，分别是中

① 崔竹：《城镇住房分类供应与保障制度研究》，中共中央党校博士论文，2008年。
② 统计分类方法，就是把城镇居民家庭按统计方法划分为最低收入户、低收入户、中等偏下收入户、中等收入户、中等偏上收入户、高收入户和最高收入户。
③ 第一维住房保障方式属于救助性保障，第二维住房保障方式属于援助性保障，第三维住房保障方式属于互助性保障，第四维住房保障方式属于市场性保障。

等收入阶层和中等偏上收入阶层，他们的住房需求主要通过第三维住房保障方式解决，采取租购并举的方式，政府给予有限支持，通过"限价房"、住房公积金、住房税费优惠等措施，提高其住房需求的满足程度；第三元群体主要有两类收入阶层，分别是高收入阶层和最高收入阶层，他们的住房需求主要通过第四维住房保障方式解决，他们除可以享受住房公积金外，政府还可以通过加强市场监管、完善住房信贷、规范住房税费等方式保障其住房需求的顺利实现。

如前所述，受我国经济发展水平和财政承受能力的限制，当前我国城镇住房保障体系的保障重点应放在第一元群体上，保障方式要"以租为主"，主要通过公共租赁房和廉租房等方式来满足其基本的居住需求。鉴于我国公共租赁房制度的不完善，目前，我国要大力发展公共租赁房，建立起以公共租赁房与廉租房为主体的住房保障新体系。

（一）公共租赁房制度

公共租赁住房是政府建设、筹集房源以实物配租方式，或者采用货币补贴形式面向一定社会群体提供的具有社会福利性质的保障性住房。公共租赁房的核心理念是"居者有其屋"而不是"居者买其屋"，这是符合我国住房保障体系改革主导思想的。目前我国住房困难家庭数量庞大，大部分为中低收入家庭，"夹心层"家庭也包括在内，他们既不能享受最低收入家庭的廉租房政策，又难以通过自身力量在市场上购买或承租住房，公共租赁房的出现恰逢其时，可以解决中低收入家庭的住房困难，保证他们住有所居。公共租赁房是一种行之有效的住房保障形式，与向中低收入群体提供一次性住房保障待遇的经济适用住房相比，公共租赁房可根据家庭收入变动，灵活调整保障资源分配的对象，通过准入和退出机制的实施，促进有限保障住房的循环利用，确保其分配给真正需要的家庭。[①]

户型面积方面，公共租赁房的户型面积要大于廉租房的户型面积，房

---

① 陈劲松：《公共住房浪潮——国际模式与中国安居工程的对比研究》，机械工业出版社 2005 年版。

屋质量也要高于廉租房，但鉴于我国住房保障的基本原则是"低水平、广覆盖"，公共租赁房的建筑面积也不宜过大，应以小户型为主，面积不要超过 70 平方米，以 30—60 平方米为主。根据申请人员的具体申请条件，有针对性的给予分配。

租金标准方面，公共租赁房的租金应基于所在城市绝大多数普通住房需求家庭的实际收入水平和消费能力来确定，要高于本地区廉租房保障租金，低于同类房屋出租的租金。根据已经实施公共租赁房的厦门市与深圳市的执行情况来看，租户的租金标准以市场同等房屋租金的 30%—70% 左右为宜，如果补贴过高，财政压力过大，由于住房保障的刚性需求原因，不利于公共租赁房制度的持续发展；如果补贴金额过低，则难以充分发挥公共租赁房的解困作用。同时，租金水平和布局要体现出一定的差别化与层次性，政策补助水平与其所处收入阶层应呈负相关，家庭收入越高，自身承担的租金比例应越高。① 笔者建议，可设定五个不同的租金补贴级别，最高一级补助 70% 的租金，下一级别补助金额减少 10% 的租金，之后依次递减，同一地区最高和最低补贴标准差别应不超过房租的 50%。

房源供应方面，笔者认为，公共租赁房的房源可以主要采取"双管齐下"的渠道获取。第一类渠道是经济适用房改造。目前经济适用房制度已经不适我国住房保障制度的发展，应改变其形式。经济适用房在国内各个省市已有一定存量，很多地区已制定了建设经济适用房的计划，已将其纳入了财政预算。以上海为例，2009 年，上海建成了 600 万平方米的经济适用房，到 2012 年，上海将建成 30 万套经济适用房。因此，笔者建议可将部分已建的经济适用房转化为公共租赁房。第二类渠道是二手房购买。根据住房市场的过滤理论②和"梯度消费"理念，政府提供的保障性住房

---

① 方和荣：《我国公共租赁房的实践与探索——以厦门、深圳为例》，《中国城市经济》2010 年第 1 期。

② 住房过滤理论，是指住房随时间推移，质量和价值水准下降。这样，最高价值的住房就逐渐下降到更低的层次，用过的住宅将释放到更低层次直到市场的最底端，这个过程称为"向下过滤"，简单地描述为一个房客使用后由于住房市场价格降低而被下一个低收入群体使用的过程。

应是处于住房市场中较低层次的房源，因此，政府可以购买住房市场中"面积较小、已使用时间较长、功能结构相对较低"的二手房，将其改造为公共租赁房。上述两项措施的实施，不但可以减轻政府的住房保障支出的财政压力，还可以大大拓宽公共租赁房的房源，便于尽快解决"夹心层"人员的住房困难问题。[1]

（二）限价房制度

限价房是一种新型的住房保障模式，保障对象主要是第二元群体。限价房是一种限价格限套型（面积）的商品房，政府通过竞房价、竞地价的办法，以招标方式确定开发建设单位，按照"以房价定地价"的思路，采用政府组织监管、市场化运作的模式来运行。笔者认为，住房保障体系中设立一个限价房制度的保障层次，不但有利于中等收入家庭实现购房的愿望，有助于实现社会公平，而且还让保障制度中的"租"与"购"关系处理得科学合理，促使我国的住房保障体系更趋完整。

限价房与经济适用房有一定的区别，更符合目前我国住房保障制度的发展要求。首先，限价房的保障对象不同于经济适用房。限价房的购买对象主要是中等收入阶层和中等偏上收入阶层，经济适用房的保障对象是低收入阶层。与低收入阶层相比，中等收入群体的经济实力要高一些，人数也相对少一些，他们多数选择购房，限价房制度可以满足此类群体的住房要求；其次，政府对限价房的补贴[2]程度不同于经济适用房。政策规定，限价房的开发商需要向政府缴纳土地出让金，这不同于经济适用房的土地完全由政府无偿供给的模式，因此，政府对限价房的补贴程度要小于对经济适用房的补贴程度，这无疑大大地减轻了政府的住房保障财政支出压力；再次，限价房价格设定标准不同于经济适用房。由于限价房的购买对象主要是中等收入者，限价房的房价可以定得高于经济适用房，房屋的建筑质量与结构设计也要好于经济适用房。根据已经实施公共租赁房制度的

---

[1] 郭士征：《社会保障学》（第二版），上海财经大学出版社 2009 年版。

[2] 此处所说的政府补贴并不是政府给予开发商的政策优惠，而是指由于限价房限定了房屋价格，导致政府的土地出让金减少，政府将此部分收益转移给中等收入群体。

宁波、青岛、北京和福州四城市的执行情况来看，限价房的价格应以低于同类商品房价格的 10%—20% 为宜；最后，限价房的户型面积规定不同于经济适用房。从政策层面讲，限价房的套型建筑面积规定是 90 平方米以下，经济适用房的套型建筑面积是 60 平方米左右。[1] 与低收入群体不同，中等收入群体对居住质量有一定要求，限价房的建筑面积更适合他们的住房需求。

三　完善我国住房体系的保障机制

建立和完善我国住房保障体系是一个复杂的系统工程，需要一系列机制进行保障，如房源保障、资金保障、管理运行机制保障和法律制度保障等，它们是我国住房保障体系的有机组成部分，只有加强各项机制的协调配合，才能保证我国住房保障制度的有效实施。[2]

（一）拓宽公共租赁住房与廉租房的房源渠道

我国住房保障体系建设的一个重要制约因素就是房源。住房保障制度中，无论是廉租房制度、公共租赁住房制度还是限价房制度，最终的保障效果都体现在实际的房源供应上。在我国近期住房保障体系中，第一元群体是保障的重点对象，此类群体人数较多，对房屋的需求量比较大；另外，限价房的属性中具有商品房的属性，较容易得到房源。基于以上两点原因，本文重点讨论如何增加公共租赁住房与廉租房的房源。对于公共租赁房的房源，上文已经提到了两种获取渠道，但相对于庞大的公共住房需求，这是远远不够的。因此，政府在公共租赁房与廉租房的房源供给上，充分发挥财税、金融等经济手段作用的同时，要引导、拉动更多的社会资源参与到保障性住房的供给中。

1. 鼓励企业投入低租金房的租赁市场。由于经营低租金房的房屋租

---

① 《经济适用住房管理办法》（建住房 ［2007］ 258 号）。

② 黄文兴、蒋立红：《住房体制市场化改革——成就、问题、展望》，中国财政经济出版社 2009 年版。

赁公司以廉租户与动迁户为服务对象，其工作能有效地促进住房保障体系的发展，可以承担部分社会责任。因此，此类企业应享受到减免税收、平价收购中低价房等一系列优惠政策。同时，由于公司启动初期要有大量资金投入，还必须具有一定的经济承受能力。因此，政府必须把好审核关，选择具有较高信誉度和社会责任心，以及有一定经济实力的企业承担，并从一开始就加强监管，制定相应的政策法规和实施细则，确保企业规范运作。

2. 积极引进住房代建模式。主要是鼓励公共租赁公司与企业联手开发房源。对提供公共租赁房和廉租房房源的单位，提供税收优惠（如将单位出租的12%税收降至个人出租的5%或者免税）；政府以土地使用权作价入股方式，获取部分住房的所有权。由政府筹资建设，选定合适的地块，以项目招标的方式委托房地产开发企业进行建设，建成住房全部纳入住房保障体系运作，这类性质的居住小区的土地使用权以空转的方式归住房保障机构，以出售时逐步收取地价。开发商代建，在住宅用地土地使用权出让时，要求开发商代建一定数量的合适小房型，政府以成本加一定的利润率收购，作为公共租赁房与廉租房房源。

3. 推行"代理经租"的创新机制。公共租赁机构管理部门，接受市场上零星分散无序的等待出租的住房房主的委托，并运用科学方法根据房屋地段、户型、装修、设施、环境等，计算出应有的房租价格，再加上政府适当补贴，向中低收入家庭推出。房屋出租人可根据需要选择2—5年中期委托租赁，或6—10年的长期委托租赁。公共租赁机构负责出租、维修保养、税收缴纳等。此新机制对出租人来说，能够定期得到租金收入、免除出租的事务和纠纷，也可以减少房屋空置的损失。对于公共租赁机构来说，规模化定价，降低了成本，获得了必要的房源，并能向中低收入家庭提供可靠和租金较低的住房。[①]

---

① 刘友平、张丽娟：《住房过滤理论对建立中低收入住房保障制度的借鉴》，《经济体制改革》2008年第4期。

（二）创新住房保障筹资方式

1. 建立专项住房保障基金。为保证中低收入家庭的住房保障有长期稳定的来源，可以在采取招、拍、挂的方式出让城镇开发用地而获得大量土地出让金的同时，根据出让金的一定比例提取专项住房保障基金。住房保障基金主要用于政府向社会购买面向低收入家庭出租的廉租公房或用于发放低收入家庭对外租房、购房时的住房补贴。

2. 住房保障纳入公共财政范围。建立以财政预算为主的资金渠道，为中低收入家庭住房保障提供稳定规范的资金来源，将其纳入公共财政范围。目前，政府每年为解决中低收入家庭居住问题都提供大量财政支持及土地投入，这些投入是无偿的，也没有分享产权，按现行运作方式，是不可持续的，因为没有收回，更不用说保值增值，而是直接转化为个人财富。应当将其转化为固定资产的投入，明晰政府投入的产权。产权明晰后，对保障性住房日常运作中各方应承担的责、权、利就有计量依据，尤其体现在收益分配问题上。

3. 其他资金来源。政府要充分利用市场机制获得住房保障建设资金，可以将政府投资建设的非居住用房按市场价格出售，收回成本后，保留部分经营性用房为公有资产，获取的租金收益专项用于住房保障补贴。政府可以将其他非居住公房的经营性净收入、政府转让公有住房产权收益、接受社会捐赠、发行住房福利彩票等收益作为住房保障建设资金，还可以采取免税、政府支持的信用担保等方式，充分调动社会资金，利用资本市场扩大筹集住房保障建设资金，如发行中长期国债等债券为保障性住房建设融资。[①]

（三）建立严格的管理运行制度

1. 建立严格的申报、审查、登记及公示制度，尽量防止住房保障对象认定出现偏差。现阶段，我国的个人收入征信系统尚不完善，家庭收入的

---

① 姚玲珍：《中国公共住房政策模式研究》（修订版），上海财经大学出版社 2009 年版。

统计审核难以及时、准确地进行，现有的收入申报制度可以说是形同虚设。政府应对需要保障性住房的对象进行严格审查，民政部门与房地产管理部门应建立专门档案登记在册并跟踪动态信息。初定后的保障对象名单还必须向社会公示，以征询公众的意见。

2. 建立循环机制。通过定期与不定期审核，检查保障对象是否符合住房保障标准。以公共租赁房为例，从获得住房保障资格起，住房保障管理部门依据购、租房档案每隔 2 年对其进行一次普查考证。具体由住户申报，由社会公开、公平普查核实。对于查实不够资格，但拒绝退出保障住房或降低保障标准的家庭，或一些冒领保障性住房的家庭，不仅要其按市场价格补齐租金，还要对其进行罚款，甚至可以诉诸法律。

3. 产权管理方面，保障性住房应单独登记、特别对待，不允许出租、抵押、典当，非经主管部门批准也不得出售。如果发生家庭迁徙等特殊情况确需出售，需经批准并交回补贴资金及其对应的增值部分，方可办理产权变更手续，到新的地方后如果仍符合当地购房补贴申请条件，可以继续提出申请。如果受贴家庭因为经济条件变好，想购买新房，需要出售保障房，收回原有投入，只要交回补贴资金及其对应的增值部分，也可以出售，但不得再申请政府住房补贴。对于出售价格，应以不低于评估价格为准，以防止政府补贴的流失，并努力实现保值增值。

（四）加快住房保障法律制度建设

住房保障是社会保障制度的重要内容，住房保障的各项管理规定应该从属于社会保障法，但目前为止，我国尚无一部综合性社会保障法律。因此，我国必须尽快制定《中华人民共和国社会保障法》（以下简称《社会保障法》），用以规划、指导住房保障法制建设。

1. 尽快出台《住房保障管理条例》。要在《社会保障法》的指导下，至少要在《社会保障法》立法思路指导下，尽快出台《住房保障管理条例》。要通过《住房保障管理条例》来具体指导国家的住房保障工作：（1）依法建立统一、权威的住房保障管理机构，希望上述提出的住房保障管理体制能够通过行政立法得到确认，明确劳动和社会保障部门的主管地位和相关各个部门的职能，使住房保障的申请、遴选、资金筹集、房屋管理工作都能得到落实。（2）完善住房保障的监督机制，既要设立内部监督，又要设立外部监督。要增加社会对住房保障管理和补贴资金收支情况的了解，增加透明度，确保资金使用的公平性和科学性。（3）建立住房保障法律制度中资金运用的风险防范体系，加强住房保障费用预算，对住房保障基金进行宏观管理，同时，建立规范的财务管理体系，及时发布住房保障基金财务预警信息，供住房保障管理与运行机构、政府宏观经济调控部门参考，以便准确地制定政策与措施，改善管理。

2. 完善住房保障的配套法规。住房保障涉及的内容广泛，需要配套法律法规的支持。根据我们上述提出的住房保障模式，需要修订、制定一系列法律、法规：（1）应修订房地产产权户籍管理法规，明确"保障房"这一产权类别，并对其具体含义、管理内容作出规定；（2）制定关于住房保障基金的管理规定，立法明确并保障住房保障资金的来源，并就其管理机构、管理职责、运行与增值处理、监管工作等分别作出规定；（3）通过立法促进个人收入和信用的监管。例如，应该通过立法强化对个人金融资产的监管，对货币收入的监管，加强对个人纳税的管理，还要通过立法手段加强对个人信用的管理。

（原载《贵州社会科学》2010 年第 12 期）

改革城市居民住房模式的思路

◇吴厚德[*]

现代文明社会，居住权是每一个国家公民最基本的生存权利，住房也就成了居民得以生存的最基本的生活必需品。构建和谐社会，其核心就是要让人民群众能"安居乐业"。安居乐业是民生问题。关注民生问题是党和政府一贯的执政思路。"安居"就是要让广大人民群众"居者有其屋"，"乐业"就是要让广大人民群众充分就业。解决"安居"问题，就必然要涉及房地产产业和房地产市场。党和国家都十分重视这件大事。从2003年的房地产调控，到2005年的"国八条"、"七部委新政"，2006年的"国六条"、"九部委意见"，上自中央，下至百姓，人们期望看到的是政府解决长期以来房地产领域的诸多顽症。

一 房地产领域的顽症

这些顽症主要表现如下：

1. 空置房多，房价猛涨

从国家统计局和央行了解到：2006年春天，全国商品房空置面积1.23亿平方米，同比增长23.8%，占房地产市场的26%，大大超过了10%的国际警戒线。但奇怪的是房价不但没有下降还一路飙升。尤其是深圳，

* 吴厚德，广东商学院教授、广东省人民政府参事。

2006年5月5日，深圳市国土资源和房产管理局发布统计报告，当年一季度深圳市内商品住宅价格平均月比上涨35.46%，涨幅惊人，从而引发了"三年不买房的运动"。这场运动从深圳迅速波及全国。深圳和上海的房价大约是年租金的25—30倍，比国际上合理的房价高出2—3倍。从全国范围看，近70%的居民面临着买不起房的困境局面。

2. 开发商囤积土地，待机获取高额利润

开发商通过囤积土地达到垄断房价。广东一著名地产企业在广东省一县级市以每亩3万元的价格圈了1万亩地。由于这个数字远远超出广东省下达的新增配额，这个地产企业累计只有3000亩土地有办出手续，其余以租用形式使用。虽然还有7000亩土地没有办出手续，但这些土地实际上已经属于这家地产企业。此外，还有六七个开发商在这个面积不大的小城里圈地，总面积达三四万亩，相当于一个镇的土地面积。目前，广州开发商手头有大量的土地储备，在时时威胁着宏观调控的效果。根据合富辉煌市场研究部的不完全统计，2004年"8.31大限"之后，开发商手上在十区范围内还有超过20平方公里的住宅开发储备用地，几乎比政府近期手中的土地储备还要多。房地产商除了在内地一、二线城市大量圈地之外，触角已伸向三线城市。

为了使土地获取较大利益，开发商必然要建造中高档住宅产品。因此，在今后两年内，完全有可能出现中心城区内只有开发商拿储备用地开发的高价位住宅供应，在郊外才有利用政府推出土地开发的中低档位住宅出售的情况。

3. 土地已成为地方政府的"第二财政"

在现有的财税制度下，土地的增值收益是地方政府财政收入的重要渠道。城市土地为国家所有，地方政府是土地供应和商品供应的源头。土地由政府掌握，商品房入市也由政府掌握，地方政府是整个游戏规则的制定者和仲裁者。楼市的繁荣，攸关GDP的数据，直接制约当地官员的政绩与升迁，使一些官员有足够的动力甘冒道德风险，作出逆向选择——想方设法推出高地价、高房价以增加土地收益，从而增加地方财政收入。

利益是导致一些地方政府土地违法的关键，根据有关权威部门提供的数据，2001—2003 年间，地方政府的土地出让收入为 9100 亿元，而在 1998 年，这个数据仅为 67 亿元而已；再比较一下同期的国债收入，在实施积极财政政策的 1998—2003 年这 6 年间，全国发行国债也不过 9300 亿元。对比 3 年间的 9100 亿元和 6 年间的 9300 亿元，足以说明土地收入在地方财政收入体系中具有举足轻重之势。据有关统计表明，在整个房地产的建设交易过程中，政府税费收入占到房地产价格的将近 30%—40% 左右，如果再加上占房地产价格的 20%—40% 的土地费用，地方政府在房地产上的收入将占到整个房地产价格的 50%—80%。相当于地方政府财政收入的一半或一半以上。而在欧美国家，地价、税费相加大约只占到住房价格的 20% 左右。我国房价涨了又涨，其根源就在于地方政府是头号受益者，垄断着土地使用权。

试问，为什么一些地方政府能够在土地问题上屡屡违法却"我自岿然不动"？要害就在于行政权力过大。政府在其中既当"裁判员"，又当"运动员"，在土地交易过程中充当了主导作用，而这个主导是以损害农民或部分被拆迁的城镇居民的利益为基础——低标准的土地补偿和拖欠征地补偿费现象相当普遍，引起了广大农民的义愤。

4. 开发商极力推出大户型和豪华房，从中获取暴利

在国外，多数国家住房都不超过 100 平方米，而来自我国统计局的最新数据表明，在国内 24 个大中城市里，每套 120 平方米以下的住房占商品房面积的比重还不到 50%。开发商为了获取暴利，大力建造大户型和豪华房，以满足 5% 高收入者的需求而置 95% 居民的需求不顾。政府垄断土地供应，开发商垄断房屋供应，所有人都必须向开发商购买房屋。这种模式与中国香港的地产模式大致相同，很可能是模仿香港。而内地政府之所以模仿香港模式，乃是看中了香港模式的一个巨大的优势：它能给政府带来巨大的财政收入。香港政府的最大宗财政收入就是售地收入，目前内地各城市的收入结构也基本呈现这种特点。也正是这一点，一些地方政府成为房地产市场上一个完全的逐利者，因此，香港模式的基本特点就是：高地价、高房价。这种模式在内地所产生的经济后果是：大量低收入群体买不起房而成为"房奴"。但是，香港模式除了高地价和高房价外，还有一个

显著特点：住房高福利，即香港一半以上的中低收入民众可以通过住房保障体系来解决住房问题。为达到这一目的，香港历届政府通过出售土地套取的利益，其中有一部分变成了低收入者的住房福利，这是对香港房地产模式的一种矫正。不幸的是，这一点却被内地各级政府有意忽略了。廉租房几乎没有，经济适用房比例低下，也就是说，内地只模仿了香港模式的前半部，却忘记了香港模式的后半部——住房高福利。

二　问题的症结何在

为什么在我国现实生活中房地产领域出现上述诸多顽症？影响房地产发展的要素主要有两个：一是土地，二是资金。这两种要素在我国现阶段的条件下都是竞争不充分的。土地是政府批的、垄断的，政府只向开发商供应土地。资金是银行贷的，市场在其中起的作用不大，而是靠拉关系办事。收入分配、土地和资金市场缺乏竞争，金融市场没有更多的投资渠道，银行为了获取更大的利益，投资房地产开发是首选目标，银行70%左右的资金都投入这一领域。2006年以来我国房地产的不良贷款高达1093亿元。开发商资本负债率达到70%以上，严重地依赖银行贷款，这就为今后形成金融风险埋下了伏笔。

各地政府在住房市场化改革的名义下，把几乎所有的市民推进房地产市场，而这个市场却已被政府强制推到了一种高地价、高房价的非理性的机制，使广大低收入者无力购房，望房兴叹。这就是住房问题之所以成为一个复杂的社会、政治、经济问题的症结所在。而中央政府多次进行的宏观调控之所以失灵也证明，只要现有的房地产模式不变，房价飞涨、中低收入阶层买不起房的格局就无法从根本上得到解决。

三　解决问题的思路

解决之道就是要抓住城市房地产发展的"牛鼻子"，建立一个合适的房地产运营的游戏规则。在这个游戏规则里大家都得到真正的健康发展，说到底，就在于改革城市居民住房模式。

在我们的现实生活中换个角度观察，可以看到，农民住房问题为什么不成为社会问题，根本原因在于，农民可以以非常低廉的成本获得属于自己的家庭住宅地，房屋成本完全可以控制和接受。当今城市人口解决住房问题，也可以参考这种古今中外通行的模式。向农村发展，为城市化的扩张提供更加广阔的空间。为此，必须进行土地制度改革，土地制度改革的关键就是政府应作出选择，舍弃自己的既得利益，以民为本，特别是以中低收入居民的利益为主，以公共利益为其唯一的追求目标，彻底放弃作为一个垄断性"商人"在土地市场上逐利的角色。必须限制政府行政权力，解决土地违法，实现中低收入家庭"居者有其屋"。为了实现这个目标，必须正确地解决以下几个问题：

1. 构建我国城市居民二元住房体系

"二元"是指市场化的商品房和非市场化的公共住房并存的住房体系。"二元"体系把住房分为商品房和公共住房两个系统，商品房的建造，分配、价格、调节由市场供求关系决定，其核心是效率问题，对象是适应中高收入尤其是高收入阶层的需求。公共住房的建造、分配、价格、调节直接由政府负责，对象主要是适应中低收入阶层，其核心是公平问题。为此，必须正确处理好政府与市场的关系。市场调节的原则是追求利润最大化，从而在住房分配上是按照"出高价者得房"的规律。

市场竞争的结果必然使房地产市场中的弱势群体，低收入家庭被排斥在自购住房之外。市场难以兼顾社会公平的原则，这就需要政府出面，发展以保障居民基本生活住房需要为目标的公共住房系统。政府可以直接运用手中的行政权、财权和土地供应权，帮助低收入家庭提供大量的住房福利，政府有责任从卖地的收入中提取一部分来弥补因地价提高对低收入家庭造成的经济负担，补偿的方式，可采取租房补偿或资助兴建廉租房。

由于地区发展不平衡，房地产市场不是一个全国性市场，而是一个分散的区域性的市场。这就决定了中央政府不可能像调控股票市场那样，撇开地方政府而搞"一刀切"，而是要因地制宜。因此，地方政府在调节房地产市场方面起着重要的作用。

2. 专门成立以发展公共住宅为职能的机构

一旦政府直接参与投资经济适用房和廉租房的建设，那么住房结构、地价和房价等问题便可逐一化解。它解决了两大主要问题，即为谁建房和建什么样的房。在明确了商品房市场和公共住房二元体系之后，政府对普通商品房市场不再需要进行价格调控和行政干预。因而不存在限结构、限房价的问题。对于公共住房，政府可以决定它的结构、户型、价格和供求对象，因而不存在与市场调节的矛盾。住房保障体系是政府的长期战略目标，需要几十年的不懈努力。为了健全完善住房保障体系，全权负责公共住宅的土地供应、规划、设计、建造、出售和租赁管理，资金列入国家预算，以保障公共住宅建设的资金需要，政府必须专门成立以发展公共住宅为职能的机构。

3. 建立房地产开发调控机制

必须科学确定房地产开发土地行为，实行对房地产开发行为的全程监管，制止囤积土地行为。确定房地产商开发土地供应规模，加强土地使用监管，根据中央的有关规定，实施监管的内容主要有：项目资本金比例达不到35%的房地产企业将无法从商业银行获得贷款；开发商闲置土地超过一年的，高额缴纳土地闲置费，两年则被无偿收回土地使用权；对按照合同约定日期开工建设，但开发建设工程不足1/3或已投资额不足1/4，且未经批准终止开发建设连续满一年的，按闲置土地处理。地方政府可配合住房供应体系的改革，收购、改造部分空置房、商品房，并将之转为安居房、廉租房，销售或租赁给被拆迁户或收入水平较低且居住条件难以改善的困难户，达到多赢的效果。

4. 建立对各级地方政府在房地产开发过程中的约束机制

在房地产开发过程中，对各级政府应施加更为刚性的约束：

一是在征地环节上，政府应按照未来的土地转让价格，而非如当下按照农业生产值确定征地补偿标准给农民过低的征地补偿。因为政府征用土地的目的是为了工商业用途，土地交易价格取决于未来房地产期货收入价格。

二是各地政府应建立公共住房福利基金。比如说，土地转让收入的一定比例必须用于补充这一基金，用于向中低收入群体提供住房福利。

三是土地转让收益的另一部分，应当用于新开发地区的基础设施建设。基础设施建设是政府的责任，让开发商承担这个责任，实际上是让业主承担，这等于对业主双重征税。

5. 制定相关法律与政策，打击任何外资对境内房地产市场的炒作

在世界绝大多数国家，是不允许对住房进行炒作的。为了防止对本国房地产市场的炒作，不少国家都有相关法律遏制，让炒作者无利可图。中国作为一个发展中的社会主义国家，更有责任与义务来保证每一个居民的居住权。目前，国外一些投资商动辄好几个亿投入中国购房，抬高了房价再转手，从中获取暴利。从 1997 年东南亚金融危机的经验来看，对这种外资炒作的房地产的行为不严厉遏制打击，将有可能导致国内金融危机的发生。外资炒作国内房地产，激发房价上涨，过高的房价不仅潜伏着巨大的金融风险，其对人们现实生活的直接危害更是巨大，特别是年轻人承受的买房成本高。为什么房地产泡沫后，日本停滞增长十多年，主要是最具有创业精神的年轻白领阶层住房成本太高，导致人才流失，社会创新动力明显减弱。又如美国波士顿之所以没有成为"硅谷"，就是因为 20 世纪 80 年代曾出现一次较明显的房地产泡沫，使许多年轻创业者被挤出，大量流入加州的"硅谷地区"。宏观调控实际上就是把失去控制的房地产市场重新拉上正轨的一种手段。我们必须加强这方面的调控力度，以防患于未然。

6. 政府应倡导中低收入家庭租房居住

世界上大多数国家或地区的政府，不论是土地私有化还是国有化，都承认靠市场解决不了低收入家庭的住房问题，比如法国、美国、英国、日本、新加坡和中国香港特区等，其共同特征是，主张市场自由竞争，又积极保障低收入家庭的住房。在德国的柏林市，2/3 家庭租房。德国住房和房租政策是以市场化为主，住房金是一个补偿成分。政府采取了一些措施，帮助中低收入的居民购买住房，根据居民工资收入的多少以及其他特殊情况，政府提供数量不等的住房补偿，资助他们租房或购房，住房金帮助低收入家庭能够住上合适的房子，同时有能力承担租金负担。在法国，

只要满足了法定条件，公民都有权享受住房补偿。房租价格都有章可循，一般是由多个城市的住房管理机构、租房者协会以及住房中介商协会等机构对住房情况进行综合评估共同制作的，每两年重新修订一次，修订后的房租价在租房者和房主中间都具有权威性。就连法院在判决有关住房租金的纠纷时，也会优先参考它。

在日本东京，出租住宅的标准是根据家庭收入情况制定的。尽管是相同的住宅楼和面积相同的房间，但只要家庭收入不同，其租金也不尽相同，租金的最大差距在 5 倍左右。当然，家庭人均年收入超过一定的幅度，就不能享有租用廉价住宅。

房屋是高级商品，不一定每个人都拥有它、购买它作为自有，居者可以租其屋，而非一定要买其屋。要转变观念，用"居者租其屋"的新观念代替"居者有其屋"，或许会为解决当前纷纭复杂的中国房地产问题吹去一股新风，会缓和或减轻当前中国房地产市场的压力。如果这一思路符合现实情况，我们可以转换一种思路，借鉴香港经验，重新检讨现有房屋政策，探索建立公屋体系。取消或逐步减少经济适用房，让市场机制调剂商品房价格，但其前提条件是，国家要严格控制土地供应政策。我们既要照顾支持弱势群体，但也不能忽视社会更为广泛的中间阶层的利益。如若采取过激的措施，盲目打击房价，可能会严重伤害庞大的群体。建立公屋体系，是符合中间阶层的利益的。而政府建立经济适用房和廉租房则是符合低收入阶层的利益。两者兼顾，让绝大多数的中低收入居民"安居"，这样就稳定了大局，为实现和谐社会打下了物质基础。

（原载《广东经济》2006 年第 10 期）

▊中国住房政策的社会目标及供应体系重构的设想

◇程大涛[*]

一　住房政策目标演变之概评

我国住房政策的社会目标以及与此对应的市场化导向，发端于1998年的住房制度改革。基于计划经济体制下全面责任型住房政策之制度安排的资源配置低效和住房稀缺的事实，当时中央政府提出了建立和完善以经济适用房为主的多层次城镇住房供应体系：10%左右的最低收入家庭租赁由地方政府或单位提供的廉租房，70%左右的中低收入家庭购买经济适用房，20%左右的高收入家庭购买、租赁市场价商品住房。[①] 客观地说，这次住房制度改革虽然导致我国住房政策从全面责任型向社会型的转变，但在相关制度安排上还是较好地兼顾了住房政策的经济目标和社会目标，确立了政府在确保中低收入阶层基本住房需求方面的社会责任。但从住房制度改革的历程来考察，这次住房制度改革使政府从原先承担一切社会性住房的责任中解脱出来，住房政策的市场化导向从此得以确立。然而，要实

　＊　程大涛，浙江工商大学金融学院副教授、博士，不动产与投资研究所所长。

　①　参见国发［1998］23号《国务院关于进一步深化城镇住房制度改革加快住房建设的通知》（1998年7月3日）和国家统计局对城镇居民家庭按收入划分标准：最低收入户10%（其中困难户5%），低收入户10%，中等偏下户20%，中等收入户20%，中等偏上户20%，高收入户10%，最高收入户10%。

现经济体制转轨中的住房供给和需求的平衡，政府首先面临的是住房政策的社会目标选择问题。① 以住房的社会型政策选择和雏生型政策选择而论，我国 1998 年从全面责任型政策转向社会型政策，2003 年再将社会型政策转向雏生型政策，但由于商品房价格过快增长直接影响城镇居民家庭住房条件的改善，并波及金融安全和社会稳定，2007 年提出商品房和保障房分离以及明确规定地方政府在保障性住房上所应承担的责任，这实际上是选择了向社会型住房政策的回归。这次住房政策选择的重大转变，在体现出政府确保人民有居所和政府有能力调控房地产市场的理念的同时，也反映了住房的社会政策目标与经济政策目标的混合。正像国内有些学者所认识到的那样，缺乏社会政策目标指导而对房地产行业所采取的宏观调控，难以解决体制转轨过程中房地产价格所反映的深层次的体制障碍、制度矛盾和政策适当性问题。②

经济体制转轨很容易引致政策选择的不确定性，政府将住房的社会型政策转向雏生型政策，即是制度不既定的典型反映。③ 这里所说的由制度不既定导致的政策选择的不确定性，主要是针对地方政府在 GDP 导向下选择性地执行中央住房政策继而得到认可而言的。在 1998 年住房制度改革确立住房政策的市场化导向后，地方政府大力推进商品房市场发展，逐年减少对廉租房和经济适用房的投入和供给，1999—2003 年全国经济适用房

---

① Donnison（1967）曾依据需求、资源和目标之间的特定关联，将政府责任形式作为政策目标的重要理论依据，他对一些国家的住房政策进行了以下类别的划分：（1）巴西、印度、西班牙等国的雏生型（Embryonic），（2）英国、美国、加拿大等国的社会型（Social），（3）瑞典、荷兰、德国的全面责任型（Comprehensive），但他认为这些不同类型的住房政策不应构成我们对住房政策优劣的价值判断。从我国十几年来住房政策之社会目标的演变来看，这些政策时隔数年会出现相互替代，并在一定程度和范围内出现融合的情形。

② 贾康、刘军民：《中国住房制度改革问题研究——经济社会转轨中"居者有其屋"求解》，经济科学出版社 2007 年版。

③ 新制度经济学是以制度既定和制度不既定两种分析假设来分别展开理论研究的，他们认为制度既可以看成是博弈的规则，也可以理解为博弈的结果。经济体制转轨引致政府选择行为的不确定性，可以高度概括为体制、政策、法律规章等对微观经济运行中的规则具有制度安排的不既定，这种不既定在很大程度上体现了制度是博弈的结果。例如，就住房制度安排中的地方政府、银行和开发商所涉及的契约来说，契约的谈判、制定、修改和执行都不可避免地受中央政府住房政策及宏观调控的影响和约束，因此，讨论我国住房政策的社会目标、供应体系及其重构，不能离开经济体制转轨。关于这方面问题的理论描述，可参阅 Grossman & Hart，1986；Hart & Moore，1990。

投资增长率分别为61.4%、24.1%、10.6%、-1.8%、5.6%，而同期商品房的投资增长率分别为24.5%、25.8%、28.9%、23.1%、29.6%，经济适用房投资规模占住房投资规模的比重分别为16.6%、15.8%、13.3%、11.3%、9.2%。2003年国发〔2003〕18号文件对1998年确立的住房供应体系进行调整，力图逐步实现多数家庭能够购买或承租普通商品住房，使有限产权的经济适用房成为20%低收入家庭的具有保障性质的政策性商品住房，① 致使经济适用房的投资增长率在2004年、2005年连续两年负增长，达到-2.6%和-14.3%，而同期商品房的投资增长率仍高达30.4%和22.9%，经济适用房投资规模占住房投资规模的比重继续下降到6.9%和4.8%。② 2003年住房政策的再次调整，其政策目标是试图将80%的家庭推向商品房市场，以减少政府在解决居民住房问题方面所应承担的社会责任。

较之于社会型和全面责任型的住房政策，雏生型住房政策是将住房保障视为社会消费而不是视为生产或投资来看待的。由于社会型住房政策及执行力度难以解决低收入群体的住房需求，面对体制转轨中房地产投资规模和商品房价格增长过快、供求结构性矛盾等问题，一旦市场仍被认为是解决住房问题的最终途径，雏生型住房政策便会应运而生。社会型和全面责任型的住房政策是更多地体现政府确保每个居民都有获取适当住房机会所承担的社会责任。住房政策以社会发展和社会公益为目标，则政策路径和方法就会向集中资源和选择性地介入住房市场的方向倾斜，就会重点照顾市场无法满足住房的群体（如外来务工人员、失业者、老人等）。相对于政府对住房市场全方位介入和控制的全面责任型住房政策，社会型住房政策是介于全面责任型和雏生型之间的一种政策取向，这种体制转轨中的政策取向既体现了政府提供保障性住房的政策目标，也在相当大的程度上反映了住房政策的市场化导向。但由于中央政府、地方政府、开发商和银行各自有不同的目标函数，因而在2003年社会型政策转向雏生型政策和

---

① 参见《国务院关于促进房地产市场持续健康发展的通知》（国发〔2003〕18号），2003年8月12日。

② 数据是笔者根据历年《中国统计年鉴》数据计算得出。

在 2007 年由雏生型政策向社会型政策回归时，这几大行为主体便采取了不同的行为决策。

雏生型住房政策鼓励了地方政府推进住房的市场化，这是一个不争的事实。较之于商品房投资规模、销售面积和销售价格逐年大幅度增长，经济适用房投资的增长率却在 2004 年和 2005 年连续出现负增长。据建设部和民政部的一项调查显示（新华社 2007 年 8 月 26 日），截至 2006 年底全国廉租住房解决了 26.80 万户，只占全国城镇 400 万住房困难户的 6.7%。从这个角度来评说，如果说当时住房政策还没有完全从社会型转向雏生型，那么，地方政府的行为方式则在很大程度和范围内完成了向雏生型政策的转变。从政府决策层的意识来评判政策转变，2003 年住房政策及其目标的调整，是计划体制向市场体制转轨时全面责任型政策向社会型政策转变的惯性使然，可以理解为是一种自觉性不强的行为；2007 年住房政策及其目标的再调整，则是政府看到了住房社会矛盾从而兼顾政策的社会目标和经济目标所引发的，政策调整的自觉性比前一阶段要强。

我国十几年来住房政策转变给我们的启示是，当政府注重房地产的支柱产业地位以保增长、扩内需为目标的住房政策时，通常会围绕经济手段来制定和实施住房政策；当政府关注房地产价格影响老百姓的民生以及相关的经济均衡发展问题时，住房政策的制定和实施便会侧重于诸如稳定、公平等非经济性的社会目标。但由于政府在住房政策中未能对公平住房机会有具体的政策规定，相对模糊的文件只是将住房的社会政策目标隐含于一系列政策工具和相应的具体措施之中，[①] 因而政府有关住房政策的目标所体现的是经济性政策与社会性政策的融合。在笔者看来，如果将"促进消费，扩大内需，拉动投资增长，保持国民经济持续快速发展"理解为我国住房政策的经济目标，那么我们有理由将"保证每一个居民住房的基本自住需求"看成是住房政策的社会目标。

关于社会性和经济性两种住房政策的相对重要性的比较，涉及对社会（经济）福利及其实现的不同政策理解。以住房政策的制定和实施来讲，

---

① 刘洪玉、郑思齐：《城市与房地产经济学》，中国建筑工业出版社 2007 年版。

政府如何实现社会福利以及如何有效矫正住房政策的失灵，离不开对社会问题和公众福利进行干预。[①] 住房经济政策注重的是市场效率和经济增长，住房社会政策注重的是社会公平和居民的基本住房需求。但当政策体系是高度经济型和社会型政策的融合，尤其是当政策体系中存在着一种对关键性行为主体具有普遍而持续的激励政策措施时，住房市场的价格波动以及与此相关的供求结构将会出现某种政府难以控制的格局。我国住宅用地以经营性土地出让使用权制度，就是这种普遍而持续的激励政策措施。

二 住房政策偏离社会目标的现实分析

经济体制转轨所规定的制度不既定，通常会导致政府导向型政策和行为的不既定。近十年来，政府对房地产市场的调控目标是与住房政策的经济目标、社会目标交织在一起的，这在很大程度上显现出制度不既定的同时更加强化了政策的不既定。按理，宏观调控目标要服从于经济目标，长期经济目标要统一于社会目标。但我国房地产市场的宏观调控具有间断的动态化特征，[②] 中央各部委出台的政策多属当期决策，其调控政策可分为目标导向型和相机抉择型两种。政府经济政策是由当期决策、较高层次的制度选择以及社会偏好和目标确定三个层次构成，[③] 如果政策设计局限于当期决策而忽视制度选择以及社会偏好和目标确定，则政策制定和实施的间断点就会成为制度不既定的必然产物。

住房政策的社会目标要求政府承担保证每一个居民住房的基本自住

---

① Hill, M., *Social Policy: A Comparative Analysis*, Prentice Hall, 1996.

② 一种观点认为我国房地产的宏观调控，始于 2005 年 3 月 26 日《国务院办公厅关于切实稳定住房价格的通知》（国办发〔2005〕8 号），理由是该《通知》明确提出要采取有效措施来抑制住房价格过快上涨；另一种观点认为是始于 2003 年 6 月 5 日中国人民银行《关于进一步加强房地产信贷业务管理的通知》（银发 121 号），该通知有关提高开发商贷款标准和提高二套房贷标准，标志着房地产的宏观调控拉开帷幕。其实，1998 年 10 月 25 日《国务院批转国家计委关于加强房地产价格调控加快住房建设意见的通知》（国发〔1998〕34 号），即已提出"加强和改善房地产价格调控，调整住房价格构成，保持价格合理稳定，促进住房建设的发展"战略，换言之，我国从 1998—2005 年这段时期实际上已在实施房地产的宏观调控，只是政策的连续性不明显，这也可以理解为是制度不既定的反映。

③ 尼古拉·阿克塞拉：《经济政策原理：价值与技术》，郭庆旺、刘茜译，中国人民大学出版社 2001 年版。

需求的责任。据此，住宅用地价格应该依据当地居民可承受的住房租金水平来确定，而不是根据开发商的经营行为来确定，更不应以风险偏好程度最大化的招拍挂方式来确定。住宅用地出让制度是一种较少考虑社会目标的典型经济导向性政策，它能够在全国范围内得到执行的原因之一，是中央各部委对房地产市场的宏观调控、地方政府对调控政策的理解，在相当大的程度上淡化了住房政策的社会目标导向。诚然，这种淡化并非意味着中央政府对住房政策社会目标的完全忽视，但在没有明文宣示住房政策之社会目标硬性约束的情况下，地方政府对只是隐含于中央文件的社会目标就没有执行的责任。撇开地方政府的其他行为动机，当住房政策的经济目标导向显性而社会目标只是隐性存在时，地方政府以自身利益来考虑，自然会尽可能地发掘诸如土地出让制度对地方经济发展的促进作用。

从国发〔1998〕34号文件开始的每次对房地产价格上涨的宏观调控，各级政府都或多或少地对房地产价格的上涨进行了必要的抑制。但问题在于，如果政府不采取差别化（歧视性）的所得税政策对开发商征收累进所得税，在笔者看来，当今中国抑制商品房价格上涨只有三种选择途径：一是扩大有效供给，二是抑制不合理需求（投资性需求和过度消费性需求），三是抑制开发成本（包含土地成本、建安成本和财务成本）的增长。就这些选择途径而论，前两项在中央政府调控文件中多有体现，但抑制开发成本的增长却少有涉及。这或许是因为开发成本中的建安成本必须控制在合理范围以保证住宅质量，而财务成本却要依赖于建安成本与土地成本。从这些成本链来考察，抑制开发成本增长的前提是抑制土地成本的增长，抑制房地产价格上涨的关键在于对土地成本上涨的抑制。但由于抑制土地成本增长的结果是直接减少地方政府的土地出让金收益，显然，这与地方政府以国家名义垄断土地市场供应、谋取土地收益最大化的诉求相矛盾，并且会截断分税制下地方政府之土地财政的供应源。我们可以将以上情形看成是住房市场运行中政策社会目标难以实现的内在制约因素和过程。

事实上，国土资源部在2002年就将商品住宅用地同商业、旅游、娱乐用地一起界定为经营性土地，必须严格以招标、拍卖或挂牌的方式出让的政策规定,[①] 在杜绝暗箱操作、防止腐败方面起到良好效果的同时,却无意中迎合了地方政府在商品住宅土地出让中最大程度地谋取出让金收益的诉求。地方政府最大程度地推动商品房市场发展的另一结果,是使商业银行在房地产市场的过度繁荣中获取了以住房按揭为主体的优质资产贷款。社会 GDP 中房地产的贡献值是与流动性扩大联系在一起的,而流动性扩大的金融结果是使银行、开发商和地方政府在债权债务上紧紧地捆绑在一起。于是,中央政府开始关注金融风险,地方政府却始终在土地出让金上做文章以平衡地方财政预算,住房政策的社会目标便长期被搁置一边了。

作为耐用商品的房地产所具有的消费属性和投资属性,是政府难以立竿见影地调控房地产价格的内在制约规定。现行体制下的房地产资产中包含着 70 年土地使用权的价值,这种情形致使对房地产的投资不是对房地产物业(居住空间)的投资,而主要是对房地产资产中土地资产的投资。一些学者以房价收入比和租金收益比来衡量我国城市房地产价格,难以解释我国高房价存在的经济基础,因为房地产资产中的土地资产不是以 1 年而是以 70 年使用权的价值来计算的。土地市场每一次招标、拍卖、挂牌的交易价格所决定的,不仅是该宗土地的资产价格,而且会影响该宗土地所在区域、所在城市土地资产的重置价格,亦即影响该区域、该城市未售、在售、已售的商品房的重置资产价格。在房地产需求上升的情况下,开发商是以资产重置价格而不是以其历史成本作为商品房定价的依据,土地市场的每一次交易价格的上涨,都会带动商品房市场上所有未开发、在开发、已开发商品房价格的上涨。[②]

从这个意义上来理解,房地产市场招拍挂的交易模式是单纯的经济型导向而不是社会目标型导向的决策。联系住房政策的社会目标来考察住宅用地的出让方式,便能清楚地发现招拍挂竞争方式的不合理性。具有较强风险偏好意识的开发商竞相抬高土地交易价格的行为结果,提高了人们对

---

① 参见 2002 年 5 月 9 日国土资源部令(第 11 号)《招标拍卖挂牌出让国有土地使用权规定》。

② 程大涛:《房价与地价关系新解:土地重置成本决定房地产价格》,《价格理论与实践》2009 年第 6 期。

商品房市场由重置成本决定销售价格上涨的预期，这种格局符合那些在房地产市场拥有土地未开发（囤地阶段）、在开发（开发阶段）、已开发未售（囤房阶段）和开发在售（销售阶段）各个阶段的开发商利益，不符合中央政府确保每个居民都有获取适当住房机会的社会型住房政策的要求。居民自住需求是对生活所必需的居住空间的需求，即由消费属性决定的房地产物业的需求。但在我国现阶段，对商品房用地性质的界定，使得居民对自住性住房的消费需求同时也是对土地资产的需求，强化了房地产的投资属性。土地资源稀缺很容易使房地产成为投资性资金追逐的对象，从而使房地产物业的消费性需求和土地资产的投资性需求共同驱动我国房地产价格的持续上涨。[1] 在经济适用房和廉租房严重供应不足的情况下，居民对房地产物业的自住消费需求只能通过商品房市场实现，住房政策的社会目标便被冰释于招拍挂之竞价方式中。

三　住房供应体系重构之设想

如上所述，住宅用地出让制度使地方政府形成土地利用上的激励机制，它促使地方政府尽可能少地建经济适用房和尽可能多地开发商品房，于是，经济适用房的适用对象就局限于公务员和特定群体中的极少数居民。[2] 不足的经济适用房供应量致使住房供应体系偏离社会目标所急需解决的问题，是应该将投资性土地资产从消费性房地产中分离出来，反之，如果将房地产完全定性为投资性产品，则难以满足居民消费性自住需求这一住房政策的社会目标。

现有以经济适用房和商品房为主体的供应体系所展现的流弊之一，是公务员群体（亦即公共选择理论视角下的利益团体）充分占有经济适用房，这种情形蕴涵着推高房地产价格的内在动力。因为，相关制度规定经

---

① 程大涛：《我国房地产价格上涨驱动机理分析》，《财贸经济》2010 年第 8 期。

② 地方政府一般为公务员、城市的引进人才、大专院校的教师提供经济适用房，对其他符合申请条件的城市居民通过摇号抽签进行分配。这种做法在具有合理性的同时，也给住房供应体系的均衡设置了隐患。

济适用房满足一定条件可以转为商品房出售，从而使经济适用房成为具有激励效果的实物期权（realoptions）。① 现实表明，房地产价格越高，经济适用房转换为商品房的期权价值就越大。由于公务员群体既是房地产政策的制定者又是房地产政策的执行者，这个掌握社会大部分行政资源的群体是经济适用房制度的最大受益者，这是问题的一个方面。另一方面，地方政府控制了土地市场供应规模与节奏，他们总是从地方财政利益出发采取优先发展商品房市场的决策，当这一决策与经济适用房的期权价值构筑成正相关的利益链时，住房的供应体系便会出现紊乱。

住房政策社会目标的实现在相当大的程度上取决于住房的供应体系。结合我国现阶段的情况来看，要实现住房政策的社会目标必须重塑住房的供应体系，我们不仅要分离投资性土地资产与消费性房地产以改变地方政府在土地利用方面的激励机制，而且要改变经济适用房的供应和分配模式以切断住房供应体系内公务员群体自我激励的利益链，这是重塑住房供应体系的一项重要制度安排。当前，重构我国住房供应体系所面临的困难之一，是如何在逼近住房政策社会目标的过程中，维持以现有住房供应体系为基础的房地产财富价值及其构成的稳定。针对目前房地产资产包含着房地产物业价值与土地资产价值（土地出让期间使用权价值），承载着大量社会财富和维系着金融体系安全与国民经济正常运行的现实，我们重构住房供应体系需要有一定的原则。在笔者看来，这个原则可重点放在对公共租赁房制度的重塑方面。

其实，中央政府从未放弃对住房供应结构的调整，除廉租房和经济适

---

① 1999 年 4 月 22 日《已购公有住房和经济适用住房上市出售管理暂行办法》（建设部令[1999]第 69 号）规定，其收入在按照规定交纳有关税费和土地收益后归职工个人所有；2007 年 11 月 19 日建住房[2007]258 号建设部等七部委《关于印发〈经济适用住房管理办法〉的通知》规定购买经济适用住房满 5 年，购房人上市转让经济适用住房的，应按照届时同地段普通商品住房与经济适用住房差价的一定比例向政府交纳土地收益等相关价款，具体交纳比例由市、县人民政府确定，政府可优先回购；购房人也可以按照政府所定的标准向政府交纳土地收益等相关价款后，取得完全产权。2010 年 4 月 22 日《关于加强经济适用住房管理有关问题的通知》（建保[2010]59 号），规定"已购买经济适用住房的家庭，再购买其他住房的，必须办理经济适用住房退出手续，或者通过补交土地收益等价款取得已购经济适用住房的完全产权"。这些制度安排无疑使经济适用房成为具有激励之实物期权的性质。

用房外，中小套型普通商品房、限价商品住房、经济适用房和公共租赁房等渐次出现在调控文件中。但问题在于，当住房政策的社会目标试图落在相互交叉并且难以同时实施的政策举措上时，住房供应体系的调整也就缺乏明确的方向。那么，如何在保证房地产市场健康发展的前提下稳定业已存在的房地产价值体系，并实现居民住房的基本自住需求这个社会目标呢？基于转轨时期我国房地产资产与土地资产之间价值关联的特殊性，我们要尽可能降低居民在自住性房产消费上的支出，而切断土地资产价格垒高房地产价格的一种符合我国实际的可行的有效途径，是在现有的住房供应结构中提高公共租赁房的比重。通过对公共租赁房产权性质的有效界定，可以绕避土地资产价格对房地产价格的推波助澜，可以解决低收入阶层的住房需求，从而实现住房政策的社会目标。

根据政府部门的有关规定，[①] 现公共租赁房在住房市场上有可能出现以下几种产权形式：（1）划拨土地（无土地出让金）的有限产权；（2）出让土地（一次性收取70年土地出让金）的完全产权；（3）无产权的非住宅用地。但从成本效益分析，在这三种公共租赁房的产权中，第二种出让土地性质的公共租赁房成本最高，很难在市场上大规模运作；第三种以非住宅用地，即以集体土地或工业用地建设公共租赁房成本最低，只是其非住宅用地的性质规定难以获得政府批准，同时其低成本规定会滋生寻租行为；市场上最有可能出现的公共租赁房，是在地方政府提供的划拨土地上承建的第一种形式。

不过，以土地划拨的有限产权的公共租赁房作为住房政策社会目标的实现手段，也存在着需要解决的投资和收益问题。应当承认，大规模地建设公共租赁房，不能为地方政府贡献土地出让金收益和房地产税收，并且公共租赁房只租不售的规定，需要投资者沉淀大量的建设资金。易言之，地方政府限于财政能力和青睐于土地选择性利用的激励机制，难以成为开

---

① 2010年6月8日《住建部等七部委关于加快发展公共租赁住房的指导意见》（建保〔2010〕87号）："面向经济适用住房对象供应的公共租赁住房，建设用地实行划拨供应。其他方式投资的公共租赁住房，建设用地可以采用出让、租赁或作价入股等方式有偿使用，并将所建公共租赁住房的租金水平、套型结构、建设标准和设施条件等作为土地供应的前置条件，所建住房只能租赁，不得出售。"

发公共租赁房的长期投资主体。如果民营机构充当投资主体，则由于难以取得政府提供的划拨土地而成为一种不现实的设想，即便地方政府设置特定政策框架为民营机构提供划拨土地，也会因公共租赁房不能出售而沉淀大量资金，使民营机构缺乏持续建设公共租赁房的动力。以投资和收益的市场约束而论，如果政府对公共租赁房作出新的制度安排，最有可能成为投资主体的只能是地方政府。

一国的住房供应体系的重构，涉及财政、金融、土地管理以及各级政府行政法规等一系列制度安排，但这些制度安排对于住房供应体系的重构来说，属于政策及其运作框架的调整，并不构成其实质性规定。以公共租赁房为核心来重构我国的住房供应体系，实质性难点在于产权方面。作为一种理论探讨，如果能赋予公共租赁房以完全产权，制度安排则还应同时规定公共租赁房用地为非经营性用地。非经营性用地的出让金价格以非竞争方式来确定，具体地说，就是在居民可承受的房产租金水平下，以综合考虑按年摊销的房地产开发建造、维修成本及物业管理费用来确定，并可考虑按年缴纳土地出让金，改变商品房用地一次性缴纳70年土地出让金的方式，以实现公共租赁房资产价格与房地产物业价值的接轨。尽管土地出让金的降低会导致现行的制度安排出现很多棘手的问题，但它可以降低公共租赁房的开发成本，能在合理确定租金收益的情况下提高投资回报率，实现投资建设—出租—再投资的良性循环和可持续发展，并通过重塑房地产产权价值体系来实现住房政策的社会目标。

实现住房政策社会目标的具体举措是，要扩大公共租赁房供应规模来取代经济适用房、廉租房和部分商品房，且公共租赁房的租金水平依据居民可支配收入来水平来确定，这样才有可能降低城市居民以居住为目的的房地产消费性支出。我们在财政和金融政策上要支持符合廉租房和经济适用房条件的群体（包括外来务工人员），政府可以租金补贴的形式对这类群体进行救济，改"补砖头"（廉租房、经济适用房）为"补人头"（租金补贴）。显然，较之于廉租房和经济适用房，公共租赁房更能实现对中低收入群体的无缝衔接，地方政府可以通过新的制度安排将有限的救济资金覆盖更多需要解决住房的人群，从而增加全体居民的福利水平。

至于如何有效扩大公共租赁房的供给，一种可供选择的方案是鼓励和吸引民营资本和社会资金参与公共租赁房的开发建设。当然，采取哪些有实际效果的鼓励和吸引政策，需要对政策框架和与此相对应的制度安排进行重新设计，这个问题需要我们认真研究。其中，关于公共租赁房能否转让问题，需要政策的重新界定。在公共租赁房按年缴纳土地出让金从而享有完全产权的前提下，对于拥有公共租赁房之完全产权的开发经营单位或企业，可以限制其按套转让，但不应限制其对公共租赁房产权（或股权）的转让。民营机构和社会资金开发、经营和管理公共租赁房，能减轻地方政府财政压力和提高市场配置资源效率是事实，他们的介入能使很大一部分房地产投资性资金转投于公共租赁房建设也是事实（可参考发达国家的房地产信托投资基金 REITs 模式），但由于民营机构和社会资金的目标函数是赢利，这便要求我们在各项制度安排上将财政、金融和行政法规等落实到对民营机构和社会资金的激励措施上来。

在我国现阶段要实现住房政策的社会目标，建构以公共租赁房和商品房并存的供应体系是当务之急。这个体系分别采取按年收取土地出让金和一次性收取 70 年土地出让金的选择策略，是基于公共租赁房按年收取土地出让金可以绕避土地价格失控从而导致商品房价格上涨的考虑。我们在建构公共租赁房和商品房并存的二元格局时至少要关注以下的制度安排：（1）如何利用财政、金融和行政法规来区别对待公共租赁房和商品房在诸如财政金融的政策支持和抑制、土地供应及价格管理；（2）依据市场的供应和需求信息，在不同时期适时划定和及时调整公共租赁房和商品房的供应比例；（3）重视研究土地出让金的政策制定，试验推广能促进住房政策社会目标且符合市场运作机理的新政策，等等。在笔者看来，尽管以上关于住房供应体系重构的设想只是一个粗线条的框架，但这些设想能够在维护金融体系安全和社会稳定的基础上，对已有商品房构成的社会财富的价值体系不形成冲击，同时，这种按居民可承受租金水平确定的按年计算的土地出让金价格，将起到制约商品房市场按 70 年一次性收取的土地出让金价格从而抑制房地产价格非理性上涨的作用。

总之，目前我国市场房价非理性上涨的根源在于制度安排存在缺陷，最主要的缺陷反映在土地供给制度及其与价格因素相关的财政和金融等政策方面。从我国居民收入现状及房地产市场的既定格局来考察，以公共租赁房和商品房来构建我国房地产市场的二元供应体系，或许是实现住房政策社会目标的一种途径。如果我们在制度安排上将公共租赁房的用地定性为非经营性用地，规定以非竞争方式来确定土地出让金，并按居民可承受的租金水平和按年摊销的建设与维修成本来确定土地出让金水平，公共租赁房的投资便是对消费性房地产物业的投资，而不再是对土地资产的投资；若此，长期而稳定的租金收益和产权（股权）的可转让模式，便可吸引大量社会资金开发、经营和管理公共租赁房。以公共租赁房取代经济适用房和廉租房，地方政府不仅有持续稳定的收益，还可节约大量的财政支出，因而有足够的动力扶持公共租赁房的开发建设，推动公共租赁房市场进入良性发展的轨道。由于对公共租赁房的租金支出远小于商品房和经济适用房的支出，这便大幅度降低了居民自住需求的消费性支出。居民住房福利水平提高的过程就是住房政策社会目标的实现过程。

（原载《经济学家》2010 年第 12 期）

公租房是解决我国住房问题的最佳途径

◇郭其林[*]

　　已经过去的 10 年，是中国房地产取得飞速发展和巨大成就的 10 年。自 1998 年中国住房制度改革以来，正式确立了房地产的全面市场化方向，计划和分配时代长期积聚的需求得到了极大释放，加上中国经济的高速增长和城市化步伐的迈进，推动了中国房地产业的大发展，房地产规模和建筑面积逐年递增。中国的房地产似乎一直处于稀缺的卖方市场状态，即使保持了年均 20% 多的增长速度，但仍然难以满足不断增加的需求。"居者有其屋"的目标不但没有真正实现，反而进一步恶化。中国住房问题的现状是值得人们反思的。

一　过度私有化的住房制度存在严重弊端

　　面对不断上涨的房价，面对社会的不满，尽管政府也有一些政策出台，例如"廉租房"和"经济适用房"，但远不能解决问题。截至 2006 年，政府支出中用来解决住房问题的资金只占财政支出的 0.17%，这只能是杯水车薪。更重要的是，抑制房价政策的结果刚好是政策初衷的反面，就是说，每出台一个控制房价的政策，反而会把房价推到一个新高点，从

* 郭其林，金华市广播电视大学教师。

而又一次会使买不起房的人雪上加霜。原因再简单不过，无论是发展商还是地方政府都有巨大的动力来扭曲政策，从政策"寻租"。产生这种房价越调控越涨的现象，有其深层次的原因，其中住房的过度私有化是重要原因之一。百姓（包括低收入者和占 60% 以上的中等收入者）住有所居，既是由福利房向货币分房改革的目的，又是一国社会、政局稳定的基础，这也是一条底线。我国是社会主义国家，住房政策的选择首先必须确保涉及政局稳定的多数人有房可住。但十多年来的实践证明，以私有化为主体的住房制度存在严重弊端。在这一住房制度下，住房投资投机政策限制较少，个人购房比例过高。因为商品房兼具投资和消费价值，且土地作为商品房开发的主要资源十分稀缺，人们对其价格上涨有强烈预期。于是就使开发商利用这样的社会预期去囤积土地和"捂盘"，并利用卖方市场这一强势地位，通过种种卑劣手段操纵房价，迫使房价非理性上涨。而购房者也会迫不及待地去加入炒房大军，使房价进一步失去理智，从而一步一步地把房价逼向新高。在过度私有化的住房制度下，政府也把房地产市场作为财政收入的主要来源，把房地产视为经济政策。特别是地方政府无视住房的社会功能，而只强调住房的财政功能，即"土地财政"。土地转让金普遍占到地方财政收入的 30% 以上，许多地区 60%—70% 的基础设施投资依赖土地财政，土地成了地方财政收入的支柱，从而使得地方政府乐见房价上涨，甚至利用种种手段托市，用行政手段抬高房价。政府的种种做法使得人们对房产价格的上升预期牢不可破，使得房价出现了越调控越涨的怪现象。住房的过度私有化使房地产的唯一目标就是"钱"而非社会大多数成员的需要，从而使房地产市场呈现出过度的开放性和投机性。事实证明，住房的过度私有化是住房政策的严重失误。过去的福利分房是不可取的，但住房的过度私有化更不可取，是从一个极端走到了另一个极端。

二　公租房才是真正的保障性住房

住房的社会保障性质，是由住房是准公共产品的性质决定的。作为一种准公共产品，其提供对象应是全体社会成员，应为全体社会成员提供住房保障，为人们提供居住权，以满足人们的居住需要。所以住房保障的对象应为全体社会成员，而不应仅仅限于低收入人群。对于高、中、低收入的各类人群，可以形成不同的保障层次。对于高收入者，提供高价商品房，这实际上也是一种保障。因为高收入者虽然付出了较大的代价，但取得了比普通人群多得多的空间，这是社会对高收入者较大生存空间的保障。因为土地资源极为稀缺，高收入者获得的空间越大，其他人群获得的空间就越小。而对于除高收入者以外的其他人群的住房保障，就应是公租房，其他的住房体制都无法满足各类人群的住房需求。第一，经济适用房不能真正解决低收入者的住房困难。首先，对于面向低收入者的经济适用房制度不仅无法解决住房保障的问题，而且会给低收入者增加生活负担。对于真正的低收入者来说，实际上是连经济适用房都买不起的，因为所谓的经济适用房的房价并不便宜，买得起经济适用房的其实并非真正的低收入者。有的低收入者，对于经济适用房，面临买不起，但又舍不得放弃的处境，不得不举债买房，沦为真正的"房奴"。这种保障体制不但不能真正解决低收入者的生存处境，相反还会使低收入者陷入生活困境，因为低收入者所面临的生活困难不仅仅是住房问题。其次，经济适用房制度在实践过程中出现了很多问题，例如各地屡屡出现面积达数百平方米的超大经济适用房，摇号弄虚作假，有的变成了一些政府行政部门、事业单位的福利分房。由于经济适用房属于国家保障用地，地价远远低于市场价，给权力提供了大量寻租空间，甚至导致腐败的产生。北京、深圳等地出现的宝马、奔驰扎堆经济适用房小区的现象并不鲜见，而是一个普遍现象。武汉摇出经济适用房六连号，石家庄经济适用房的项目利润堪比商品房，远远超出3%的规定，郑州新区的经济适用房最后竟盖成了别墅等事实充分说明，这一制度不但没有真正改善低收入者的生活处境，反而为滋生腐败提供了土壤。可见经济适用房并不经济、也不适用，而且造成了新的不公平，这一制度不适合中国国情。第二，市场化的住房制度无法解决"夹心层"即中等收入者的住房难问题。对于中等收入者来说，生活中的主要问题就是住房问题。如果只能靠市场来解决占主体的中等收入者的住房问题，势必会造成这一刚性需求拉动房价不断上升而使这一阶层也买不起房。对于这部分人来说，高价商品房买不起，经济适用房又轮不上，租房的房租高且不说，而且不稳定，因此，中等收入者却真正陷入了住房的困境。高房价将中等收入者群体变成了"房奴"，高额的房贷不仅影响了中等收入者的幸福指数，还进一步抑制了消费。更严重的是，由于这种物质上的紧缚，原本属于中产阶层的理性、稳定、闲适和精神上的富足，也变成了紧张、惶恐、惴惴不安。社会的稳压器，瞬间变成了加压阀。"一座房子消灭一个中产"绝对不是危言耸听。可见中等收入者的住房问题已经成了严重的社会问题，如果不妥善解决这一问题，其后果是可怕的。第三，公租房制度才能真正解决我国的住房难。首先，公租房由政府提供，其成本可以得到有效的控制，即使用市场价出租，其租金相对较低，不但可以大大减轻租用人的经济负担，而且可以保持稳定，让人们住得经济，住得安心。其次，公租房应该包括廉租房、经济租用房和市场租用房，从而为各类人群提供住房保障。对于低收入者可以提供廉租房，根据社会经济发展程度由政府提供住房补贴。对中低收入者提供经济租用房，其房租可以根据成本确定，或坚持微利原则。对中高收入者提供市场租用房，其房租确定以适当赢利为原则。这三个层次的划分以住房面积来区分，如廉租房在 50 平方米左右、经济租用房在 70 平方米左右，市场租用房在 90 平方米左右。除廉租房需要资格认定外，其他公租房可以用房租来调控。这样就可以使各类人群各得其所，并真正享有"居住权"。

三 公租房制度有利于国民经济持续稳定发展

第一，实行公租房制度有利于控制高房价。实行公租房制度，使全国 80% 以上的人住房能够得到保障，人们就没有必要被迫拥有自己的一套住房，从而对商品房的刚性需求大幅度减少。购房者主要是高收入者和投机者，房价仅仅是高收入者和投机者们的游戏而已，从而使房价失去了重要的支撑，房价将逐步回归理性，可以化解当前房地产泡沫的风险。新加坡就是一个很好的例子。新加坡是亚洲社会房地产市场发展得最健康的国家。新加坡学习了欧洲公共住房的经验，又结合自己的国情，创造了独一无二的公共住房制度。在新加坡，公共住房是为了全体社会成员，80%以上的家庭住在公共住房里。新加坡的经验是值得我国学习和仿效的，建立适合我国的公租房制度，对于我国房地产业的健康发展意义重大。

第二，有利于政府取得长期稳定的财政收入。探究我国高房价的原因，政府难推其责。房地产业从一开始就被认定为经济增长的一个最主要的来源，或者说房地产是包括从中央到地方的各级政府GDP主义的一个核心组成部分。特别是地方各级政府，把卖地收入作为财政收入的支柱，政府的卖地财政把地价推到了前所未有的地步，这种卖地财政极不稳定，一旦经济波动，土地卖不出去，政府财政就会面临困境。所以一旦房价下跌，政府立即就会出来托市，2009年部分城市房价的暴涨，主要原因就是地方政府托市的必然结果，可见政府是高房价的重要推手。实行公租房制度，虽然没有了卖地财政，但有了稳定的房租收入和税收收入。房租收入不受经济波动影响，从而保证了政府财政收入的稳定性和长期性。

第三，有利于产业结构调整和经济持续稳定增长。在过去的10年中，房地产对于中国的经济增长作出了较大贡献。在消费、投资和出口贸易这三大经济增长的动力中，投资和出口构成了中国增长的核心，其中房地产是投资中的重要力量。整个循环的过程是，出口形成了国内实体经济的发展，解决了就业，增加了居民收入，也给国家带来了巨额的外汇储备和税收收入，政府转而将这些收入转化为政府投资用于基础设施和民生建设；实体经济发展、基础设施建设和人民收入水平的提高形成了对城市化的需求，从而推动了房地产的快速发展，进而又推动了经济的增长。房地产已经发展成为重要的投资品，在房价上涨的预期下，投资和投机需求铺天盖地地进入市场，房地产仍然可以成为经济增长的重要动力。然而，高房价的风险及其带来的一系列隐患，高房价带来的资产泡沫一旦破灭，将影响房地产相关的产业链，严重影响经济增长和金融安全。实行公租房制度，使住房向消费品回归，解决了高房价问题，挤压了泡沫，从而居民购房行为大为减少，省下货币可用于扩大消费且潜力十分巨大，可以使我国消费需求达到50%以上，可以使消费需求真正成为拉动我国经济增长的重要力量。各国的经验与教训证明，凡是将房市主要作为消费品市场的，一国的周期波动就小，经济就会稳定增长，凡是将房市主要作为投资品市场的，情况恰恰相反。房价的回归与稳定，消除了上涨预期，就有利于社会资金向实体经济回流。境外资金投机空间缩小，外汇兑换压力减轻，有利于货币宏观调控向好的方向转化。投资房地产业的利润下降到合理范围，有利于解决央企和其他大型企业退出房地产，有利于产业结构调整。可见，推行公租房制度有利于解决结构性问题，最终将使我国经济步入可持续、长期稳定发展的轨道。

总之，推行公租房制度不但可以较好地解决广大居民的住房难问题，而且还能解决我国经济发展中的一些深层次的问题，是一举多得的最佳选择。

参考文献

［1］刘金娥：《我国房地产市场泡沫的成因分析》，《山西财经大学学报》2010 年第 2 期。

［2］卢为民、于晓峰：《土地政策在房地产市场调控中的作用》，《城市问题》2010 年第 2 期。

［3］吴树畅、曾道荣：《中国房地产价格运行轨迹及驱动因素》，《财经科学》2010 年第 1 期。

［4］唐钧：《中国住房保障问题：社会政策的视角》，《中共中央党校学报》2010 年第 1 期。

［5］付文林：《住房消费、收入分配与中国的消费需求不足》，《经济学家》2010 年第 2 期。

（原载《消费导刊》2010 年第 5 期）

激辩新住房策论

乙方文章

住房制度改革中的公平与效率

——纪念城镇住房制度改革 30 周年

◇陈伯庚[*]

城镇住房制度改革作为经济体制改革的重要组成部分，是与我国改革开放同步进行的。如果从 1978 年 9 月邓小平关于如何解决住房困难问题的讲话算起，至今已 30 多年了。回顾这一改革历程，房改取得了巨大成就、积累了丰富经验，但也存在着一些不足与偏差。本文围绕住房制度改革中的公平与效率这一核心问题展开研究，期望能对深化房改有所裨益。

一　住房资源配置效率与住房市场化

住房制度是国家为解决城镇居民住房问题实行的一整套基本方针政策的总和。在现代化市场经济社会中，住房制度和政策的核心是住房资源配置的效率性与公平性的统一。

住房的投资生产、分配、消费、经营管理是一种经济行为，它同任何经济活动一样，必须高度重视效率问题。首先，这是住房政策目标所决定的。住房制度的基本目标是保障居住权利、改善居住条件、提高居住水平，而要实现这一目标，必须讲究效率，加快住宅建设，控制住宅成本与价格，使居民能以承担得起的价格获得合适的住宅。其次，是住宅产业持

---

* 陈伯庚，华东师范大学东方房地产学院教授、博士生导师。

续发展的需要。住宅业要又好又快地发展，必须节约使用土地，发展节能省地型住宅，提高投资效率。再次，是城市建设协调发展的需要。住宅建设是城市建设的重要组成部分，住宅的设计、建造、布局和外观，同整个城市规划、土地规划、市政建设和交通设施都有密切的联系，直接涉及城市建设的经济效益、社会效益和环境效益的统一。因此，无论从微观到宏观都必须充分体现效率原则。住房作为稀缺资源，如何提高资源配置效率是任何一个国家住房制度和政策的基点。

住房资源配置效率主要取决于经济体制和调节机制。在新中国成立后的前30年中，我国实行的是计划经济体制，与此相应住房资源完全由政府的行政性计划机制配置，实行的是计划型、福利型、实物分配、行政管理的住房体制，其要害是否定住房的商品性和市场调节。造成的主要弊端是：住房投资资金不能良性运行，陷入只有投入没有回报的恶性循环；住房的实物福利分配助长了平均主义和分配不公；住房的统包统分制加重了企业的负担，严重挫伤了群众自己解决住房问题的积极性；住房资源的行政性配置抑制了房地产市场的发育，最终结果是效率极差，住宅建设十分缓慢，群众的住房困难加剧，成为严重的社会问题。正因为如此，20世纪70年代末80年代初，我国的城镇住房制度改革是围绕着住房解困展开的。在寻求出路的过程中，首先从解放思想开始，以邓小平关于住房制度改革思想为指引，开展了住房商品属性问题的大讨论，明确了住房是商品，必须按商品经济规律组织生产经营、流通、分配和消费，改革的方向是实现住房商品化。90年代初，随着经济体制改革的目标确立为建立社会主义市场经济体制以后，为适应市场经济的要求，又进一步明确房改的根本指导思想是实现住房市场化，加快住宅建设，促进经济增长，提高居民的居住水平。可见，住房商品性是我国住房制度改革的理论基础。住房商品化和市场化改革的途径有以下四个方面：一是住房的生产经营商品化，即把住房作为商品，按商品经济规律由开发商进行投资建造，组织生产经营活动；二是住房的分配、流通、消费市场化，建成的住宅由市场交易进入消费，实现住房分配货币化，纳入职工工资，职工通过购买或租赁解决自身居住问题；三是住房的管理市场化、专业化、社会化，由市场型的物业管理企业实施管理服务；四是住房资源的配置市场化，由市场机制调节住房资源的配置，以取得最佳经济效益。归结为一句话，就是要把住房的生产、流通、分配、消费全部纳入市场经济的轨道，以市场机制调节为基础，实现住房资源配置的高效率。

我国近30年的住房制度改革，正是在社会主义市场经济理论的指导下走了一条住房商品化的路子，从而取得了巨大的成就。突破传统的计划经济模式，适应社会主义市场经济要求的新的城镇住房制度已基本建立；住宅建设规模迅速扩大，住宅建设取得了大发展；住房条件大大改善，居住水平和质量大大提高；住房制度的改革促进房地产业从复苏到快速发展，已成长为国民经济的支柱产业，对经济增长作出了重大贡献。

上述这些成就证明，住房商品化、市场化改革的大方向是正确的，近30年来的住房制度改革，大大提高了住房资源的配置效率。当然，在实现住房市场化的过程中，还存在着房地产市场体系建设不健全和规范性不足，住房社会保障体系建设相对滞后，住房供给结构不协调，特别是房价上涨过快等问题。这些问题并不是住房市场化之过，而是市场经济的某些盲目性、滞后性和分化性等缺陷的反映，是法律法规不健全等原因造成的。近几年，政府正在通过加强宏观调控来逐步解决。由此也得出一条经验：在实行住房市场化的同时，必须加强宏观调控，加快住房保障体系建设和法制建设。

二　住房公平性与住房社会保障

住房的公平性，也是住房制度和政策的重要目标之一。在实行住房市场化、提高住房资源配置效率的同时，还必须注意居民在住房问题上的公平分配和消费。

从本质上说，住房公平性是从住房的社会性引申出来的客观要求。住房问题不仅是经济生活问题，而且也是重要的社会问题和政治问题。一方面，由于住房是最基本的生存资料和发展资料，安居才能乐业；另一方面，由于住宅资产占有上的多寡反映社会财富在不同人群中分配的公平性。因此，关系到社会安定和政治稳定，其社会性十分明显。各国政府总是把住宅问题，特别是解决低收入者的住房问题当作重要的社会政治问题来看待。无论从住房问题的经济性、社会性和政治性来看，都要求住房制度和政策体现公平原则。

在改革过程中建立起来的新的住房制度和政策，应当说比原有的住房制度更能体现公平性。首先，从生产领域看，原有的住房投资体制以单位投资建造为主，不仅投入少，而且造成了各单位住宅供应极不平衡的状况。而改革后的开发商投资建造，实现了市场公平竞争，大大增加了投资量，使住宅建设大发展，有利于促进公平分配。其次，从分配领域看，原先的住房福利分配，平均主义和分配不公同时并存。而住房分配货币化，纳入工资分配以后，更能体现按劳分配的公平原则，有利于调动积极性。再次，从流通领域来说，将原先的实物分配改为通过市场购买或租赁，有利于根据自身能力和爱好自由选择住房。最后，从消费领域看，在住宅供应量大大增加、住宅功能和品质更加完善的基础上，大幅度地提高了居住水平和居住质量，大部分的居民拥有了住宅资产。总之，住房制度改革使住房的生产、流通、分配、消费各领域的公平性大大前进了一步。有一种观点认为，房改加剧了住房问题的不公平现象，这不是实事求是的态度。

当然也应该看到，在房改过程中住房的公平性还存在一些欠缺，主要表现在以下四个问题上：一是住房供应结构方面存在着大房型过多、中小房型过少的问题，使中低收入者的购房需求难以得到满足。二是房价过高、上涨过快，大大超过普通居民的购房承受能力。三是投资性需求过旺，影响自住需求的满足。四是住房保障制度建设严重滞后，在一段时间内存在重视不足、政策措施落实不到位等问题。以上这些问题已引起政府的高度重视，近几年来在加强宏观调控中已出台了多项政策，正在逐步解决过程中。

三 完善住房政策效率性与公平性相结合的建议

住房政策的效率性与公平性之间存在着相辅相成、相互促进的辩证关系，进一步深化住房制度改革，必须更好地实现效率性与公平性的完美结合。针对目前存在的不足，着重要抓好以下几点：

1. 坚持住房市场化改革的大方向，继续加强宏观调控

30 年的实践经验已经证明住房商品性的理论是正确的，住房市场化改革是实现住房资源配置高效率的有效途径。虽然在市场化改革过程中也出现了一些新矛盾和新问题，但这是支流，绝不能因噎废食，全盘否定住房商品化、市场化改革的大方向，重新回到实物福利分房的老路上去。

进一步推进住房市场化改革，一方面，要完善房地产市场体系，规范市场秩序，制止哄抬房价等混乱现象；另一方面，要加快推进住房分配货币化进程，增加住房消费在工资中的含量，提高居民购租房的承受能力，切实解决住房市场化后出现的承受力不足的问题。

同时也应清楚地看到，住房市场化也不是万能的，市场经济本身也存在着一定的缺陷。例如市场配置住房资源，在激烈竞争中会出现供求关系不平衡的盲目性和调整的滞后性；又如开发商追求高利润，人为抬高房价等。为克服这些缺陷，国家必须对房地产市场实行必要的干预，通过财政政策、货币政策、产业政策、法律手段和必要的行政手段来调控市场，实现住宅市场的健康和平稳发展。近几年政府采取的对房地产市场的宏观调控政策是正确的，必须坚决贯彻落实。

2. 切实把房价控制在居民可承受的限度内，促进住房市场交易公平

住房价格猛涨是我国住房制度改革中始料不及的一个突出问题。在取消实物福利分房，实行住房分配货币化以后，大多数城镇居民必须通过购租商品房来解决自身的住房问题，能否把房价控制在普通居民能够承受的限度内，是体现住房公平的关键。在市场经济条件下，商品住房价格是由市场形成的，受住宅供求关系变动、土地使用权价格、建房成本和开发利润等多重因素的影响。房价涨幅超过收入增幅，房价大大超过真实价值，使居民从不等价交换中遭受重大损失，这是违背市场经济等价交换平等原则的。

当前，实现住宅市场公平交易原则的主要举措是：一要挤压房价特别是地价泡沫，合理成本构成和利润。二要实行紧缩货币政策，压缩信贷规

模，制止因货币流动性过剩拉动房价大幅度上涨。三要从严控制投资投机性购房需求过度膨胀、人为炒高住房价格。为此，要尽快开征物业税，实施差别房贷政策，抑制炒买炒卖。

与此同时，要着力构建住房价格体系。在住房价格形成方式和控制力度上应有所差别。一般来说，高收入者可以承受高档商品房，其房价可完全由市场形成。而中等收入者购买的普通商品房价格，关系到大多数人的承受能力，政府在建房成本和利润率方面可作适当控制，以平稳价格。供应给中低收入者的经济适用房，含有一定的社会保障性，采用政府指导价，物价部门可规定基准价，允许一定幅度内浮动。而供应给低收入者的廉租房（政府公房）的租金则实行国家定价。构建多层次的住房价格体系，有利于适应不同收入层次的购租房能力，满足不同家庭的住房需求。

3. 努力改善住房供应结构，重点开发满足大多数居民需要的中小户型住房

住房供应结构取决于三大因素：一是收入层次结构；二是家庭人口结构；三是土地资源可供度。我国尚处于社会主义初级阶段，经济发展收入虽有较大幅度提高，但总体水平还比较低，住房的舒适度不可能要求很高；同时，我国人多地少的国情也决定了住宅用地面积不可能很多，只能是发展节地型住宅；近十年来我国城市家庭小型化的趋势十分明显，三口之家已占多数。因此，90平方米住房占70%是合适的。

4. 完善住房保障体系，加大对中低收入群体住房的支持力度

住房保障制度是新的城镇住房制度的重要构成部分，也是实现住房公平的关键。住房问题上的公平通过两次分配来实现。第一次分配注重效率但同样也存在公平问题，主要是体现在收入分配中的住房公平。住房消费作为工资中的重要构成部分，要求在工资中具有足额的含量，充分体现按劳分配、多劳多得、少劳少得的原则。要求房价符合价值、体现等价交换原则、实现市场交换中的公平原则。但是由于收入差距的存在，特别是高收入者与低收入者住房水平差距很大，低收入者从市场购租房的能力很差，影响公平的实现。为此，必须通过第二次分配即国民收入再分配来帮助低收入者解决基本的住房需求问题。这就是通过住房社会保障制度，提

供廉价公共住房和廉租住房对低收入者实施救助，实现住房分配和消费公平。

5. 抓紧法规建设，尽快出台《住宅法》

住房公平与效率的结合，必须由法律来保障。当前最为重要的是尽快制定《住宅法》，把30年来房改的成熟经验和成就用法律规定下来，同时把房改所要达到的目标和住房制度的基本框架，用法律条文固定下来。2007年国家已出台了《物权法》，住宅的权属问题已明确，住房保障体系建设的主体部分也已有了一定的基础，制定《住宅法》已具备了基本条件，建议全国人大尽快把《住宅法》列入议事日程。

（原载《中国房地产》2008年第6期）

探究住房改革中存在的问题

◇刘维新[*]

前段时间，媒体刊载了14位学者提出的"二次房改"建议，并提出建立第三种能够满足中等收入家庭住房需求的公共住房制度，建立低收入有保障，中端买得起，高端有选择的多层次住房供应体系。这个消息报道不久，住房和城乡建设部权威人士就说：当前在住房发展过程中保障体系和市场化之间的结合有进一步改善和调整的必要，但这个基本方向中没有"二次房改"，这就否定了二次房改的传闻。

社会主义市场经济制度，既不能倒退，也不能全盘西化。14位学者提出的问题不属于制度变迁范畴，是运行机制与模式规范问题。群众之所以对房改意见很大，其根本的症结是：中国特色社会主义房地产业制度究竟如何建立，建立什么样的制度体系等一系列关键问题未取得共识。不少学者动不动就拿发达资本主义国家的做法与中国作比较，不是依据中国国情、政治制度的特点去观察和思考问题，加之一些官商勾结、炒作成风，使好的中央政策得不到贯彻，导致房价越控越高。

研究住房制度变迁过程中出现的问题很重要

任何一项新的制度诞生都有一个认识、实践、再认识的过程，社会主

---

   * 刘维新，中国社会科学院研究员、中国城市学会副会长，《中国房地产金融》常务副总编。

义制度下搞市场经济本身就是一项创新，必然要经历一个认识、实践、再认识、再完善的过程。由社会主义计划经济，转向社会主义市场经济，既要保留社会主义的本质，又要避免资本主义制度下市场经济的统盘私有化和市场自由化，导致社会财富过多地集中在少数人手中，贫富差距过大。社会主义初级阶段如何减少剥削，增加公共积累，缩小贫富差距，是有待研究和解决的重大问题。社会主义制度下的政府，要把解决民生放在首位，为大多数人民群众服务。因为这是中国特色社会主义理论基础的基本要求。

观察和研究中国房地产业由社会主义的计划经济制度，向社会主义的市场经济制度变迁过程中出现的问题，对完善中国特色社会主义理论体系是十分重要的，也是必须研究和探索的。

中国房地产业制度变迁过程中出现的问题

1. 政策缺陷与运行扭曲

1998 年国务院《关于进一步深化城镇住房制度改革加快住房建设的通知》（简称"23 号文"），是中国房改的标志，也是实行货币化分配的开始，是房地产商品化、社会化推动的动力。

"23 号文"内容包括：停止住房实物分配，逐步实行住房分配货币化；建立职工住房补贴制度；完善公积金制度；建立和完善以经济适用房为主的住房供应体系。住房和城乡建设部还提出：有钱人购买商品房，中低收入者购买经济适用房，最低收入者住廉租房。应当指出，"23 号文"主体思路是正确的，但在操作和运行中被扭曲。表现在：一是过度商品化，经济适用房为主体变为商品房为主体，商品房占到总量的 75% 以上，经济适用房与廉租房被边缘化。二是开发商为追求高额利润，高档房和大户型（100 平方米以上）占 65% 以上，小户型占比例很少，"90/70"政策未得到贯彻，造成住房建设的结构失衡。三是投资与投机购房占比例过大，有些城市高达 40% 左右。由于投资与投机的炒作，过快拉动房价上扬，导致泡沫产生。四是经济适用房建设与运作模式存在严重的政策缺陷，廉租房被边缘化，住房社会体系基本没有形成。五是建设风格与建设结构不合理。建筑风格西化，欧美式建筑占很大比例，崇洋媚外思想严重，畸形怪胎建筑掺杂在东方文化建筑之中，丢弃民族文化内涵，东方建筑文化脉络未得到延伸，致使一些历史文化名城的景观环境遭到破坏。六是部分地方政府将土地出让视为"第二财政"，官商勾结助长了土地"天价"和"房价的漫天要价"，催生了暴利行业的出现，导致各行各业都来搞房地产。

2. 经济适用房的政策缺陷与不可持续性

目前经济适用房的运作模式，是政府减免24种税费，把土地以划拨的形式交与开发商运作，政府控制分配名额。经济适用房不仅数量少，通过实践证明经济适用房从设计到体制、机制以及运作模式都暴露出很多问题。不少经济适用房被有钱人买来出租。经调查有些北京经济适用房小区出租率达40%。一个经济适用房的"号"可炒到16万元，没有门路的真正住房困难户很难买到经济适用房，这就违背了政策的初衷。

为什么会出现这种局面，从体制、机制到运作模式上分析，经济适用房存在五大缺陷。

第一，理论缺陷。在市场经济条件下，土地仍然实行无偿划拨形式，导致土地市场上的价格"双轨制"。经济适用房的销售价格限制，不仅导致房地产市场上的价格"双轨制"，有违市场运行原则，还滋生了大量寻租和腐败行为，更不符合"房改"的目标——住房的社会化和商品化。

第二，补贴形式的缺陷。目前中国对经济适用房建设实行的是暗补形式，人们称为"补砖头"。即政府减免24种税费，并以低价形式从农民那里征地（只给农民地上建筑物和青苗补偿），将土地交给开发商建设与销售，政府名义上限定开发商利润，实际上无控制手段。这种"补砖头"的模式，本身就存在缺陷：一是以牺牲农民利益为代价，农民有抵触情绪。二是影响地方政府出让土地的收入。地方政府在农民手里用几万元拿到一亩地，经初步开发，可在市场上出售几十万元或上百万元，地方政府不会无偿把地交给开发商去搞经济适用房。三是补贴目标抽象。何为中低收入？标准难以科学划定。况且尚无进入和退出机制，经济适用房成了无底洞，这种机制永远也满足不了需要。据资料显示，我国最困难的低收入者拿政府补贴的约占5%—10%，所谓中低收入者约占70%—80%，这么大的中间层，单靠经济适用房能持续发展吗？

第三，运作模式的缺陷。经济适用房从建设到销售都由开发商来运作，政府控制利润和价格。开发商是以获取最大利润为出发点的，怎么能指望开发商不折不扣执行政府为人民服务的宗旨，其实开发商不是在成本上做手脚，就是在套用面积上无限放大，在销售上就更不会把握"经济适用房管理办法"标准。这种运作模式本身就是职能上的错位，几次修改"办法"都收效甚微就说明了这点。

第四，肢解市场体系的缺陷。房地产市场是由土地市场、商品房市场、二手房市场和住房租赁市场组成的市场体系。由于经济适用房"准商品"的存在，它就肢解了土地招拍挂市场和价格市场的统一和完整性；由于"双轨制"的存在，又激发了人们投机心理的膨胀，因此就出现了北京人排队买号，一个经济适用房号炒到十几万元的怪现象。这还能称得上是市场经济吗？2007年国务院24号文件《关于解决城市低收入家庭住房困难的若干意见》进行了制度调整，明确廉租房与经济适用房的供应对象是城市低收入家庭。低收入者、廉租房者和"夹心层"居民怎样科学划分，除低收入和廉租房之外还有大量的"夹心层"居民住房怎么解决，怎样实现住房的社会化和商品化目标，又怎样建立公平、公正、公开的房地产住房供给体系，由此可见，经济适用房的运作模式不从根本上进行一次深化改革，是无法实现住房资源分配市场化的初衷的，也是无法公平、公正的。

第五，产权模糊的缺陷。产权清楚是市场经济健康运行的基础。产权关系明确是市场运作的核心。产权关系不明确会导致市场混乱，社会纠纷和矛盾增多，这为创建和谐社会带来困难，也会使国有土地资产大量流失，并使社会失去公正和公平性，导致不和谐的因素增加。商品房购买者只买了70年的土地使用权，而且价格昂贵。而经济适用房却是永久的使用权，上市时只补交1%的土地补偿金，这还不到地价的0.1%，这不仅导致大量国有土地资产的流失，也导致市场运作不平等，更缺乏公正性。因而激起群众广泛不满和反感。因为这种"补砖头"是补给开发公司，而不是补给需要补助的"人头上",产权难以界定。日照市在 2005 年就对此进行了改革,从"补砖头"到"补人头"。并向社会公布,日照市的做法为建立经济适用房的"共有产权"制度创造了条件。

一个健康的房地产市场,从理论上讲应该是,政府帮助少数低收入者解决住房问题,而绝大多数的工薪阶层和中等收入者(例如夫妻双方都是大学生)经过 10 年努力工作应买得起一套普通商品房,高档商品房则由高收入者购买。从房价到建筑结构(大小户型)形成一个合理的布局。但现在的问题是,中等以上的收入者都可能买不起小户型的商品房,这不能不说是一种悲哀。"北京市四环以内的期房平均价格已超过 2 万元一平方米,照这样,攒一年的钱只能买一两平方米,月薪是百八十地长,而房价却是三五千地涨,收入永远追不上房价,我们什么时候才能享受到政策的照顾呢?"(《新华视点》11 月 1 日)这种叹息在中青年人群中不是少数。

目前中国房地产市场的现状是:高档房、大户型,高价房多,似乎住房是专门为富人建设和提供的,工薪阶层及大多数群众因买不起房意见很大,不和谐因素在增加。这就向我们提出一个问题,中国特色社会主义房地产业的制度体系究竟如何建立?建立一个什么样的住房供给体系?房改问题,目前争论很大,这也涉及国家主要为什么人服务和制定什么政策的问题。就此笔者提出一些观点与大家商讨。

什么是中国特色的社会主义房地产制度体系?以及如何建立?特色表现在哪里?是值得研究和探索的重大理论和现实问题。房地产市场的制度体系,尤其是住房市场,从理论上讲,应包括三个层次:一是商品房市场,二是二手房市场,三是租赁房市场。在这三个层次的基础上,逐步建立和完善二元化的市场结构,形成商品市场与住房社会保障的完整体系,并实现住房的社会化和商品化,这应是房地产住房体系的方向。

从战略高度分析,中国特色社会主义房地产业的制度体系,主要体现在以下方面:

第一,大力发展小户型普通商品房。把解决中低收入者住房放在首位,把"经济适用房"纳入这个体系并建立经济适用房"共有产权"制度，以市场运作为主体，实现社会化和商品化，并建立可持续的住房社会保障供给体系。这个体系有少量高档商品房，大量小户型普通商品房，少量廉租房，形成两头小中间大的住房供应结构，以此覆盖城市全体居民。公积金要成为住房保障供给体系的重要资金来源。

第二，建立经济适用房共有产权制度。共有产权的内在本质是：坚持经济适用房的"商品性"与"保障性"的双重性质，实现保障性和商品性的统一。从这个意义上讲，共有产权制度本质上是通过经济适用房所有权的具体权能的动态组合，成为经济适用房"双重性质"的实现形式。要实现这一设想，首先，要从目前的"补砖头"改为"补人头"，由暗补改为明补。进入标准可降低，补助面可扩大；其次，是修改《经济适用房管理办法》，以法律形式规定经济适用房的基本性质，修改原"办法"中不适合建立"共有产权"的条款，如土地供应方式、定价方式等，并允许各省依据各自的实际进行试点。江苏省在李援朝同志的批示下，2005年就进行试点，但由于一些领导在认识上的差距，进展缓慢。

第三，建立经济适用房的进入与退出机制。建立住房社保机构和住房社保基金，可以把减免24种税费和地价款归入其内。据估算，这笔费用每年全国大约是1000亿—2000亿元左右。江苏省每年150亿元以上。如果建立经济适用房完善的"进入"和"退出"机制，加之公积金的辅助，住房基金经过10年的运作可达数万亿元。例如一套小户型经济适用房市场价为50万元，符合中低收入条件的人只有30万元，政府可以补助20万元，其产权是共有的，待其收入超出"标准线"，即可以把住房退给政府，政府还给购房者30万元，住房可作为政府资源重新分配，也可以由购买者退还政府20万元变更产权，资金列入基金滚动发展。这不仅使中低收入者有选择住房位置的权利，也推动了住房的社会化，并能逐步满足中低收入者的住房需要。至于已经销售的经济适用房，政府可以制定政策：如凡是以房出租者，政府要按原价收回，给适当的利息补助，卖掉的应补偿地价款而不是1%。只有这样全体居民才能享受到改革的成果。经济适用房的享受面才可扩大，也才能持久。

第四，廉租房。廉租房的建设和分配，主要体现政府职能和责任，控制贫困范围，受益面只能是持政府补助的最困难的居民，不能扩大，更不能像一些城市把廉租房卖给困难户，进行市场运作，因为它是政府对困难户的基本保障，不属于市场运作范畴。

第五，改变地方政府以卖地为主要来源的运作模式。我国是人多地少的国家，耕地保护和粮食安全面临巨大冲击和挑战。我们这一代人不能把地卖光，要给子孙后代留下生存空间，并保证13亿人的粮食安全。因此，要从分税制的角度出发，调整税种，解决地方政府的财政收入，地方政府主要靠物业税和其他税种，终结以卖地为主的运作形式。只有这样才能保住必要的生存所用的耕地和粮食安全。

土地是基本的生产资料，也是人类生存的基础。节约集约用地是保证我国经济可持续发展的基础，不能急功近利。对于土地问题各级领导要有战略眼光，从民族的长远利益出发，要顾全大局。

第六，促进社会资源的充分利用。建立农民工进城后宅基地的补偿和替换机制。促使已进城农民转让土地承包权，放弃宅基地，以提高土地利用率。这涉及集体土地的流转和置换，需要尽快研究出一种可行的方案。房地产制度的变迁离开土地制度改革是无法进行和实现的。

上述住房供给体系，既能实现"房管目标"——社会化和商品化，又能体现出社会主义政治体制下的特色，也能抑制贫富差距的继续扩大。至于少数富人的炒房和多套房的出租，应强化管理和税制的征收。对富人的高档别墅区，国家应开征特种住房消费税，用这个钱补偿廉租房，以缩小收入差距，体现社会主义国家性质。不能什么都照搬西方。

（原载《城市开发》2011年第2、4期）

对"二次房改"的认识和讨论

◇刘　琳[*]

　　最近"二次房改"的提法充斥各大媒体网络，引起各界的广泛关注。实际上，"二次房改"说法的出现已经有一年多了，共有三种提法：

　　第一，发改委专家刘会勇提出的"二次房改"建议，他是"二次房改"提法的最早倡议者，时间大约在 2008 年 6 月。其内容是：建议企事业单位自建廉租房，租给单位职工居住作为过渡房，建房资金可以来源于房改售房款。

　　第二，清华大学教授李稻葵提出的"二次房改"建议，时间大约在 2009 年 4 月。其内容是：由政府主导提供房屋住房服务，平租房等由政府提供的房子应该占到 50%，将目前未纳入政策性住房的中等收入群体纳入其中。

　　第三，李明等 14 位学者提出的"二次房改"建议，时间大约在 2009 年 7 月。其内容是：建立第三种能够满足中等收入家庭住房需求的公共住房制度，以"定地价、定建房标准、定税费率、定 5% 利润率，竞房价、竞建设方案，综合打分高者得"方式提供准市场化的平价住房。

　　在这三种"二次房改"的提法中，第二种和第三种的提法在本质上是相同的，即建立提供给中等收入群体的政策性住房体系；而第一种提法的本质则完全不同于其他两种，是由企事业单位自建过渡房提供给刚就业或

---

　　*　刘琳，国家发展和改革委员会投资研究所房地产研究中心主任。

低收入的本单位职工。

本文在这里主要讨论最近流行的针对中等收入群体的"二次房改"建议，该建议表达了两点含义：一是要对普遍的中等收入家庭实行住房补贴保障；二是住房保障主要由政府采取"砖头补贴"的形式。对这两点含义本文均不赞同。

回顾始于20世纪70年代末80年代初的我国城镇住房制度改革，是在住房建设资金不能实现良性循环、城镇住房严重短缺的情况下开始的。20多年来，房改取得了巨大的成就：建立了新的城镇住房制度，实现了住房分配货币化，解决了建房负担；加快了住房建设，目前城镇居民住房已经不存在普遍的住房短缺，城镇居民的住房需求已经由单纯的数量需求进入到数量和质量并重阶段，住房已经成为城镇家庭非常重要的资产；初步建立和完善了多层次城镇住房供应体系；初步建立了政策性和商业性并存的包括住房金融和住房保险的住房信贷体系，房地产业成长为国民经济的支柱产业，为经济的稳定增长作出重要贡献。更重要的是，人们已经形成了必须通过自身努力来改善住房条件的认识。从这些成就上看，城镇住房改革是成功的，坚持以市场化方式为主解决住房问题的方向是正确的。

从住房保障的对象来看，本文并不赞同将中等收入群体划入政府资助的范围。住房保障是社会保障的一部分，保障程度与整个社会保障理念有关，改革开放以来，我国生产力取得了令世人瞩目的发展，温饱问题已基本解决，正在实现全面建设小康社会的目标，但是，生产力落后状况没有根本改变。中央关于社会保障体系的论述强调我国的社会保障体系以基本保障为基础，我国的住房保障也只能是低水平的基本保障，我们不能走西方国家高福利的道路。住房保障应该是政府对社会成员中无力参与市场竞争者以及竞争中的失败者进行的居所救助，住房保障应是帮助穷人"保持和满足基本的生活条件"，即保障"人人有房住"（即可以满足其享受社会基本的、最低标准的住房需求），而不是保障"人人有住房"（即拥有住房资产并享受资产升值效益）。从这个意义上说，进入住房保障体系的人群应是低收入群体，50%甚至60%的中等收入群体都享受住房保障显然范围太大了，根本不适合我国国情。

从住房保障的方式上看，截至 2005 年末，城镇住房存量中户型面积在 50 平方米以下的住房占比为 30%，60 平方米以下住房占比为 40%，90 平方米以下住房占比为 70%，其中一居室和二居室住房的比例超过 90%。通过分析可知，我国城镇化和住房市场提供的小面积住房比例相对支付能力不足的低收入阶层的人口比例是足够的，我国住房保障的核心问题不是小户型住房存量的不足，而是低收入阶层住房支付能力不足的问题。因此，我国现阶段甚至未来一段时期，城镇住房保障方式应以"人头补贴"为主、"砖头补贴"为辅，在住房存量不足的地区可以适当进行保障房建设。但如果违背市场运行规律，建设大量小面积住房并不会提高整个社会的住房质量，只能造成社会资源的浪费。

客观地讲，2004 年日渐凸显的房价问题，是收入差距逐步扩大的体现，也反映了新旧体制转轨过程中不同群体受到的影响不公平而造成的后果和矛盾，问题主要集中在没有享受过房改房的中低收入群体、1998 年以后参加工作没有享受到足额房补的人员以及中低收入阶层的新增家庭。这些新问题需要新模式来解决，例如提供长期开发贷款鼓励企业建设长期租赁住房，对首次购房者给予一定的优惠，等等。但解决这些新问题绝不能走"回头路"，以市场化方式为主解决住房问题的方向绝不能改变，20 多年房改的成果绝不能践踏。

（原载《中国投资》2009 年第 10 期）

住房商品化改革应从根本制度设计上着手

◇孙梦兰[*]

住房问题是全民关注的民生大事

中共十七大提出"住有所居"目标，为我国住房制度改革提出奋斗方向。从20世纪90年代开始，中国各个城镇先后进行了住房商品化制度的改革。原来计划经济体制下大量的公有住房，通过"房改"的方式逐步实现了居民住房商品化。其后商品房开发建设如井喷般爆发，大量的新建商品住房被推向市场。正是这场住房商品化的改革，解决了我国城镇大多数居民的住房问题，使我国住房在数量和质量上都发生了根本性的变化，同时也带动了国民经济的高速发展。

房地产业在我国国民经济发展中所占比重越来越大，据粗略统计，随着中国经济的快速发展，房地产及其相关产业在我国GDP中所占比例约为30%—40%左右，即使在当前经济危机形势下，我国最新推出的4万亿元人民币救市计划所涉及的产业，其中房地产及其关联行业也占了32%左右。可见，房地产市场的兴衰直接关系到中国经济的发展与强盛。房地产市场能否健康发展更关系到人民群众的切身利益。

改革开放以来，中国城市化进程以世界历史上前所未有的高速度推

* 孙梦兰，北京市工商联建筑行业商业会长，北京住总集团原董事长，北京北辰集团原董事长。

进，作为人民群众最基本生活保障的住房刚性需求正以高速度增长。在人们收入水平快速提高、投资意识日益成熟的情况下，住房作为特殊商品而生来具有的居住和投资的两重属性，将房价一波波地推向一个又一个的新高。商品房价格问题成了社会舆论中心，更成为人民群众最为关心的民生大事之一。在这种形势下解决中低收入家庭的居住问题日益受到重视，建立保障性住房制度的问题凸显。各级政府的各种保障性住房制度随之纷纷推出，各种廉租房、经济适用房、限价房等相继出台。这些保障性住房的推出，缓解了人们对商品房房价高企的不满情绪，解决了部分困难人群的居住问题。但是由于我国保障性住房制度本身就不完善，加之在执行过程中的种种弊端，尤其是保障性住房与商品房的关系，及对我国住房商品化制度改革影响等重大问题，引发了社会的巨大争议。

保障性住房制度建设仍不完善

我国经济发展水平还比较低，对保障性住房的规律还在研究和摸索中。由于制度建设不完善，在实施过程中遭遇许多困境。一是，在我国现阶段经济发展水平下，中央和地方都不可能持续地拿出巨额资金投入到保障性住房的建设中去。尤其在当前世界金融风暴袭击之下，更是心有余而力不足。二是，这种非完全市场化运作的商品，由于利润风险大、销售（分配）周期长等因素，发展商缺乏开发积极性。三是，在当前经济形势不好的情况下，商品房价格波动剧烈，购房者对保障性住房（尤其是限价房）的价格预期看淡，购买欲望下降，造成买卖双方均不看好的尴尬局面。因此，对于这种在房地产市场过热情况下匆忙推出的保障性住房制度的利弊，应当冷静地进行反思。认真思考保障性住房制度的路应当怎样走，对保障性住房与房地产产业关系的协调发展作出调整。

作为保障性住房之一的经济适用房制度本身就很不完善，政策保障对象范围模糊，致使在执行过程中情况混乱。很多城市将拆迁用房与经济适用房混为一谈，大量的拆迁户在得到大量现金补偿的同时，还获得了经济适用房的购买权。而拆迁户并非就是低收入困难户，因此大量的经济适用房资源被占用。客观上这也成为很多经济适用房几年后必然要转化为商品房而获取高额利润的内因。还有很多城市将单位集资建房、公务员住房等统统纳入经济适用房范围。而当前经济适用房、限价房的购买范围还有逐步扩大之势，将公务员、事业单位等这些社会上趋之若鹜行业的人员也扩大进去。这种将那些实际地位和实际收入明显超过一般大众的人群无限扩大进入保障性住房的做法既有失社会公允，也损害了低收入群体的利益。如果任凭此现象蔓延下去，将出现看似经济适用房建了不少，实际大量资源并没有被需要者占用，很多急需住房救助的低收入家庭并没有获益。尤其是大量从农村转移到城镇的劳动群体，他们长年生活、工作在城市，却被保障性用房制度排斥在外。据统计，在我国转移到城市的农村人口中，只有10%的人拥有自己的住房。其他多数人群只能暂时居住在城乡结合部的出租屋中。简陋的居住条件，恶劣的周边环境，使他们不可能长期定居下来。每年春节人潮汹涌的返乡大潮，就是对现行住房制度的另一种尴尬解读。这种住房制度如果长此以往持续下去，我国加快农村城市化进程建设的发展目标就很难真正实现。

我国现有的保障性用房制度本身的不完善，也给我国商品房市场带来很大冲击。由于现行的保障性住房制度本身繁杂，品种又多，加之与商品房之间界限模糊，尤其是经济适用房和限价房由于属性不清，又没有完善的进入和退出机制，造成了一大批非完全市场化、并带有福利性质的住房被推向商品住房市场。给商品房市场造成冲击，对商品房产生了挤出效应，对我国坚持了近二十年的住房市场化改革方向带来损害。而大量中低收入家庭为了解决住房问题，也只能裹挟在这场买房大潮中，倾其终身积蓄或今后几十年收入预期的很大一部分去买一套经济适用房或者限价房。虽然当前实现了住自己房子的梦想，但以后生活更加困难，也抑制了家庭的其他生活消费。现在一些城市推出的限价房制度更是漏洞百出，尤其在当前经济危机大潮中，各地商品房价格动荡加剧，很多当前推出的限价房与商品房比较，无论在价值预期、地理位置、周边环境，还是在选择空间上都没有任何优势。形成了开发商和购房者都不满意的尴尬局面。

中国是有着13亿人口的大国，正处在经济高速发展期，城市化进程前所未有。解决广大人民群众的住房问题，也只能在符合我国国情的特定条件下去考虑。住房市场化改革之路必须坚定不移地走下去。同时以政府为主导提供低收入家庭保障性住房。广大低收入群体大多数也不应该主要靠买房来解决。无论是从宏观层面看，还是从历史教训上看，以政府为主导解决中国住房的路是走不通的。那些主张无限制地由政府主导解决中国住房问题，无限扩大政府在保障性住房范围的作用，实际上是借宏观调控之名，加强了对微观市场干预之实。结果只能是造成社会资源的错误配置和浪费，损害了中国业已形成的住房商品化改革方向，必然使改革倒退，腐败丛生，受损害的最终还是广大人民群众。中国保障性住房制度已经艰难起步，多年来的经验和教训使我们付出了沉重的代价，引发了激烈的争论。这条路究竟怎样走，到了应该认真反思的时候了。

应从根本制度设计上加以改革

鉴于我国住房市场的现状和问题，应该从根本制度的设计上加以改革。要重申坚持住房商品化的改革方向，重新规划保障性住房制度，加大发展保障性住房规模。

建议：重新制定保障性住房政策，政府保障性住房只保留廉租房，可以适当考虑部分普通租赁住房。温家宝总理在政府工作报告中指出应该大力发展廉租房建设和公共租赁性住房建设，这应该是现阶段我国保障性住房政策的根本发展方向。应该取消现在的经济适用房和限价房制度，集中社会资源全力发展保障低收入人群的廉租房建设，并适当建设一些公共租赁性住房，以满足中低收入者之间"夹心层"人群的住房需求。应该结合户籍制度的改革，将保障性住房范围逐步扩大到符合条件的、已进入城镇工作的农民工家庭。要制定完善的保障性住房的进入和退出机制，在保障对象的收入增加和购置了商品房后，必须退出保障性住房的保障范围。使得保障性住房的存量逐年增加，形成完整的良性循环体系。

坚持住房商品化改革方向。应该完全放开商品房市场的经营随行就市，政府只行使监管和协调的作用。政府对房地产市场的管理政策应该重点放在规范、管理土地市场和经营者上，不应该把重点放在市场的需求关系上，市场的供需关系随着市场竞争会逐渐达到一种平衡，政府只要对市场交易行为和交易者进行规范就可以了。市场的需求不是政府干预和规范所能及的事情，也不应该再干那些直接干预市场本身的事。政府可以根据购买者不同的收入水平，在税费和贷款利率等方面在政策上加以协调。为了保障市场不同层次商品房的协调发展，政府还应该对开发商的经营利润采取收取阶梯式所得税的方式，限制一些高档项目的超额利润，以保证商品房市场在经过一段充分竞争后，达到一种供需双方比较认同的市场价格和各自合理的市场规模，实现一种不同层次商品房并存的良性市场。

大量的廉租房建设需要庞大的资金，在资金筹措方面应该仍以各级政府为主导，同时建议各地考虑建立保障性住房基金。要求商品房的开发商在其利润中，强制缴纳一定比例的保障性住房基金，尤其是开发高档项目缴纳的超额所得税，应当悉数交给基金。还应该广泛接纳社会捐助，以补充保障性住房资金来源不足。在保障性住房分配方面，应该改变现在的以政府分配为主导的体制，建立以社会群众为主体的自行监督和分配保障性住房的社会组织，该组织应当同时担当保障性住房分配和对保障性住房基金使用进行监督的双重职能。政府只行使保障性住房建设和对分配过程进行行政监督的职能。这样既可以化解许多社会矛盾，同时又可以减少权力寻租的机会。

(原载《中华工商时报》2009 年 4 月 9 日)

房地产业市场化方向不能变

◇陆玉龙[*]

房价持续上涨，中低收入家庭住房改善有困难，这一问题应予以重视并尽快解决，但不能由此否定住房制度改革和房地产业市场化方向。否则旧体制复归，根本不利于提高中低收入家庭住房水平，更不利于房地产业和整个国民经济的长期稳定发展。

新中国成立以来，党和政府一直都很重视改善人民群众的居住条件，但在传统计划经济体制下，力不从心，投资严重不足，城市住房拥挤成为严重的经济社会问题之一。改革开放伊始，邓小平同志就高度重视住房问题，1980 年提出了住房制度改革的总体思路，拉开了住房制度改革的帷幕。1998 年《国务院关于进一步深化城镇住房制度改革加快住房建设的通知》，彻底停止福利分房，有力地推动了房地产业全面走向市场化，调动了全社会住房投资和消费的积极性，如今 1 年的商品住房竣工和销售面积就超过改革开放前 30 年的总和，开创了中国历史上住房投资和供应规模最大、城市居民住房状况改善最快的黄金时期。

中国房地产业尚处于市场化发展的初级阶段，出现问题时不免有人怀疑甚至否定市场化发展方向，如近期媒体热议的"二次房改"就反映了这种倾向，值得警惕。2008 年 6 月国家发改委刘会勇建议企事业单位自建廉租房租给职工居住；2009 年 4 月清华大学李稻葵教授建议由政府主导住房

---

* 陆玉龙，南京市建委城市建设与发展部主任、高级经济师。

供应，其比重应占到50%；2009年7月李明等14位学者上书国家有关部门，建议以"定地价、定建房标准、定税费率、定5%利润率"的方式，向中等收入家庭提供准市场化平价住房。显而易见，"二次房改"主张出发点是好的，是为了解决中低收入家庭住房困难，具体建议各异，看似新举措，但都是行之无效或难以持续的老办法，实质上都违背住房市场化改革方向，在理论和实践上都不可取。

解决中低收入家庭住房困难的基本前提是，坚持房地产业市场化方向，加快住房保障制度建设。传统计划经济体制实行福利分房，不存在也不需要住房保障制度，而房地产业市场化的基本内涵之一是，必须建立完善的住房保障制度。住房保障制度是房地产业市场化发展的内在必然要求和必要条件，只有坚持住房市场化和住房保障制度的有机统一，才能推进包括房地产业在内的国民经济持续较快发展，从而才能全面持续改善包括中低收入家庭在内的全体居民的住房条件。

房地产业市场化更重要的内涵是，住房保障制度必须遵循市场经济原则。回顾历史不难发现，建立以经济适用房为主体的住房保障制度伴随着住房制度改革进程很早就提出并被反复强调，早在1994年《国务院关于深化城镇住房制度改革的决定》就把"建立以中低收入家庭为对象，具有社会保障性质的经济适用住房供应体系"列为住房制度改革的基本目标之一，但在实践中，经济适用房供应严重不足，原因何在？根本原因在于经济适用房制度不符合市场经济原则，主要表现在，土地行政划拨，税费减半，实质是半福利分房，一套经济适用房相当于数十万元财富优惠，即使购房者"脱困致富"甚至成了百万富翁都永久性享有。正是由于这一重大缺陷，争购、骗购和以权谋购经济适用房现象十分普遍，屡禁不止，再加上其他原因，导致地方政府不得不少建甚至不建经济适用房。

坚持房地产业市场化方向，当务之急是，加快建立与社会主义市场经济体制相适应的，以经济适用房为主、廉租房为辅的住房保障制度。廉租房产权全部归政府，建设资金应由公共财政支出，不能占用或借用住房公积金。经济适用房产权应由政府与受助购房人按份共有，用于经济适用房建设的财政支出（包括减免的土地出让金和税费）应转化为相应比例的产权，当受助购房人由中低收入步入中高收入后，政府依法行使收益权和处分权，以帮助更多的中低收入家庭解决住房困难。按照市场经济"谁投资，谁所有"的公平公正原则，增强公共财政投资力度，是加快经济适用房和廉租房建设，不断满足中低收入家庭住房需求的必由之路。

（原载《董事会》2009 年第 12 期）

失衡与重构：城市住房市场的结构调整

◇陈红梅*

在社会主义市场经济体制下，房地产业的发展必须长期坚持市场化的方向，不能因为一段时间、某些方面、某些地区出现了一些问题，就片面地否定我们20年来改革和发展的成果，违背价值规律来解决住房问题。但在始终坚持住房市场化的同时，必须坚持建设多渠道、多层次市场体系的方针，加大住房保障制度的建设。

不能谋求在短期内解决大部分人的住房问题

住房消费本来应遵循梯度变化规律。但目前住房消费普遍追求"一步到位"或"尽快到位"。过度消费和超前消费明显，在造成使用价值浪费的同时，导致了需求膨胀，引起了价格上涨，而价格上涨和房地产信贷的支持又刺激了投资性需求的膨胀，形成"财富效应"，形成"租房不如买房"、"迟买不如早买"、"买小不如买大"的消费预期，进一步加剧了住房需求膨胀。当前，一方面我国住房消费的整体水平已经超越了应有的经济发展阶段，另一方面真正中低收入家庭的住房问题又没有得到很好的解决。由于住房建设的拉动，宏观经济在快速发展的同时，也带来了结构性

---

* 陈红梅，首都经济贸易大学教师，北京大学光华管理学院博士。

矛盾。相对于住房建设，当前我国城市交通、医疗卫生、环境保护、劳动保障、文化教育等与同等经济条件下的其他国家相比，则差距较大。城市居住环境恶化，资源节约和循环经济的发展与发达国家差距极大。

不能用西方标准来衡量中国的住房水平

到 2020 年，我国人均 GDP 将达到中等发达国家水平，按照西方国家的标准来衡量，我国城市化水平将达到 55%—60%，人均住房面积将达到 35 平方米/人以上。在此期间，约有 3 亿—3.5 亿左右的新增城镇人口需要解决住房问题，加上城市危改和住房消费升级带来的需求，以及工业化和经济增长带来的用地需求，中国有没有这么多土地可以用于城市建设？目前我国大多数地区经济发展模式仍然是"工业化—城市化—经济增长"，GDP 的增长主要依靠投资拉动，经济增长依赖"土地 + 信贷"，吸引外资依靠"减税 + 减免地价"。按照以上标准进行住房建设定位，在短期内形成对固定资产投资的拉动，对其他行业尤其是钢材、水泥、建材等高能耗产业的拉动，将进一步加剧宏观经济的过热，加剧环境的恶化和资源的紧张，以及一系列问题和矛盾。

我们必须认真反思 20 年来逐步形成的房地产业发展政策，科学合理地量化城市土地规划控制指标体系，重新定位未来城市建设模式和居民住房消费模式，以及消费水平的评价指标，重新定位未来的市场体系和市场格局。

经济适用房与商品房的政策错位

解决住房市场的结构性问题，关键在于调整好三个比例关系：（1）保障类住房建设和商品房建设之间的比例结构；（2）经济适用房建设与廉租房建设之间的比例关系；（3）经济适用房建设和消费中"租"与"售"的比例关系。

1998 年以来，我国居民住宅产业得到了长足的发展。以北京市为例，从 1998—2006 年，已经竣工的经济适用房超过 1000 万平方米，超过 10 万套，占新增房屋建设总量的 8%—15%。经济适用房确实解决了许多人的购房需求。"十一五"期间，北京还将新增经济适用房建设规模约 1500 万平方米、约 21 万套，廉租房建设规模约 47 万—60 万平方米、约 1 万套，社会保障住房占全部新增住房建设的约 20%（按套数计）。然而，根据从北京市房地产交易中心得到的资料，到 2006 年底已提交申请表，并经过审批取得经济适用房购买资格排队等候的超过 12 万户，经济适用房的供求矛盾极其突出。另外，由于近几年房价的快速增长，还出现了"买不着"经济适用房但又"买不起"商品房的"夹心层"，出现了"买不起"经济适用房又"不够条件"住廉租房的"夹心层"。解决住房问题进一步复杂化。同样，根据上海市、重庆市、广州市公布的"十一五"期间住房建设规划，经济适用房和廉租房基本占新增商品房建设总量的 15%—20% 左右，也出现了类似的状况。

近年来，各地廉租房建设严重不足，许多城市甚至根本就没有廉租房。这显然是住房保障体系的缺陷，而现行政策在经济适用房的消费上采取单一出售的方式，更无法解决"买不起"经济适用房又"不够条件"住廉租房的"夹心层"的住房问题。

经济适用房标准太高,购买条件太宽

根据北京市统计局公布的家庭收入分析，按照家庭年收入为 6 万元的购买限制条件，具有购房资格的家庭比例占总家庭的 80% 左右。而历年来经济适用房在供给上只占到住房供应总量的 20% 左右，供需之间形成明显的矛盾。另外，对于 20% 的低收入户和 20% 的较低收入户，经济适用房房价收入比超过 8，很难解决这些家庭的住房问题。可见，按照现行的政策，已建和在建的经济适用房真正解决的并不是 40% 以下的较低收入家庭和低收入家庭住房问题。前几年，在没有限制购买对象时，真正得到实惠的是较高收入家庭和高收入家庭；在限定购买条件后，得到实惠的大多是中等收入家庭和白领阶层，而真正需要住房保障的低收入家庭和较低收入家庭，或者"买不起、住不起"，或者"买不着"。

缺乏退出机制使增量经济适用房的建设成为一个无底洞。随着我国经济的持续快速发展，居民的可支配收入水平迅速提高，比如，1998年第一批买经济适用房的许多年轻人现在都进入了高收入阶层，一些刚参加工作就购买了经济适用房的年轻人和一些新兴行业的从业人员，在不太长的时间内收入变化可能会很大。这些人在享受了国家的住房优惠政策后，又购买了商品房，还可以将经济适用房出卖或出租进行投资，从而加剧了经济适用房的供需矛盾和社会的不公平。

现行政策模糊了经济适用房和商品房之间的本质区别，激发了经济适用房的"投资价值"，形成市场的混乱。1998年首批经济适用房开始建设时，在同一区位，经济适用房和商品房的价差，主要体现在政府在土地出让金的减免方面，在商品的属性上并未体现。近年来，随着房价的普遍上涨，商品房价格出现了大幅度的上涨，经济适用房价格通过二手房买卖也有大幅度的提高，由于在经济适用房的再转让上政策缺位，使得经济适用房成为投资性购房、炒房、炒号的工具。据统计，北京市最大的两个经济适用房小区回龙观和天通苑的出租率在40%左右，第一批购买经济适用房的业主如果按照现行价格出售，利润也非常可观。

用科学发展观重构住宅市场价值体系

在社会主义市场经济体制下，房地产业的发展必须长期坚持市场化的方向，不能因为一段时间、某些方面、某些地区出现了一些问题，就片面地否定我们20年来改革和发展的成果，违背价值规律来解决住房问题。但在始终坚持住房市场化的同时，必须坚持建设多渠道、多层次市场体系的方针，加大住房保障制度的建设。当前，必须客观地分析我国的现实特征，以科学发展观为统领，重新考量和调整房地产的宏观调控政策。

一是要根据经济发展阶段，在商品房市场和经济适用房市场之间建立一个合理的结构和比例关系。当前，我国大城市和特大型城市保障性住房应占到全部住宅建设总量的60%左右，以覆盖中等收入以下家庭（含中等收入、中低收入和低收入家庭）；而商品房只应占到40%左右，主要针对中高收入和高收入家庭。随着经济的增长，居民购买力的提高，保障类住房才能逐步降低。

二是廉租房的建设应该保持在不低于住宅建设总量5%的水平。如果考虑到可能迅速到来的农村人口城市化进程，有效化解进城农民定居问题，廉租房的比例可能还应扩大。这不仅可以缓解人口频繁流动的诸多问题，而且可以有效遏制利用经济适用房和公房买卖出租——投机获利。同时，改革经济适用房只售不租的政策，实行租售并举、以租代售等多种形式。这样，使由廉租房和经济适用房构成的保障类住房的租、售市场比例逐步调整到40%∶60%左右。当然，影响保障类住房与商品房市场结构的因素很多，除经济发展和收入水平外，还有地方差异、存量与增量的关系、财力状况等，但确定科学、合理的市场结构是制定宏观政策的前提。

三是要早下决心、快下狠心，建立经济适用房的"退出机制"，完善经济适用房购房人的收入跟踪监测制度，设定退出条件，从根本上抑制经济适用房的过度消费；要调整经济适用房的再转让政策，限定流通范围，减少环节和成本，加大金融支持力度，真正还原经济适用房作为保障性住房的本质，从根源上消除其作为投资品的价值，形成高效的经济适用房再流通市场。

（原载《中国改革》2007年第4期）

丙方文章

制度缺陷、行为冲动与发展失衡

——中国住房发展机制的缺失与重建

◇倪鹏飞*

一　引言

作为整个经济体制改革重要组成部分的住房制度改革，无疑是方向正确、思路清晰，实践中也取得了举世瞩目的巨大成就。但自 2005 年以来，中国住房市场出现了价格快速飙升、结构严重失衡，城镇部分家庭居住严重困难等问题。针对这些问题，中央和地方政府相继出台了一系列调控措施，非但没有取得预期效果，反而使问题越来越严峻，重新思考和研究住房的制度和机制问题十分必要。

关于住房制度和机制的理论研究和设计，国内一些学者研究了国外的住房制度和政策。这些研究表明，尽管每个国家的住房制度都不尽相同，但大多数国家的政府和研究者都关注两个问题：如何有效利用市场机制最大限度地解决居民住房问题；如何通过保障机制解决市场机制以外的居民住房问题。即政府可以综合政府的财政收入和居民的住房负担能力，合理分配住房供给的市场份额和保障份额，确立市场化的补贴标准和保障水准，并借此对住房市场进行监管。在改革开放前，我国实施"统一管理，统一分配，以租养房"的公有住房实物分配的福利制度，既没有效率，也

* 倪鹏飞，中国社会科学院财政与贸易经济研究所城市与房地产研究室主任、副研究员。

有失公平，不仅难以解决居民住房问题，而且导致百弊丛生。1978—1985年，我国开始了住房改革的探索阶段。实践上，政府进行了公房出售和补贴出售住房试点。理论上主要开展了住房属性的研究和住房实物福利分配制度反思。1986—1993年是住房商品化突破阶段。实践上，通过提租、集资合作建房、出售公房等多种形式全面推进住房制度改革。理论上围绕着公房到底能否出售给私人的问题成为理论界争论的焦点。1994—1998年是我国城镇住房制度改革的全面实施阶段。1994年7月，国务院下发了《关于深化城镇住房制度改革的决定》，但在实践中没有得到有效的落实。理论上开展深化住房制度对策研究，同时对经济适用房、廉租房、公积金等制度进行了讨论。1998—2003年是我国城镇住房制度改革的过渡阶段。实践上，1998年提出结束实物分配，实行货币化分配的制度，理论上开展住房货币化的讨论。2003—2007年是住房过度市场化阶段。2003年"18号文"的出台将大多数家庭的住房推向了市场，房价的过快上涨导致政府开始加强宏观调控，理论界开始对制度反思和研究。2007年以来住房制度进入完善即住房保障化建设阶段。政府在进行宏观调控的同时，开始着手完善住房保障制度体系。理论界开始探讨住房保障制度建设问题，并继续对住房制度进行反思。

与此同时，一些学者开始从和主体博弈等相联系的视角对住房问题进行探讨。林卡等从住房制度、主体行为的角度，李名峰等对房地产市场存在的问题作出了博弈论的解释。李伯含等按照新制度经济学的研究范式对住房和土地供给制度进行了开创性研究。魏杰等认为，我国住房制度改革的核心缺陷在于社会支撑制度的构建明显滞后于市场交易制度的完善进程。

综上所述，尽管通过实践探索和理论研究，解决住房问题的目标绩效比较清晰：既要促进住房商品化的有序发展，又要解决城市低收入家庭的住房困难，城镇住房制度改革的目标框架设计也相对正确。但在实践中并没有取得预期的效果，尽管早在1994年，政府一再强调大力发展经济适用住房和建立廉租住房供应保障体系，但经过20年的实践，政府所确立的"以经济适用房为主的城市住房体系"这一目标远未实现。政府也采取了非常严厉的调控措施，但是目标都未能实现，根本原因在于这些目标与行为主体的目标不符，行为主体没有从行动上完成这些目标的积极性。而目前的研究：第一，就住房谈住房比较多，缺乏将住房纳入制度环境的系统研究，提出的对策也是一叶障目；第二，就制度谈制度，缺乏对中间变量主体行为的研究，忽视了各种利益主体的行为对制度绩效的影响，难以把握问题的真正原因和传导机制，也难以掌握对策的针对性和策略性。

本文认为，当前住房问题解决起来比较难的根源在于发展机制的失衡。即住房制度的缺失，导致住房参与主体的冲动，进而导致市场的失衡。由于整体制度环境的缺陷与具体制度安排的漏洞，导致住房市场的参与主体和预期目标与总体设计目标的偏差，导致行为主体和自身利益最大化及其博弈局势的行为冲突，而不愿意采取设计的行为。因此，解决住房问题需要配套制度的改革，这也是住房问题解决起来比较难的根本原因。要从根本上解决住房问题，实现目标必须建立从配套环境到具体制度的一整套制度，让博弈主体的目标和行为符合国家的预期绩效目标，形成主体行为决策趋近绩效目标的激励约束机制，实现预期的博弈均衡。

新制度经济学的"制度—行为—绩效"分析范式的一般框架为：制度决定性地影响经济主体的行为，经济主体的行为决定性地影响经济绩效。本文试图运用该范式：从更宏观的制度背景和具体制度安排中，通过行为分析，绩效研究，来重新解释中国住房发展的问题，进而提出改革建议。本文以下部分，首先利用建立一个 ICP 的分析框架，在此基础上，对中国住房问题进行分析和解释，得出结论进而提出构建中国住房稳健发展长效机制的政策建议。

二 理论模型:基于住房市场体系的 ICP 分析框架

按照新制度经济学理论，行为主体的博弈策略集是制度体系的函数，但制度不直接决定人们的具体行为；主体根据自己的目标集合和所面临的特定局势，在现行制度所决定的可行空间中选择最有利于自己的最佳行为，当所有主体都采取各自的最佳行为集合时所导致的特定局势，就是博弈的解即社会的经济绩效。当主体在特定制度下的最佳境况集合符合其目标集合时，主体将采取遵从现行制度的行为，制度将趋于稳定；当最佳境况集合与其目标集合不相吻合时，主体有以下三种选择：在制度许可的范围内调整其行为，使其最佳化；调整其目标集，消除不合适的目标种类或降低目标的期望值；采取不遵从现行制度的行为。上述三种选择首先采取哪一种，取决于三者的预期净收益比较。

制度绩效泛指制度产生的效率和效益，广义绩效包括经济增长、可持续发展、社会福利状况、社会公平程度。研究和设计住房制度可以先分析和研究住房发展的目标绩效。住房是人们最基本的生活必需品，同时具有商品性和福利性，住房产业也是国民经济的重要部门。一个理想的住房目标绩效应该：第一，要保证社会公平，实现住有所居；第二，要提高经济效率，改善福利水平。着眼于长短结合的社会经济发展目标，住房制度绩效应该是："实现稳健发展，保持持续繁荣，带动经济增长，增进住有所居。"

由于住房价值巨大，并非所有家庭都具有完全负担能力，因此，实现以上目标绩效，需要市场与政府两个途径。由此决定涉及住房的三个市场：住房市场交换住房商品，住房金融市场交换住房金融产品，土地市场交换住房用地；三个保障：住房保障满足保障性住房、住房用地保障满足保障性用地、住房金融保障满足保障性住房金融产品。

而住房市场与保障涉及六个行为主体：中央政府负责全国性住房公共产品和服务的提供，住房市场的监管，目标是付出更少的代价，取得全国范围内"住有所居"的目标，同时带动经济健康、持续快速发展。城市政府负责辖区住房公共产品和服务的提供、住房市场的监管，目标是付出更少的代价、取得辖区内"住有所居"，同时带动经济健康、持续快速发展和其他社会、经济目标的实现。开发企业负责购买土地等建设出售和出租住房，目标是以最小的投入成本，获得最大化的利润。金融机构吸收资金，提供金融服务，目标是以最小的投入成本，获得最大化的利润。购房者购买住房，目标是以最小的投入成本，获得最大化的福利效用。土地出售者出售和提供住房用地，目标是以最小的投入成本，获得最大化的利润。

住房制度是国家基本制度在住房领域的体现，是包括住房的制度环境、制度安排和制度实施机制在内的完整体系，主要包括八大方面。财政制度是规范财政分配活动的法律、法规、条例和办法等的总称。合理的财政制度应该确保中央政府与地方政府在事权和财权上达到基本的对称和平衡。税收制度反映国家与纳税人之间的经济关系，是调节住房各经济主体经济利益关系的主要手段，合理的税收制度应该使政府公共产品及服务提供与税收相对称，激励工作、扶弱济困、合理消费、节约资源。现代户籍制度是国家依法收集、确认、登记公民人口基本信息的法律制度，合理的户籍制度保证公民自由迁徙，保障公民的权责对等。收入分配制度即劳动产品在社会主体中如何分割、配给制度的总称，合理的收入分配制度保证效率与公平的平衡。社会保障制度是在政府的管理之下，对公民在暂时或者永久性失去劳动能力以及由于各种原因生活发生困难时给予物质帮助，用以保障居民的最基本的生活需要。土地制度是制约人们利用土地所形成的经济关系和法律关系而设定的行为规范。合理的土地制度，一方面确保土地产权明晰与市场充分竞争，另一方面确保公益事业公平、合理和有效的土地使用。金融制度是国家用法律形式所确立的金融体系结构，以及组成这一体系的各类银行和非银行金融机构的职责分工和相互联系。合理的住房金融制度：一方面，确保住房金融市场的充分竞争和优质服务。另一方面，确保对保障性住房提供公平、合理、优质和高效的服务。住房制度是住房生产、分配、交换、消费的组织形式和管理方式。合理的住房制度，一方面确保住房市场的充分竞争，另一方面确保保障性住房公平、合理、有效地消费。公共行政制度是国家行政组织或公共行政组织在宪法和有关法律的规定范围之内对国家和社会公共事务的管理活动。合理的制度是上下级之间合理分工，各部门之间合理分工与相互合作，决策、执行和监督部门之间相互制衡。这些制度构成一个体系，它们相互交叉，互相影响。

在复杂的制度体系下，涉及住房市场和住房保障的六方主体为实现各自的目标，存在着六重博弈关系，特定的制度体系，采取各自行为决策最优集合,形成特定的博弈局势或博弈的解即住房的发展绩效。

第一重博弈:住房购买者和供给者针对福利收益进行博弈,依据目标,住房福利收益主要体现在价格上,购房者希望低价,但房地产企业必然希望房屋高价出售。

第二重博弈:土地购买者与土地出售者针对土地的价格及所带来的成本与收益进行的博弈。土地福利收益主要体现在价格上,购地者希望低价出售,但出售者希望高价出售。

第三重博弈:金融机构和住房供给者针对住房金融产品的服务与价格所带来的收益展开博弈。住房金融机构希望高价,住房开发者希望低价。

第四重博弈:住房金融机构和住房购买者针对贷款规模与利率所带来的收益展开博弈。住房金融机构希望高价,住房购买者希望低价。

第五重博弈:在住房保障上,政府与低支付能力的普通居民在保障性土地、金融及其住房产品与服务提供上的博弈。地方政府作为提供公共服务的一方,希望提供更低水平的公共服务,而居民希望获得更多的住房补贴。

第六重博弈:地方政府与中央政府就保障性住房及相关问题的权利、责任进行博弈。中央与地方政府都希望多收入、少支出。

三 中国住房的 ISP 经验分析

(一) 住房及其相关制度的缺陷

住房保障制度残缺不全。保障房体系不完善:目前没有针对覆盖所有保障对象的多层次的保障性住房体系。目前的住房保障体系制度下主要有两种形式:经济适用房、廉租房,仅个别城市开始探索中等收入的住房保障形式;保障房标准不具体。目前,国家尚未制定差别化保障房的原则性标准,各城市也没有在经济适用房、限价房、廉租房的建筑面积、区位环境、配套设施和租售定价等方面,给出具体的差别化标准;保障对象不清楚。由于没有城镇家庭状况的准确信息,无法对城镇家庭进行分类,并确定哪些家庭应该享受什么类型的住房保障;保障机制不健全：各城市也没有建立科学、合理、透明和严密的准入机制，以及公平获取保障房的轮候制度，更没有建立随着保障家庭状况的变化，退出保障体系或者在不同保障层面上转换的机制；保障范围不全面：目前有限的住房保障体系仅仅覆盖到城市部分家庭，将农民工和农民排除在保障范围之外；保障性住房管理制度不健全。责任主体不够明确，制衡机制不健全。谁来规划、建设、管理、分配、消费保障性住房缺乏法律依据；怎样建设、管理、分配、消费保障性住房缺乏法律规范；谁来监督制衡，怎样监督制衡没有制度规范。

纵向财权与事权制度安排不合理。自1994年分税制改革以来，纵向政府间财税关系制度越来越失衡。一方面，地方政府承担越来越多的行政事务；另一方面，在财政收入分配方面，地方的税收分成比例不断下降，地方政府公共支出与依靠预算内收入不对称，无法弥补公共服务和公共产品供给的支出。而具体到各级政府也没有建立对住房保障进行财政一次性和连续性直接投入的规范制度。统计表明，分税制后，地方政府以差不多40%的收入提供了约2/3强的社会支持与公共服务。从1994年特别是从2006年中央提出构建社会主义和谐社会以来，地方政府的事权是不断增加的。

税收尤其是住房税收制度体系不合理。个人所得税起点低，征管制度不严，不占税种结构的主导地位；消费税范围偏窄，涉及高档娱乐消费行为的行业未列其中；遗产和赠与税还未开征。财产登记制度没有建立。房地产税目前流转环节税费种类多，税费负担重，重复征收。保有环节税种少，税负轻，课税范围过窄、免税范围宽，计税缺乏差异和累进性。同时没有针对不同的保障房类别、收入群体类别实施差别化的税收减免制度。

土地制度地方政府高度垄断。现行土地制度使地方政府集土地资源垄断性的购买者、土地一级市场的垄断性供给者、城市土地所有者的实际代表、国土资源的管理者即土地所有者、市场监管者、市场参与者于一身。由于缺乏详细的制度规则，土地国有制度变成"地方政府的多部门实际占有"；由于集体概念的模糊，农村和郊区的土地无法为农民所真正拥有；

由于城市规划区内集体所有的土地，经强制性征用转为国有土地后，使用权方可有偿出让，政府既是管地者，也是用地者，同时又是出现补偿标准争议的协调者甚至裁决者，农民作为市场主体的权益无法保障；县级以上人民政府或国土资源部门委托土地储备机构按照法定程序收回、收购、优先购买或者征收的土地进行必要的基础设施建设及存储，以备政府供应土地、调控市场的行为，使得政府既是土地资源的唯一垄断性购买者，又是"土地征用市场"的垄断购买者和"土地出让市场的垄断供给者"；经营性用地（包括工业、商业及其商品房）实行有偿使用，导致土地一级市场供给由政府垄断；中国土地管理制度属于督办性与实体性相结合的垂直管理制度。具体到政府内部，在责任、权益和决策、执行、监督等制度安排上，第一，在政府内部上下级之间的责权安排上，省级及省级以下土地行政主管部门对下级土地行政主管部门具有行政领导、业务指导权和监督权，但是无力监督和制衡下级党委和地方政府的行为；第二，在同级政府内部，具体行使政府资源管理、资产管理、土地经营、市场监管的土地行政管理部门是一个职能和执行部门，受当地党委、政府的领导，无法监管地方党委政府。

开发制度导致市场垄断，商品房预售制度便利了转嫁风险。按照目前有关法律和制度规定，城镇无论商品性或保障性住房均需由住房开发公司开发；城镇居民合作建房与自建房、郊区居民经营性建房被禁止，加上住房的区位差异和不可移动，导致住房一级市场上的供给高度垄断；预售制是将正在兴建或即将兴建但尚未竣工的商品住宅，与购房者约定，由购房者交付定金或预付款，而在未来某一时期拥有所购房屋的一种房产交易行为，将融资和销售融为一体，导致投资收益和风险承担上的错配，银行系统与消费者是开发资金的主要来源和风险的承担者，开发企业投资风险小，自有资金要求低。

住房金融制度结构单一。住房金融制度环境不完善：资本市场制度不发达，导致住房融资渠道单一；商业信贷的利率非市场化制度，导致商业银行存贷差较高；国有商业银行的市场垄断，使商业银行在吸收存款和开展住房贷款上占据绝对优势。政策性住房金融体系制度不健全：目前仅有的公积金制度设计不合理，住房公积金作为直接的货币补贴，与收入成正比，收入越多，住房公积金账户积累越多，补贴越多；收入低的群体因为住房公积金缴存少甚至没有缴存，补贴少。住房公积金制度在实际执行过程中存在的覆盖率低、执行不到位等问题，与其他基金隔绝，导致使用率低；政策性、互助性住房金融机构缺失，贷款贴息、贷款担保等制度缺失，导致保障性住房开发与消费的资金渠道狭窄。

按劳分配为主体、多种分配方式并存的具体制度不够完善。工资制度不完善，最低工资标准低，没有建立最低工资标准稳步增长的机制；财政制度不完善，贫困线标准和最低生活标准偏低，政府相应承担的责任偏小；公共服务供给的制度不规范，覆盖面有歧视；税收制度不完善，调节收入的作用没有发挥；一些权力部门、行业和区域利用行政权力，制造不公平和不充分竞争，形成部门垄断、行业和区域垄断，加剧部门之间、行业之间和地区之间的收入差距。

城乡分割的福利性户籍制度。我国在计划体制下形成的城乡分割的二元户籍管理制度没有被彻底改变。这种制度的主要弊端有三个方面：确立了城乡户口的有别；对人口流动进行限制；对城乡不同的户口实行不同的福利待遇，包括：从计划生育、教育、就业、社会保障、医疗、住房等诸多方面。① 这为城市政府不为"非户籍居民"提供包括住房在内的公共服务提供了制度依据。

偏颇、松弛的绩效考核制度。行政考核制度不科学：按照在经济体制下政府"市场监管，社会管理，公共服务，宏观调控"的定位和科学发展观的要求，政府应该转变职能，并建立更为全面的政绩考核体系，但是政府内部长期实施以财政增收、吸引投资和 GDP 增长等为主要指标的政绩考核制度，对住房市场监管和住房保障等社会事业缺乏硬性规定。行政问责不严格：近年来的房地产市场调控，一直没有明确的目标；有关对地方用地管理的约束也明显偏弱。如 2009 年 2 月，国土资源部、国家发改委、国

---

① 本篇论文转自论文下载网 www. Lunwenda. com，版权归原作者所有（原文链接：http：// www. lunwenda. com/guanlixue200804/19049—3/）。

家统计局联合发布的新增建设用地消耗考核办法，对地方政府粗放用地行为的约束明显偏"软"，仅在连续三年考核不合格时，才要求省级政府向国务院书面报告集约用地措施，且没有实质性的处罚。

(二) 住房相关行为主体的冲动

地方政府：炒卖土地冲动。以上制度加上政绩考核制度，在政绩和利益的驱动下，以便增加预算外收入、弥补财力不足、发展地方经济、实现职务升迁的冲动。一方面，最小化农村集体土地的征收"价格"，最小化工业用地的"出让价格"；另一方面，通过招拍挂和市场炒作，抬高商业和住宅用地的"出让价格"。与此同时，地方政府也助推房地产市场交易火爆，价格高涨，以便获得更多的房地产税费收入。1998 年，全国土地出让收入仅 68 亿元，2010 年全国土地出让总额 2.7 万亿元，比 2009 年增长逾 70%。在不少城市，土地出让金占预算外收入的比例超过 50%。与此同时，没有提供保障性住房的积极性，尽量减少只有"支出没有收入"的社会保障房用地。更是回避其对常住外来户籍人口的福利责任，不承担外来人口包括住房在内的公共服务。在一些大中城市，房地产税收占地方税收的 1/3—1/2，甚至个别城市超过了 60%。

中央政府：刺激增长冲动。中央政府对住房发展具有双重目标。一方面，希望住房平稳、健康、均衡发展，扩大住房社会保障，实现"住有所居"的目标；另一方面，希望房地产投资和房地产产业成为国民经济增长的重要动力，成为吸纳就业的重要领域。由于住房收入分配制度的缺陷，导致消费需求严重不足，投资尤其是房地产投资成为重要内容。在出口形势日益严峻、尤其是在经济衰退时期，支持住房发展，带动宏观经济的快速经济增长，扩大就业，中央政府也有刺激房地产发展的国家利益冲动，因而调控政策总是留有余地。

开发企业：全企建房冲动。由于开发企业的投资风险极低，进入的资金门槛低，加上垄断所带来的高额利润，房地产企业大量涌现。2008 年房地产开发企业个数增加 40%。开发商利用垄断优势，制造垄断高价，捂盘惜售，炒买炒卖。在北京普通商品房的成本仅 3000 元/平方米，而售价平均高达 2 万元/平方米；预售制导致开发商和购房者在博弈上非常不平等，导致开发企业在开发和销售市场上行为欺诈；由于缺乏累进性的税费制度，出于利润最大化动机，开发企业更愿意建设和出售面积大、质量高的住房；土地税制存在的失范和宽松，使得土地增值税和使用税的征收和管理存在困难，使得占有和使用土地成本较低，刺激开发企业的囤地和放任土地闲置的行为冲动。

金融机构：房地信贷冲动。绝对优势的竞争地位，高额的信贷利差，激发金融机构强烈的信贷冲动，土地和商品房开发的超额利润，火爆的住房市场，节节上升的房价，也激发了商业银行的信贷冲动，而内外部粗糙的监管制度和偏颇的绩效考核机制助长信贷冲动。而保障性住房金融服务无从谈起。

购买主体：投资投机冲动。一方面，由于投资渠道狭窄，使房地产成为富裕阶层投资和投机的首选，导致越涨越买的投资和投机冲动，不完善的住房抵押制度为投资和投机提供了制度性机遇。另一方面，城镇工薪家庭和外来人口收入较低，增长缓慢，购买力下降被挤出商品房市场，预期目标无法实现，只好采取制度外的行为，以期实现这一目标。

土地供给者：制度外行为冲动。作为农地的所有者和使用者的农民，在土地征用和拆迁过程中，因为基本权益无法得到保证，基本目标诉求难以实现，只好采取制度以外的行为达到自己的目标。采取抗议、上访或其他过激行为。对于拥有与城镇国有土地相邻，而又没有被政府征收的集体土地，集体组织或者使用土地的农民，为追求利益的最大化，开始打破现有的制度安排，大肆建设现行制度所不允许的小产权房，以便出租或出售。

（三）住房及其经济社会的发展失衡

住房、土地、金融、财税、户籍、收入分配等制度缺陷，导致住房相关参与主体的冲动，地方政府买地、金融机构信贷、开发企业开发、购买者投资、中央政府保增长等冲动，导致大量的资金、资源和要素进入住房领域，住房、土地、金融和宏观经济的失衡，房价、地价、信贷互相推进，导致房地产市场泡沫严重，普通商品房、保障性住房严重不足。主要体现在以下方面：

供求总量失衡：长期供不应求，价格快速高涨。1998—2009 年，房地产开发投资年均增长约 20%，商品房施工面积年均增长约 18%，2009 年商品房销售面积增长 43.9%，总量大约是 2002 年商品房销售面积的 3.3 倍，但由于投机和投资需求的膨胀和过度增长，住房市场长期供不应求，2003—2007 年，商品住宅空置面积一直保持负增长态势。2007 年商品住宅空置面积负增长程度最高。2009 年全国新建商品住宅市场显著供不应求，商品住宅空置面积为 6756 万平方米。住房价格飞涨。2004 年中国商品住宅价格上涨 15.2%，2005 年上涨 12.6%，2006 年上涨 6.3%，2007 年上涨 16.86%，2009 年上涨 25%，2010 年上涨 6.4%。

供给结构失衡：普通商品房供给少，保障性住房比例低。目前我国中等和中等以下收入的居民占总人数的 60% 左右。1998—2009 年间，全国房地产新开工面积合计 72.96 亿平方米，其中经济适用房仅为 5.71 亿平方米，经济适用房开工占全国房地产新开工面积的 8%；全国竣工商品住宅套数累计 3877 万套，其中经济适用房仅 491 万套，以经济适用房为主体的保障性住房所占比重太小。

需求结构失衡：投机需求十分猖獗，消费需求受到挤压。合理而真实的住房需求主体应该是消费需求。在目前的需求结构中，投资和投机需求占有较大比例，导致住房价格泡沫抑制居民的消费需求。国家统计局主管的中国国情研究会与万事达卡国际组织发布的《2006 中国生活报告》，针对北京、上海和广州等 10 座大城市共 5126 名年收入超过 11 万元的高收入人士的调查，超过 40% 的人拥有两套以上住房。

土地市场失衡：价格连续暴涨，供需严重失衡。2003—2008 年的 6 年中，除 2006 年外，各年居民住宅用地价格上涨幅度均达到两位数，均高于同期其他土地价格和商品住宅价格的涨幅。2009 年以来，各地"地王"频频涌现，纪录不断被刷新。2003 年房地产企业购置土地面积增长就出现了较大幅度下降，2004—2006 年，继续延续这种增长下降的局面，其中 2005 年和 2006 年房地产企业购置土地面积均为负增长，2007 年土地购置面积有所增加后，2008 年和 2009 年土地购置面积继续下降，2009 年房地产开发企业购置土地面积为 3.19 亿平方米，相当于 2002 年的供地水平。

金融市场失衡：商业性住房信贷过度，政策性住房金融残缺。2005 年以来，住房信贷在整个信贷中的比例不断上升，导致信贷结构的严重失衡。在房地产企业的资金来源，银行贷款高达 80% 左右；[①] 直到 2008 年，上市融资在房地产企业资金来源中的比例不足 5%，房地产信托基金（REITs）规模不大；住房抵押贷款证券化仍然处在试点阶段；2008 年商业性住房个贷占全部个贷的 83%，公积金仅占 17%。

产业经济失衡：大量企业转向住房开发，经济房地产化严重。2007 年以来，包括高科技在内的大量企业转向住房开发，经济房地产日益严重。深、沪两市对上市公司的标准行业分类为 20 个行业，除去房地产行业、金融保险业以外的 18 个行业都有行业内公司涉及房地产业务，2009 年浙江百强民营企业中 70% 左右涉足房地产业。产业结构过度房地产化，大量资源错配到房地产领域，严重制约了产业升级和经济转型；2010 年住房投资占 GDP 的 15%；与此同时，由于收入差距加剧，消费需求受到了抑制；宏观经济进一步依赖住房投资，严重制约宏观经济中需求结构调整；同时，较高的房价加大了成本，削弱了城市及国家的比较优势和竞争力。

社会结构失衡：加剧了社会不公，扩大了贫富分化。住房价格飞涨和房地产投资、投机猖獗，一方面使有钱者投机住房，家庭资产迅速膨胀；另一方面使无力买房的中低收入家庭境况更差。与此同时，住房保障体系缺乏，保障对象不断增加。

四　结论与政策建议

因此，要促进住房稳定、健康、均衡发展，保证住房改革和住房长期目标的实现，必须下决心尽快进行系统的制度改革，构建长效机制，使相关决策主体既有稳定持久的动力，又受到合理有效的制约。

---

① 参见中国人民银行《2004 房地产金融报告》以及国务院发展研究中心的"中国土地政策改革"课题组的相关研究成果。

第一，建立城乡全覆盖的住房保障体系。一是构建三层多级的住房保障体系，使受保障家庭达到全国家庭总数的 60%，保障低收入家庭（占 20%）的栖居，中下收入家庭（占 20%）的安居，中等收入家庭（占 20%）的康居，确保到 2020 年人均住房面积达到 30 平方米。二是坚持"区别保障、封闭运行、过滤使用和动态调整"的基本原则。划分不同的保障对象，建立不同的保障标准，采取不同的保障形式；将保障房与商品房相隔离运行；从微观层面，定期动态调整保障对象；从宏观层面，动态调整保障住房的比例、标准和形式。三是制定《住房保障法》等法律法规，明确规定：住房保障的决策、执行和监督程序与机制；管理机构与开发模式；规划选址、土地供给、财金支持；保障对象与保障房标准；准入、轮候与退出制度。

第二，建立城乡一体的住房开发与交易体系。修订《中华人民共和国城市房地产管理法》为《中华人民共和国城乡房地产管理法》，完善房地产的开发、交易、售后服务等制度。建立一体审批制度，实现审批一体化。完善准入制度，允许自建和合作建房，保证开发多元化；废除期房销售制度，确保交易规范化；实行限购制度，保证购房理性化；健全信息披露制度，实现信息透明化；完善市场监管机制，实现监管制衡化；培育民间自净机制，引导行业自律制度化。

第三，改革土地使用与监管制度。改革土地市场监管制度：国土资源部对全国的土地资源实行实体性垂直管理与全国的土地市场实行督查性垂直监管；改革国有土地的产权管理制度：成立国家及省市县四级土地资产管理委员会。行使国有土地的产权代表责任，负责公益建设项目土地和国有企业经营性土地的直接管理。成立若干国有土地开发经营公司，履行原城市土地储备中心运营城市土地资产的职能，负责辖区城市土地开发经营；改革集体土地产权制度：一是将农村集体土地的所有权改为国家所有；二是将农村集体土地的使用权交给正在使用的农民，使用期限也为 70 年；三是农民土地使用权实行有偿转让和有偿出租。改革土地储备及管理制度：土地储备的目的是为公益项目，是限定土地储备范围；国有土地资产委员会授权委托土地储备中心，负责用于公共目的的土地的收购、整理和储备。构建公平的土地交易制度，改革土地征用制度，切实保障农户作为交易主体的地位。国家、省、市、县成立多家国有土地经营公司负责国有土地的购买、储备、经营和出售，多家用地单位公平竞争的土地市场。重构土地产权收益制度，合理分配土地收益。

重构中央与地方分权的制度安排。调整中央和地方的事权划分，增加中央政府公共服务的分担份额，建立与事权对称的财税体制，扩大地方政府的财政分成比重。完善转移支付分配制度，调整收入差距。建立规范的中央和地方保障性住房共担制度。住房保障体系属于中央和地方共同承担的公共服务范畴，需要中央和地方共同承担的责任。中央政府负责制定全国的住房政策，监督市场监管运行，同时承担保障性住房的公共服务责任（包括对落后地区提供转移支付）；地方政府负责执行全国的住房政策和规划，接受上级政府的督促和监督，制定本地的住房政策和规划，监督当地住房市场，承担当地保障性住房的公共服务。

构建新的合理的税收制度体系。实行法人所得税超额累进税率，通过直接、间接两种税收模式调节垄断行业超额利润；实行综合与分类相结合的个人所得税制度，实行个人所得税超额累进计征办法。逐步实现增值税由生产型向消费型的转型，扩大增值税的征收范围，逐步将一切交易活动纳入增值税的征税范围，最终取消营业税。实行房地产税收全覆盖制度，实行统一税收制度，实行差别税率制度，实行房地产价值的市场计价制度，实行累进税收制度，实施税收减免制度，改革流转环节税制，改革持有环节税制，实行房地产企业法人所得税超额累进税率，调节垄断行业超额利润；实行个人所得税超额累进计征办法。将作为中国地方税主体税种加以精心培育，使房地产税成为城市政府税收收入的主要来源。

构建商业性与政策性相结合的住房金融制度。健全宏观金融体系：培育金融市场主体，完善金融市场体系，推进利率市场化改革，健全政策性金融体系;[1] 完善地方政府的融资体制，构建多样化的投融资平台;[2] 建立

---

① 贾康、孟艳:《政策性金融的体系、定位及其边界主张》，《改革》2009年4月（http://www.gygov.gov.cn/gygov/1442575838527684608/20090427/185422.html）。

② 薛江炤:《中国与英美地方政府投融资体系比较》，《中国经济时报》2006年4月10日。

地方政府的投融资制度，健全私人参与公共服务制度；完善商业性住房金融，建立长期而稳定的房地产金融体制：建立多元化的住房开发金融体系，规范住房信贷制度，设立专门的住房金融担保机构；完善政策性住房金融；建立全国性的政策性住房金融机构；建立地方性的城乡合作住房金融机构。建立全国性的政策性住房担保机构，建立地方性的政策性住房担保机构；通过优惠政策，鼓励商业性保险机构参与保障性住房的保险；政策性住房开发金融：建立保障性住房财政注资制度，实施普通商品房信贷的税收减免制度，实行普通商品房与保障性住房的公积金信贷制度，发行公共租赁房建设市政债券，建立住房公积金参与政策性住房开发的制度。政府通过特许经营权制度，吸引商业性房地产开发经营公司进行保障性住房的开发和经营；政策性住房消费金融：健全政策性住房消费贷款制度。完善公积金抵押贷款制度；建立住房合作银行的抵押贷款制度，实行低存低贷，同时进行税收减免。建立有效的政策性住房金融担保体系。建立有效的商业性、互助性和政策性住房金融监管机制。

实行以就业为基本条件的户籍制度。坚持法定权利和法定义务对等的原则，改革户籍制度，最终实现公民身份和权利的平等。实行有限登记的户籍制度；实行有限权益的绿卡制度；建立全国制度统一和标准逐步统一的社会保障制度。完善收入分配制度，通过市场效率分配和政府公平分配两大手段，调节个人收入分配领域中的行业、企业、阶层、群体、体制内外间的收入差距。

完善政绩考核机制，突出住房保障指标。理顺行政管理的关系，建立相互制衡的机制；建立综合的考核指标，制定科学的考核标准；建立绩效管理的制度，完善多种考核的办法；实施行政问责的制度，兑现政绩考核的承诺。

关于住房的困境、困惑与出路

◇周溯源[*]

中国人民在共产党的领导下，经过 60 多年的社会主义建设，特别是改革开放以来三十余年的快速发展，现在的吃穿问题，即温饱问题基本得到了解决，日常用品和出行问题也解决得不错。虽然有一部分人尚未脱贫，至少有了低保。这是了不起的成就。关于住的状况，进步也很显著。但相对于衣、食、住、行来说，问题多一些，大城市尤其突出，成为焦点。

一　困境

说住房问题多，当然不能一概而论。首先，农民住房问题不大，大多住得宽敞、高大、亮堂，有的还带有庭院，可在院中种菜、养鸡、养猪，面积大者高达几百平方米，超过北京部长的住宅面积。农民住房的问题主要不在面积小，而在提高建筑质量、改进结构布局、改善周边环境、完善配套设施等。其次，乡镇、县城、地级市的居民，由于前些年可以自建房，有的单位能分房，即使买房，因房价不高而买得起，所以住得也不差。无房、少房、危房户并不多。

问题突出的是省会城市、一线都市，如北京、上海、天津、重庆、广

---

* 周溯源，中国社会科学院中国社会科学网总编辑。

州、深圳、南京、武汉、杭州等地。即使是在省会城市、一线都市，也不是所有人都紧张，仍然有相当多的人住得舒适，如福利分房较好的党政机关的公务员、部分效益好的国企职工、党政院校和大专院校的教师，部队机关干部、社会上一部分先富起来的人，等等。还有些家庭，子女或出国，或在外地读书、就业，成了"空巢"，住房也宽裕。

困难的是大城市里的平民百姓，普通企事业单位职工，刚毕业的大学生、研究生，进城打工的农民，等等。也就是说，一部分是本城居民，一部分是外来流动人口。大城市居民，手上多少有点积蓄，但他们不像农民有宅基地可以自建房，也没有人组织他们集资建房。外来流动人口，在老家一般有住房，但房子带不动，也就成了新的无房户。不难看到如下困境：

在棚户区的简易住宅里，在闹市的大杂院里，缺乏供水、排污、取暖设施，夏天漏雨，冬天漏风，巷道狭窄，环境脏乱差。在陈旧的筒子楼里，多家共厨房、共厕所，因拥挤而常闹纠纷。有的家庭三代同堂，老两口、小两口隔着帘子睡觉，生活别扭、尴尬。有的家里架双人床，有的在天花板上吊阁楼爬上爬下，有的挖地窖钻地洞，有的大学生制作蛋形公寓，有的用集装箱改成栖身之所，有的索性住在报废的破旧汽车里，等等。城市中的地下室、城乡结合部的棚户区，都成了农民工、打工仔、漂族的蜗居。住地下室者看不见蓝天和阳光，呼吸不到新鲜空气。恶劣的居住环境，导致休息不好，体质下降，疾病侵身，心情抑郁。

不少大学生、硕士生、博士生毕业后一时找不到工作，在城里只得住蜗居、当蚁族、做鼠族。没有地方休息、看书，没有地方研究、创造，没有地方恋爱结婚！"念天地之悠悠，独怆然而涕下……"

还有为数不少的专家学者、技术人员、艺术工作者、业务干部等，同样无力购房。局促的房间，既是卧室，又是办公室，也是书房、实验室。其居住环境同时是工作和科研环境。而他们是社会的精英和栋梁，是先进生产力的载体或推动者。住得很差，势必耗损他们的宝贵精力、健康和寿命，妨碍他们多出成果、快出成果、出好成果，拖了社会发展的后腿。即使是普通劳工，8小时外也需要在家里自修、盘点，提高自己，以适应社会的需要与竞争。如果想买书，家里却放不下一个书架；爱音乐，家里却摆不下一张琴；看电视，又影响孩子学习；心情不能不沉重……

住房对人太重要了！自古道"宅者人之本"，"人因宅而立"，有"穴"（屋）才有"家"，有家才有正常生活。家是亲情的所在，避风的港湾，给力的基站。人生大部分时间是在家中度过。安居才能乐业。大诗人杜甫曾悲怆地呼号："安得广厦千万间，大庇天下寒士俱欢颜，风雨不动安如山……"戏剧《天仙配》中深情地唱道："寒窑虽破能避风雨，夫妻恩爱苦也甜。"如果连寒窑也没有，怎避风雨？无处避风雨，何以恩爱？因此，住房是人生的基本需求；住得宽敞、舒适，是人类的本能追求。住房解决不好，不仅影响人的生活，而且影响人的发展，严重制约社会的进步。

许多人因缺房而愁肠百结，因盼房而望眼欲穿……

二　困惑

困惑一：房价何其高！

大城市的房价，动辄 1 万多元一平方米，2 万多元比比皆是，3 万元以上也不稀奇！一套房子少则 100 多万元，多则几百万元，平民的收入几辈子也买不起，即便是高级公务员、部长级干部，单凭工资收入也不敢问津。普通人东拼西凑加上借贷买下一套房子，立即成为房奴，必须终生还贷。然而，鸟儿筑巢，半年足矣；蜜蜂建房，数月可成；小小兔子，也有三窟。人为万物之灵，解决自己的住房，何以反不如动物乎？

当然，那些地段好、造价贵、品质优的商品房，只要有销路，价格高一些也无可厚非，问题是有那么多困难户缺少保障房、那么多中等收入者无法改善住房，而房价普遍那么高，使多数家庭只能望房兴叹，则令人费解了。

困惑二：住房供地为何少？

房价太高，是因地价太高；地价太高，是因供地不足；供地不足，是因要保住 18 亿亩耕地红线！然而，18 亿亩耕地不过 120 万平方公里，占大陆陆地总面积 960 万平方公里的 12.5%（全国陆地总面积 964.3275 万平方公里，减去台港澳合计 3.7125 万平方公里，大陆有 960.615 万平方公里），何至于影响住房用地？反过来说，解决住房问题，也不至于突破这条红线。充其量按人均住房 100 平方米计算，大陆 13.4 亿人口也不过 1340 亿平方米，折合 13.4 万平方公里（如果按每栋房子盖 6 层，就得再除以 6，而楼与楼之间的间隔大约几倍于楼房的地基面积，两下相抵，仍然是 13.4 万平方公里），相当于大陆陆地总面积的 1.39%。两者相加，也不过总面积的 13.89%，只占很小的份额。而且建房并非都要用耕地，荒山、荒坡、荒地均可建房。

粮食生产也一样。随着我国人民食品结构的改善，主食的比例在减少，副食的比例在提高。许多副食的生产并不占耕地，而是在山上、林间、水中、草原上、海洋里，有的也可在车间里。多发展副食，可大大节省粮食耕地。

由此可见，土地并不紧张。说土地不够，是一个误区，是自己吓自己，是因为我们经营不善。中国人有足够的土地和空间建设必要的住房，建设美好的家园。人均国土面积比我们小得多而吃饭、住房都解决得比较好的国家并不鲜见。如果 960 万平方公里国土，只能解决 13.4 亿人的吃穿问题，而不能解决好住的问题，或者为了解决好住的问题，就不能解决好吃穿问题，只能说明这个民族没有能力、没有智慧。然而，中华民族却历来是有能力、有智慧的！但是，有能力、有智慧者，也必须提防陷入误区，作茧自缚。

据中国房地产测评中心 2009 年提供的数据显示，目前十大房地产企业的土地储备总量超过 3 亿平方米，可供各自开发七八年，甚至 10 年以上。1998—2008 年 10 年间全国用于房地产开发的土地，目前仍有 40% 囤积在开发商手中。这样一来，更加剧了住房用地的紧张。

城里房价太高，农民工在城里买不起房子，势必在农村老家盖房子，而在农村盖房子，必然占地更多。如同交通，农村建房就像开小车，一辆车只能坐三四人，城里建房就像开公交车，一辆车能坐几十人，占地相差几十倍。这是因为村庄往往缺少规划，或者有规划但执行不严，导致建房无序，滥占耕地。有的村民竞相攀比，争风水，抢地边，院子越圈越大，有的占地多达 1 亩多。又因农民建房以平房庭院和低层居多，不可能向高空发展，占地很多却建房很少。一亩地在城里能盖一栋大楼，解决 100 户的住房，在农村只能盖一两家民居，严重浪费地基。所以，城里房价愈高，农村失地愈多。而农民工在城里买不起房、租不起房，势必阻碍农民融入城市，阻碍工业化、城市化进程。那么，中国将长期停留在农业国位置。

困惑三：卖地财政为了啥？

高房价的根源在地价高，地价高的根源在"土地财政"。据财政部公布，2009 年全国地方财政收入为 32581 亿元；据国土部公布，2009 年全国土地出让金为 15910.2 亿元，相当于地方财政收入的一半。2010 年增长到 65.9%，有个别大城市接近 70%。卖地成为地方财政收入的重要来源。由此可知，推动房价上涨不仅有开发商一只手，还有地方政府一只手。据统计，北京的商品房均价已达每平方米 22310 元，而实际成本内行人认为不过 3000 元左右（不含地价），可见利润之高。

地方政府为了解决财政困难，增加财政收入，当然需要从土地出让金中得到一部分资金。而增加财政收入，本是为了发展公益事业，让民众生活幸福。如果卖地财政却使民众买不起房、租不起房，试问：增加财政收入岂不是南辕北辙吗？退一步讲，百姓的温饱问题、住房问题解决了，即使财政收入低一点，又有何妨？藏富于民，"百姓足，君孰与不足"？

三　出路

遇到困境，出现困惑，不必悲观，我们"穷则思变"。在科学发展观看来，办法总比困难多。既要解决住房问题，又要保持足量耕地，笔者经过深思熟虑，谨提出以下方略，供执政者参考。

1. 遏制投资性炒房，充分利用已有住房

据专家测算，目前全国大约有 3000 万套闲置房，一些一线城市的增量住宅空置率达到 50%，其中相当一部分是炒房形成的。这是一种严重的社会不公，也是一种巨大的资源浪费。要改变这种"一边是无房可住，一边是有房闲置"的不合理现象，必须遏制炒房行为。最有效的办法是征收房地产税。要区分消费性需求和投资性需求、生存性需求和享受性需求，实行差别税率。对两套以上住宅，按面积兼按套数实行累进制税率，对商品房长期闲置者征收闲置税。不管住存量这一头，盖房再多，困难者仍无房可住。

由于炒房哄抬起来的高房价，由于高房价形成的高收入，对炒房者个人来说，暂时是真实的财富，但对整个国家而言，则是虚幻的泡沫，随时可能破灭，导致金融危机。一旦出现金融危机，炒房者手中的财富也就随之缩水，金光闪闪的钞票也就黯然失色了，接下来全民一起品尝金融危机的苦果。国际上已有前车之覆，殷鉴不远。而遏制投资性炒房，则可以使虚高的房价回归真实的价值，防止形成房地产泡沫经济。

无疑，征收房产税势必影响一部分人的暂时利益，但这对解决大多数人的住房有利，对社会和谐稳定有利，对国家经济发展有利，最终对全体公民有利。2011年1月28日，重庆市、上海市同时开始向个人征收房产税，希望能取得好的效果。房屋不得投资，不得闲置，多要何益？有钱人不能多买房，房价也就炒不上去。如能促使3000万套闲置房都用起来，可解决1亿多人的居住问题，可迅速降低房价，大大缓解住房紧张。

2. 加大住房用地供应量，多建住房

土地供应是建房的基础和前提。在住房用地供应上，人民政府必须从土地的人民属性出发，为全体公民尤其是绝大多数普通民众着想，而不是为少数人赚取超额利润创造条件、提供便利。应按照保障民众基本住房的需要，在近期内大幅度增加住房用地的供应量。廉租房、经济房、限价房、公租房用地，政府实行零地价或低地价。目的是使困难者能租得起房，买得起房，住得上房，使民众的住房有所改善。

令人意想不到的是，国土资源部的最新统计表明，包括2010年出让的住宅用地在内，还有近32万公顷尚未开发，相当于近5年住宅供应用地的总和，其中保障房建设用地约占到了13%—14%。如果把这些土地换算成实际商品房供应，以平均容积率1.5、每套住房90平方米计算，可增加

5300 多万套住宅。按人均 30 平方米计算，可解决 1 亿多人的住房问题（《人民日报》2010 年 10 月 28 日）。

大城市缺房者很大一部分是流动人口，而流动人口并非都要在城里扎根落户，故以租住为宜，一来可以减少开支，二来便于流动。所以，在新建保障房中，应加大廉租房的比例。虽然廉租房的投入资金回笼很慢，但政府责无旁贷。

3. 大力发展中小城市

要解决大城市的拥挤，必须眼光向外。在国家的宏观规划中，应大力发展中小城市、边远城市，加大那里的住房建设，实现人口的合理布局。要从大城市分出一些大机关、大工程、大项目、大专院校。这样，既避免人口过度集中于首都北京以及中部、东南部发达的大城市，又利于推进各地的城市化建设，有利于生产力的合理布局，形成东、西、南、北、中均衡发展的战略格局。新疆石河子过去是不毛之地，经过几十年的建设现在成为风景优美的宜居城市，赢得联合国的认可，为城市发展布局提供了成功的范例。中小城市、边远城市发展起来后，大城市的人口负担、住宅压力也就随之减轻，房价随之降低。

由于科学技术、交通条件、物流设施、网络通信的发展，地球变"小"了，世界变"平"了，中心与边远的界限渐渐缩小并趋于消失。一个地方，可能是边缘，也可能是中心。也就是说，如今发展中小城市、边远城市，不仅在理论上成立，而且在实践上可行。

4. 大城市周围多建"卫星城"

北京、上海、天津、重庆、广州、深圳、武汉、南京、福州等接近或超过千万人口的大城市，虽然拥挤不堪，却又是繁华之都，具有就业机会多、发展平台大、工资水平高、医疗教育强、公共设施好等优势，虽然房价高、住房难，但人们还是削尖脑袋往里挤。那么，我们要换个思路，不必像摊煎饼式地发展大城市，可在大城市的周边多建"卫星城"。城市内密不透风，城市外海阔天空。例如北京的昌平、密云、平谷、顺义、怀柔、通州、大兴、延庆、房山等郊区有的是地方，通过提升面向中心城区的综合服务和人口疏散功能，建成综合性新城。新城与中心城市的交通问题，可以通过建地铁、轻轨、高速路来解决，实现半小时或一小时城市圈，做到大城市、卫星城同步发展，资源共享，使居民感觉在卫星城与大城市生活相当，小城的"低碳环保、绿色生态"，甚至比大城市更宜居、更舒适。

要完成工业化潮流下的农村人口向城镇转移，只有多建中小城市。集约利用国土空间，组建城市带、城市群，一揽子解决众多问题，也有利于消除城乡差别、工农差别。

5. 扩大农田复耕面积

既要保证住房用地，又要保证耕地面积，就必须节约和开源并举，扩大农田复耕面积是重要途径。目前，我国农村住房一般有庭院，占地面积大。在广袤土地上的农村旧房改造中，扩大复耕面积有巨大潜力。在农村新民居建设中，抓好土地资源整合，适时将旧村改造置换出来的土地复耕为良田，必能大大增加耕地面积，弥补增建新城占用的土地。

同时，要充分利用现有耕地。由于种田收入比不上打工收入，所以许多农田原来种三季的变成了种两季，种两季的变成了种一季，有的甚至抛荒。2007年湖南省土地抛荒面积占耕地面积的比例达10%以上（《经济观察报》2011年5月9日），所以务必调整政策，鼓励一部分农民精心种田。

根据中国社会科学院农村发展研究所研究员党国英等专家在全国数省30多个行政村的抽样实地调查，农村宅基地的利用率很低，有的不足50%。按照他们的匡算，村庄空置面积超过1亿亩，相当于全国耕地总量的1/18。这里的"黑洞"何其大！如果一方面为拼命保耕地而限制住房用地的划拨，一方面保住的耕地又大量浪费，这显然不符合科学发展观的要求。重庆市发明的"地票"制度，有效地解决了农村土地的大量闲置和城市建设用地不足的矛盾，不失为一个智慧的思路。

6. 拓展空间，增加面积

盖房并非都要占耕地，有些山地、荒地、滩地稍加平整开发，也可建房。完全可以有计划地安排一些住房建在非耕地上。从平面思维即可节省耕地。如果立体思维，更可以拓展空间。例如向地下发展，建地下仓储、停车场、图书馆、餐厅、通道、活动室、休闲娱乐健身场所，等等。还可以多建高层楼房，向空中要面积。荒地、山地、滩地怎样变成有用之地？修路即可。路通到哪里，人就活动到哪里，哪里就变样，无用变有用，价值就提升。荒漠变绿洲，荒坡变良田，荒地起高楼，荒村变都市……这样的成功范例，中外比比皆是。

千百年来，神州大地上有多少土地在闲置？在沉睡？在等待开发与利用！

7. 坚持群众路线，依靠群众力量

我们党之所以能够从小到大、由弱变强，克服无数困难，取得辉煌成就，最主要的原因就是代表人民利益，走群众路线。群众路线是我们党的根本工作路线。解决住房困难也要走群众路线，以天下之力，办天下之事。要相信各级党政组织、相信广大群众有无限的创造力。确定大的原则，然后放开手脚干。允许不同地方、不同行业、不同单位根据自身特点，创造解决住房的模式，因地制宜，不拘一格，殊途同归。将民众的住房状况纳入政绩考核体系，如同将 GDP、环保、计划生育等作为政绩考核指标一样，各种妙法就会随之产生。

在周密的宏观计划下，提供零地价或低地价土地，支持各单位、村集体集资建房是一条捷径。单位小者可以多家合作共建。集资建房有许多好处：一是有规划、集约化，提高土地、建材、设施利用率，避免浪费；二是省掉了中间环节，不赚利润，房价即成本价，价位低，买得起；三是既调动了个体积极性，又发挥了集体组织的优越性，团结力量大。融资易，周期短，见效快。千万个集体齐上阵，远比由政府一家承建，资金多得多，速度快得多，效果好得多。还可以建立住宅合作社，打破开发商的垄断局面。

为了群众，依靠群众，组织起来，团结合作，这正是社会主义的优越性所在，是外国人羡慕的中国道路的特色所在！

8. 政府建保障房应当长远考虑

城市住房紧张不是三五年、十来年的事，也不是建设 3600 万套保障房就能完全解决问题。截至 2010 年，我国城市人口已达 6.66 亿，城市化率达到 49.68%。如按发达国家的标准达到 80% 左右，我国还有 30% 的距

离。按城市化率每提高1个百分点，吸纳1400万农民进城，那么还将有几亿人离开农村，进城租房、买房，然后融入城市。我们需要几十年时间才能完成这个历史性转移。另外，随着经济的发展，人民生活水准的提高，国家进入发达社会，老百姓三口之家的住房（哪怕是两口之家），不可能停留在40平方米、50平方米，会逐步过渡到80平方米、90平方米或更大。城市住房在相当长的时期内是短缺的。那么，现在的保障房政策应当从长计议，遵循公平原则、再生产原则、可持续原则。租也好，买也好，既要考虑公民能够承受，又要考虑资金能够及时回笼，而不能简单地回到福利分房的时代。

1998年开始实行住房体制改革，当年人均住房是9.3平方米，经过12年的推进，截至2009年底，农村人均住房达到了33.6平方米，城市人均接近30平方米，发展到今年年初，城镇人均住房已经超过30平方米，并且在住房质量、住房成套率、配套设施、居住环境等方面大为改观。实践证明，住房市场改革是符合社会主义市场经济要求的，方向是正确的，成就是显著的，市场机制发挥出了巨大的作用，虽然近年来出现了弊端，但可以调控和改进，使之健康发展。现在的保障房如果改为由政府包起来的办法，则是市场原则的倒退，会造成新的不公平，甚至滋生新的腐败领域，出现开着宝马住经济适用房的奇怪现象，而且加重政府的负担。老百姓反对的是天价房价，并不反对合理的房价。普通人买一套经济适用房或限价房，用20年左右的时间能够还清房款（特殊困难者可给予补贴），用1/5左右的收入交纳一套公租房房租，是符合社会主义原则的，也是符合国际惯例的，同时有利于激励人们努力工作增加收入，老百姓是能够接受的。因此，在提供福利保障房时，坚持市场改革的方向，按补充市场的思路来建，而不是按替代市场的思路来建，就会减轻政府的压力，加快总体解决住房的速度，促进整个经济的良性发展。

房价问题不是单纯的经济问题，事关国家的发展全局与社会的和谐稳定，必须以只争朝夕的精神抓好。自2005年以来，国务院和相关部委共出台了14项房地产文件，用力甚多，希望降低房价，但未能如愿。如果房价继续陷入"逢调必涨，越调越涨"的怪圈，矛盾可能走向激化。解决民众住房是政府的天职，是当务之急的民心工程，如今务必"锥处囊中，立见其锋"，采取断然措施，以收立竿见影之效！

只要按照科学发展观去做，事情并不是那么难。

笔者坚信党和政府有能力领导人民群众解决住的问题，就像成功解决13亿人民的温饱一样。

全面实现13亿人民的安居乐业，我们的小康社会就会加速前进，就会充满阳光！

中国住房保障问题：社会政策的视角

◇唐　钧[*]

近年来，住房问题始终是社会矛盾的焦点之一，其张力已经使中国社会各阶层的社会心理极度扭曲。从社会主流意识看：在经济上，房地产被视为拉动 GDP 上升的主要动力；在政治上，房地产成为最可夸耀的政绩之一。一些地方政府，将自己紧紧地绑在这辆疾驶的马车上，地方领导深陷其中，"卖地求荣"，完全置"水能载舟，亦能覆舟"的历史教训于不顾，"强拆"导致的一幕幕悲惨的活剧四处上演。

从广大人民群众的立场看，住房问题积聚的民怨已经进出火星。公民在社会领域中两项最基本的权利——居住权和资产拥有权被剥夺。要想改善自己的住房条件，唯一的选择就是"市场"。当人们关注眼前的"哥本哈根峰会"的得失成败时，一个更重要的"哥本哈根宣言"被遗忘："单凭市场不可能消除贫困，也不可能获得公平和平等，而这二者却是发展的基石。"（1995 年世界社会发展首脑会议宣言）[①]

关于住房问题的研究，我曾经发表过一些文章，也引起过政府有关部门的重视。但是，世界金融风暴一起，科学发展似乎又被置之脑后，GDP重新升帐挂帅。很多本来似乎已经讲明白的问题，现在又模糊不清了。因

　＊　唐钧，中国社会科学院社会政策研究中心秘书长、研究员。
　①　克莱尔：《消除贫困与社会整合：英国的立场》，《国际社会科学杂志》第 17 卷第 4 期。

此，要想进一步阐明自己的观点，定量的分析似乎很重要。但因为收集数据很困难，至今未能如愿。网易的论坛以及公众的评论，使我不得不再次主要以定性的分析来阐明我的价值判断。好在如今学界与我的观点相同（如郑永年①）或部分相同（如茅于轼②）的研究者大有人在，希望我的观点能够起到抛砖引玉的作用。

一 住房问题是个政治问题

住房问题的政治属性从政治的角度谈住房问题，并不是为了上纲上线吓唬人，而是因为公共政策或社会政策本来就是一项政治抉择。现在我们整天讨论"高房价"，这显然是把讨论问题的基本点局限在经济领域，政府的政策也在是否对房地产市场进行干预上反反复复。但"芝麻开花节节高"般的房价说明，这样的应对策略显然不对路。在社会领域，关于住房是公民的基本权利的呼声虽然不断，但仍嫌微弱，难以与强势的市场喧嚣相匹敌。但是，因此而引发的严重后果却已经在动摇我们的政治基础。

1. 住房问题与中产阶级

我的同事们刚刚出版了一本著作《当代中国社会结构》，③其中提出了一个很震撼的定量分析结果：目前中国社会结构落后于经济结构大约15年，这是产生当前诸多社会矛盾问题的重要原因。

社会学关于"稳定的社会是橄榄型社会"的理论，如今已经为公众熟知。所谓橄榄型社会就是两头小——富裕阶层规模小，贫困阶层规模也小；而中间突出的是规模庞大的中产阶层，一般认为应该占到60%及以上。国际经验表明：这样的社会才是稳定的。陆学艺研究员最近在接受记者采访时指出："中产阶层不发达是政治不稳定的根源，当中产阶层弱小无力并且组织很差时，国家就会分裂为穷人和富人，由于二者是天然的敌

① 郑永年：《中国住房政策的症结在哪里?》，新加坡《联合早报》2009年12月22日。
② 茅于轼：《大家骂开发商不骂政府是愚蠢的》，星岛环球网（http：//www.stnn.cc）2009年5月6日。
③ 陆学艺主编：《当代中国社会结构》，社会科学文献出版社2010年版。

人，在政治上往往互相排斥，很难妥协，就会导致社会不稳定。"① 想想中国社会现下盛行的"仇富"心理以及农民工们对仇富的解读——"没有仇贫哪来的仇富"，就可以深刻地体会到个中杂陈的百味。

2. 古今中外关于资产的名人名言

所谓中产，专家学者们给出了很多种不同的解释。但是，最起码要有一套产权自有的房产，应该是大多数人的共识。2000 多年前孟子就说："民之为道也，有恒产者有恒心，无恒产者无恒心。"②——关于做人的道理，有稳固产业的人才会有持之以恒的道德理念；反之，则不会有一以贯之的道德理念。

美国的谢若登（Michael Sherraden）教授是这样描述资产的重要性的："收入可以满足人们短期的基本需求，但它无法改善长期的状况，无法实现人们对发展的本质需求，所以要达到社会政策的基本目标不能只依赖于收入的维持，还要依靠资产的建设和积累，资产建设的实质就是要通过政府的政策为政策对象启动资产的积累。"③

坊间传说新加坡前总理李光耀的一个小故事，有一次刮台风，把老百姓家的门板刮跑了，那家人豁出命去追那块门板。李光耀看见了，生出一个念头，老百姓为一块门板都这么拼命，如果能使他们都拥有自己的房产，他们还不拥护政府？这就是新加坡政府"居者有其屋"政策的发端，后来果然大获成功。④

3. 个人资产在中国革命史中的地位和作用

新中国成立 60 周年之际，重读《毛泽东选集》，有个发现：在大革命时期，毛泽东对中农的态度不无揶揄。对于有"余钱剩米"的，他评论道："这种人胆子小，他们怕官，也有点怕革命。"对于"大体上可以自给的"，他评论道："对于反帝国主义反军阀的运动，仅怀疑其未必成功（理由是：洋人和军阀的来头那么大），不肯贸然参加，取了中立的态度，但

---

① 《专家称高房价将致中产阶层退出主力购房人群》，《中国新闻周刊》2010 年第 3 期。

② 孟轲：《孟子》，陕西旅游出版社 2003 年版。

③ 谢若登：《资产与穷人：一项新的美国福利政策》，商务印书馆 2005 年版。

④ 《中产阶级 = 稳定 + 发展》，《南风窗》2002 年第 3 期。

是绝不反对革命。"①"中农呢？他们的态度是游移的。他们想到革命对他们没有什么大的好处。他们锅里有米煮，没有人半夜里敲门来讨账。"②但是，到了土地革命时期，创建了革命根据地，毛泽东则提出："我们实行过的土地革命，已经是并且还将是这样的过程……曾经是失掉土地的农民却转化为取得土地的小私有者。"③同时强调："中农态度的向背是决定革命胜负的一个因素，尤其在土地革命之后，中农成了农村中的大多数的时候是如此。"④

回忆这段历史，使我们想到：中国现代史上每一次成功的重大变革，几乎都与承认和尊重人民群众的财产权相关：建国大业，是通过土地改革，从而得到了广大农民的拥护，赢得了解放战争的胜利。改革开放，则是通过包产到户，确认了农民对土地的承包使用权，开启了经济快速发展的新时代。

4. 让老百姓中产起来

综上所述，中产阶层是现代社会的中坚力量，无论中外，绝无二致。改革开放之初，邓小平提出了"一部分地区、一部分人可以先富起来，带动和帮助其他地区、其他的人，逐步达到共同富裕"⑤的愿景。30年以后，这个愿景的前半部分即"先富"的目标已经基本实现。如今，我们是否可以提出这样一个新的口号："让普通老百姓中产起来"，这恐怕才是民生问题真正的解决之道。

二 住房社会政策的基本框架

社会权利与住房社会政策。以社会政策学的立场看，"社会权（Social Rights）为人权不可分割的一部分，其乃人民自国家获取社会保障之基本

---

① 毛泽东：《中国社会各阶级的分析》，收入《毛泽东选集》（第1卷），人民出版社1991年版。
② 毛泽东：《湖南农民运动考察报告》，收入《毛泽东选集》（第1卷），人民出版社1991年版。
③ 毛泽东：《实践论》，收入《毛泽东选集》（第1卷），人民出版社1991年版。
④ 毛泽东：《中国革命与中国共产党》，收入《毛泽东选集》（第2卷），人民出版社1991年版。
⑤ 邓小平：《让一部分人先富起来》，《人民网·中国共产党新闻》（http://cpc.people.com.cn）。

权利"。具体而言，在社会领域中，公民应该享受的基本权利可以被概括成六个方面：生存权、健康权、居住权、劳动权、受教育权和资产形成权。[①] 住房问题涉及其中的两大权利——居住权与资产形成权。在中国，上述权利是得到《宪法》保障的："中华人民共和国公民的住宅不受侵犯"；"国家依照法律规定保护公民的私有财产权和继承权"[②]。在党的十七大报告中"加快推进以改善民生为重点的社会建设"部分，关于居住权，强调了"住有所居"，具体而言，就是"健全廉租住房制度，加快解决城市低收入家庭住房困难"，关于资产形成权，则提出"创造条件让更多群众拥有财产性收入"[③]。

社会领域中的基本权利有一个特点，就是其所涉及的所有六个方面几乎都可以分为两个层面：一个层面属于"基本需要"或"生活必需品消费"，另一个层面属于"非基本需要"或"非生活必需品消费"乃至"奢侈品消费"。一般来说，在现代社会里，"基本需要"或"生活必需品消费"这一较低的层面主要由非营利的"准市场"来提供，政府以社会政策和公共财政给予指导和支持；而"非基本需要"或"非生活必需品消费"这一更高的层面则由市场去供应，政府以经济政策进行调控。

以马斯洛（Abraham Maslow）的"需求层次论"来考量，社会权利涉及的是较低层面的基本生活需求。需求的层次越低，就越接近人的自然属性或动物本能。因此在这些方面老百姓几乎是没有退路的，这就需要政府和社会加以切实的保障。

因此，在社会领域中，与上述社会权利相对应，就有了基本生活保障（社会保险）和最低生活保障（社会救助）、基本医疗服务和医疗保险、义务教育、就业服务和失业保险等社会政策。

现行房地产政策批判。城市建设也是一样，住房社会政策和房地产市场应该是两个概念。政府应该以住房社会政策来满足公民在"居住权"和

---

① 卢政春：《工作权保障与劳工福利建构》，《东吴社会学报》2000 年第 9 期。

② 《中华人民共和国宪法》，《人民日报》2004 年 3 月 16 日。

③ 胡锦涛：《高举中国特色社会主义伟大旗帜　为夺取全面建设小康社会新胜利而奋斗》，人民出版社 2007 年版。

"资产形成权"方面的基本需要。遗憾的是，自从21世纪之初停止了"福利分房"之后，在很长一段时间内，我们只有房地产政策，根本就没有住房社会政策。所有在住房方面有需求的居民家庭，譬如原住房被拆的动迁户、子女长大需要增加住房面积的家庭和需要结婚用房的年轻人等，都被逼上了"华山一条道"，唯一的选择就是找"发展商"买房去。这就造成了房地产市场看起来拥挤不堪，住房需求无穷无尽的假象。在这里，经济学上的两个基本概念——需求和有效需求，它们之间的差异被有意无意地隐瞒起来。有需求但缺乏购买能力，于是就出现了"房奴"、"蚁族"等异常现象。

打个最简单的比方，解决吃饭问题，可以自己在家里做，也可以上餐厅酒楼乃至豪华大饭店，后者是用"市场"方式解决高层次的需要，前者则是满足基本需要。部分社会群体因为贫穷而食不果腹，政府就有责任出台相关的社会政策，保障他们的生存权。吃饭问题如此，住房问题何尝不是？如果房地产是解决住房问题的唯一选择，就好比不准老百姓在家里开伙，要吃饭必须上饭店，其结果可想而知。

住房社会政策与房地产政策的社会职能分工。现在国际上房地产价格飙升的城市不少，为什么都没有像中国这样激起普遍的民怨民愤呢？窃以为，经济领域中的房地产市场，应该主要是指城市中央商务区（商业楼宇、办公楼宇、宾馆酒店以及工业园区，等等）的建设以及与其相配套的生活设施，包括一部分中高档公寓乃至豪宅别墅。我们讲房地产市场的繁荣是一个城市经济发展的重要标志，主要指的是这一块。因为这一块如果很繁荣，价格节节攀升，就说明这个城市经济实力和发展潜力被看好，吸引投资的能力强。但是，这一块与普通市民的生活应该没有很直接的关系。

普通居民的住房问题应该主要由政府通过住房社会政策——也可以理解为"保障性住房"来解决。从理论上讲，每一个公民在其一生中应该有一次机会得到政府以成本价供应的住宅。同时，这套房子还应该有机会成为公民的私人财产。这就是政府满足公民居住权和资产形成权最基本的社会政策理念。

经济适用房应该是住房社会政策的重点。具体而言，中国的城市应该大力发展经济适用房。经济适用房如今不被公众看好，实际上是政策偏差造成的。这个政策概念以"经济"和"适用"来表述应该还是比较准确的。所谓经济，即大多数普通居民应该买得起，完全以成本来定价，进行非营利的"准市场运作"。所谓适用，即应该顾及居民的基本生活需要，方方面面都尽可能地考虑周到。

经济适用房应该还有一层意思，就是平价购买后应该在较短的时间内成为居民的私有财产，亦即使之拥有完全的处置权。现在的限制似乎太多，应该集中到"机会唯一"上。即居民一旦购买了经济适用房，政府在基本的住房权和资产形成权方面就已经尽到了职责。居民要进一步改善自己的居住条件，可以以市场价格出售经济适用房，再购买政府以政策调控的"两限房"；还想进一步改善，则上房地产市场，这就为居民作出了逐步改善住房条件的"阶梯式"的制度安排。如果居民家庭因种种原因"安于现状"，其基本需要还是能够得到满足。

多建廉租房不是好主意。近年来，"廉租房"建设被置于"保障性住房"政策的中心地位。其实，多建廉租房可能是一个政治陷阱。从城市管理的角度看，人为地将低收入群体聚集到一起居住，恐怕并非理智。

目前在发达国家，类似的政策早已"下课"。国际研究表明，因为"公共房屋"（即廉租房）建设时会刻意追求低造价，所以质量得不到保证；在分配给低收入家庭入住后，因为经济能力较弱，难以配备专业的物业管理机构进行管理。因此，房屋及设施设备很容易损坏乃至衰败。于是，这些"公共房屋"最后沦为"贫民区"的可能性很大。另外，城市的中心地块常用"寸土寸金"来形容，廉租房不可能在这里找到立锥之地，而往往是被规划在市区边缘的偏远地块，这对低收入阶层就业十分不利。即使在市区找到工作，也难免每天奔波劳顿。同时，在上下班高峰时间，一个人在路上待的越长，就越给交通添堵。目前在发达国家，类似的政策早已"下课"，而让位于更容易实施并且较少"后遗症"的住房补贴政策。

其实，如今中国城市中空置的旧房屋大量存在。政府完全可以通过半官方的或纯民间的非营利中介组织，利用城里空置的二手房，组织起"廉租房"市场。用优惠政策，譬如税收减免，鼓励业主将房屋租给低收入家庭，政府再以专项补贴的办法保证低收入家庭能如期交房租，这就可以基本上解决城市贫困家庭的住房问题。专门新建"廉租房"来做"政绩秀"，实在大可不必。

"经营城市"和经济泡沫。"经营城市"被一些地方领导奉为圣典，但这却是地方政府的最大误区。所谓经营城市，按农民的说法就是"经营农民"，其实质就是通过剥夺弱势群体来做"政绩秀"。当政府把大量资金都投向"城市建设"时，工薪阶层的收入分配却总是不得提高。从理论上说，政府的职责就是在社会领域提供公共服务和在经济领域进行宏观调控。如果引入"经营"的概念，就是将政府变为一个"无限公司"，利润最大化成为其追求的现实目标，这必然成为贪腐的温床。

近年来，又有一批"投资者"加入到城市经营中来，蜂拥而至的"炒房大军"将房价推得直线上升，一高再高。一时间，耗费了大量资源的住房建设，其目标已经不是为了居住，而成了一个可以被炒来炒去的"经济筹码"、"金融符号"。住房的使用价值被置诸脑后，但其市场价值却在不断翻高。是否可以这样理解，远离使用价值的市场价值就是经济泡沫。历史的经验告诉我们：几乎所有的经济危机都自房地产泡沫开始，警惕！

（原载《中共中央党校学报》2010 年第 1 期）

我国房地产高价的理论谬误
与制度缺陷

◇周　文*

近年来，伴随着住房制度的改革和经济的高速成长，我国的房地产业出现了引人注目的发展。不仅房地产的成交量出现大幅度增长，价格也出现了非常显著的上升。目前，我国一些大城市，如北京、上海、杭州等城市的房价已经相当于甚至高于美国中等城市的房价。我国大城市的房价收入比大大高于多数发达国家，给城市居民造成了十分沉重的负担。可为什么在民众普遍反对高房价，部分专家也认为房价过高，部分地方政府官员也试图控制房价的形势下，中国房地产的价格却不降反涨，而且涨势更为疯狂呢？笔者以为，中国高房价的根源在于房地产理论的认识谬误百出，导致了房地产市场制度设计的不合理，存在严重的制度缺陷。我国目前房地产理论谬误不矫正，房地产市场制度不改革，中国高房价是不可能出现向下调整，相反还会继续疯狂一段时间，最后由市场以严重危机的形式强制性调整。

一　我国房地产高价的理论谬误

任何社会行为总是有相应的理论观点为之论证或是辩护，高房价现象

---

* 周文，云南财经大学研究生部主任、教授。

也不例外。

需求理论的谬误。从需求上归纳目前中国高房价论的主要论点有：一是中国城市化进程加速发展，必然推高房价；二是刚性需求过旺推高房价；三是投机性需求的追逐推高房价。这三类观点构成了中国高房价必然性论证最为流行，也最具迷惑性的说辞。

首先，城市化进程论是最容易让社会丧失警惕的观点。因为中国社会的确正处于城市化的中期阶段，而且还将有一个较长时间的城市化过程。但是只要我们稍加细心就会发现，城市化始终是工业化的产物，从中国经济的产能结构看，中国经济的工业化总体水平早已经接近完成。目前中国工业化、的主要问题是地区的不平衡，长三角、珠三角、环渤海都已经工业化过剩，与之相应的是上述三地区的城市化过度，上述三地区的环境容量已经无法再承受疯狂的工业化和城市化。因此，中国工业化、城市化的方向已经进入一个环境友好、升级换代、东中西均衡发展、城乡统筹的新阶段。随着我国中西部工业化的快速崛起，统筹城乡事业的深化，地区与城乡之间的快速交通网的形成，依赖于中心城市的集聚式居住已经不再是居民的主要选择，相反更必将走向与自然环境相融的分散型居住形态。故中国的城市化未来不构成房价继续高企的动力。

其次，刚性需求和投机性需求理论误导了高房价。国内学者对房价形成机制研究的一个重要缺陷在于仅限于简单的供求分析。从供给的角度来看，开发商的成本高，所以房价高；从需求的角度看，消费者的需求强大，所以房价高。实际上，简单的供求分析只是"一个点"的分析。如果所谓的刚性需求必然推高相应产品的价格，那么水、盐、粮油更有理由构成刚性需求，显然以刚性需求解读高房价是根本站不住脚的。2009 年以来，美元持续贬值，中国也实行宽松的货币政策，于是投机性需求推高房价又构成了广泛的高房价支持论点。在通货膨胀严重的时期，不动产的确具有较强的资产保值功能，但有一点必须明确，有资产保值需求的主体一定是社会中高收入群体，这个群体是有多种投资选择渠道的。当大量需要住房的居民无力购房，不能形成有效买卖需求，大规模推高房价的资产保值投资行为又如何实现保值增值功能呢？况且，在目前的经济危机中，全球经济仍未全面复苏，中国根本没有发生通货膨胀，房价试图保值的行为很可能构成通货膨胀的巨大隐患。

房地产支柱产业理论存在谬误。2003 年以来，房地产支柱产业论逐步成为经济理论界的主流声音，甚至主张降低房价的政策研究者、各路专家学者也相继认同了房地产支柱产业论的观点。由于理论界、政府官员、政策研究者、企业界、舆论界等各方面的力量都认同了房地产国民经济支柱产业论，其结果就是实践上始终不敢下降房价，原因是作为国民经济支柱产业的房地产业一旦因为价格下调而萎缩，首先最大的后果是 GDP 的大幅度下降，引发严重的就业等社会问题，同时房地产的萎缩也会影响到地方的财政收入，甚至可能导致我国银行等金融机构庞大的呆坏账等。

显然，房地产是不是国民经济的支柱产业，如何识别确立国民经济的支柱产业，直接关系着中国房地产价格可不可以下调的重大理论判断。通常产业经济学从产业功能地位角度把国民经济产业结构分为先导产业、主导产业、支柱产业等。先导产业是指国民经济中的新兴产业，尽管在当前的国民经济中的比重不大，就业比重不高，财政贡献不大，但这类产业代表了未来生产力发展的方向，在不远的时期内一定会上升为国民经济的主导力量。例如 20 世纪 70 年代兴起的电子信息产业，目前正方兴未艾的新能源产业，以及各国都在加速发展的工业自动化和节能减排产业等，就是国民经济的先导产业。

主导产业是指技术发展已经成熟，规模化、标准化、普及化是这类产业的主要特点，主导产业在国民经济中的比重较大，市场充足，就业容量大，产业关联性强，税源稳定，技术发展稳步更新且可持续发展空间较大。最典型的国民经济主导产业如我国纺织、服装、家电、运输、餐饮等产业。

支柱产业在规模化方面与主导产业类似，但同时支柱产业在国民经济中的地位比主导产业更为突出，除了在税收贡献、就业容量、GDP 比重等方面作用突出外，支柱产业还有一个更为重要的功能，那就是支柱产业一定是国民经济中市场需求稳定可靠，技术含量高，具有为其他产业提供可持续的生产力进步的能力，且可随国民经济的需要不断更新技术，调整结构充分满足社会需求的产业。如钢铁、能源、电力、航空、装备制造、交通工具、铁路、建筑等产业。

国民经济先导产业、主导产业、支柱产业都有一个显著特点，就是可持续的社会需求与财富的再生性。显然，房地产业根本不具备国民经济支柱产业的功能，房地产业虽然在现有制度框架下对地方税收、产业带动方面有一定作用，但对国民经济的生产力水平提升没有任何明显作用，它对国民经济的可持续发展不具备促进功能。同时，由于土地供给的不可再生性，决定了房地产天然的具有地域垄断性，城市化和人口变动的趋弱性，决定了房地产市场社会居住需求总量的必然萎缩性，这一点根本无法同家电、服装、装备制造、电子信息等主导产业和支柱产业相提并论。房地产支柱产业论是极具欺骗性的，这种认识上的谬误严重妨碍干扰了我国房地产的制度设计和政策调整。发达国家的历史也表明，世界上没有任何一个大国经济是通过把房地产作为支柱产业而走向繁荣和强大的，相反，当一国的房地产业成为国家发展重点的时候，这个国家的经济很快就会走向衰落。

最典型的例子是15—16世纪的西班牙，其时西班牙由于哥伦布发现美洲拥有了大量海外殖民地，获得了巨额黄金，于是大量金银用于土地投机和购买金融债券，实体产业投资不足。而且政府带头购买外国商品，挤压民族产业，社会风气也是鄙视劳动，鼓吹投机，不愿意从事生产型事业。美国经济学家凡勃伦对其时的西班牙分析说："劳动是屈居下位的标志，是一个有地位、有身份的男子所不屑为的。"由于西班牙政府醉心于以房地产为核心的投机事业，在经历1557年、1575年、1597年数次破产后，国家很快走向了长期的衰落，这就是历史上著名的"西班牙陷阱"。1600年一位学者就分析道："西班牙已经衰败……财富并没有留在西班牙，因为它已经消失在空气里，留在文件、契约、赋税、汇票、货币及金银上。而货物则不同——后者可结出果实，吸收外部的财富以支柱国内的财富。"20世纪90年代的日本、1997年东南亚的金融风暴、2000年后的美国，都是政府不断释放金融信贷，推高房地产价格，从而导致了极为严重的经济后果的。

二 我国现行住房制度的严重缺陷性

从社会资源的流向、住房价格与居民收入比、城市住宅的实际空置率、围绕房地产所发生的各种贪腐事件、高房价引致的 GDP 泡沫化等现象看，我国房地产的现行制度具有严重的缺陷已经是确定无疑的。导致我国房地产价格失控性上涨的主要缺陷性制度如下：

（一）房地产商品的性质缺陷

我国现行房地产制度实际上是假定住房为普通商品来展开设计的。所谓普通商品，是指该类商品不直接影响居民日常生活，不会出现囤积居奇，哄抬物价的现象，商品价格完全由市场供求自由确定。如彩电、冰箱、服装等商品，居民可以任意拥有，政府无需进行特别调控。目前，我国现行房地产制度对房地产的商品属性就是建立在住房是普通商品这个基础上的，就是现行住房制度允许居民无限制地拥有多套住房，政府对住房价格不得干预。发达国家的经验和我国住房改革以来历史与现实都表明，住房不是普通商品，而是区域垄断型的民生产品，住房和粮食、水、盐、猪肉一样，直接关系居民的日常生活，住房极容易出现以少数人占有多套住房为形式的囤积居奇，不断哄抬房价。因此，要克服我国现在房地产市场中的一切乱象首先就要明确住房是区域垄断型民生产品这一正确的属性，只有准确定位了住房的商品性质，才可能下决心限制多套住房的拥有，进行相关的正确制度调整与设计。

（二）商品房预售制度缺陷

目前，直接影响政府下决心下调房价还有一个重要原因就是担心房地产的价格下降涉及银行信贷。房地产商与银行形成目前这种剪不断理还乱的关系根源，就在于缺陷严重的商品房预售制度。商品房预售就是房屋还没建成的情形下就开始销售住房，要知道目前居民购房绝大多数都必须按揭贷款，这就形成了开发商根本只需要少量资金，让项目达到预售要求就可以通过销售期房的方式获得大量的银行资金来完成后续的建设，这就把发放贷款的银行捆成了利益共同体，银行害怕呆坏账，也乐意一同鼓吹高房价。

（三）地方财政与名义 GDP 的土地依赖缺陷

由于房地产的土地区域垄断及不可再生性，国家土地收益主要由地方政府支配的现实状况，决定了地方政府全都热衷于土地价格不断上涨。据国研发课题组的一项调查，现在地方政府征来的土地基本上是这样分配的：30%—40%左右用作基础设施、道路、学校等公共目的；30%—40%左右用作工业用地；另外大约还有30%，就是商业和住宅用地，其中有一半要建经济适用房，因此，只有15%才是真正的商业用地和房地产。因此，地方政府要想从土地上获取利益，就必须拿占总数15%的商业用地，赚取大于另外85%的非营业性用地的成本才能有利润，在这样一种机制下，地方政府自然要拼命地炒高房地产的价格。

由于地价的上涨，导致开发商水涨船高更凶猛地追求暴利，高房价又反过来抬高地价，政府为追求更多的土地收益，也更放任房价的继续上涨。这样，凡是参与房地产市场的各个环节都同样相应地获得了丰厚的利益回报，房地产协会、房地产专家、房地产广告、房地产媒体、房地产规划、房地产管理部门等，一个庞大的追求泡沫经济利益群体形成了。这个群体垄断了土地，把持了资金，控制了媒体，掌握了话语权。总之，有关房地产未来和方向的策略几乎都被垄断了。房地产价格的上涨，直接导致地方名义 GDP 的计算虚高，依赖于房地产价格的 GDP 增长显然是泡沫幻觉，地方国民财富没有任何实质性的提升，因而近年我国罕见地出现了房地产价格大涨，国家 GDP 增长，但大量居民收入不涨反降的现象。

总之，在现行房地产市场制度下，房价是不可能出现主动性下调的，民众只能期待市场运行的自然破产。当然，房地产价格市场强制性下调之时，就是各地依赖于房地产的泡沫化 GDP 破裂之时，届时痛苦的经济衰退就将不可避免。

社会分层视角下的中国住房政策研究

◇王宏波　随雯茜[*]

一　问题的提出

从人们街头巷尾的热议到媒体持续不断的关注，住房已经成为一个重大的民生议题。2010年"两会"期间，住房作为十大热点问题之一，再次被推到舆论的风口浪尖。现实意义上，房价飞涨以及由此引发的社会公平问题成为民众议论的焦点：民众表达强烈的住房需求，希望政府通过出台政策调控房价；房地产商却呼吁由市场的供求关系来自动调节房价，维持一个自由的住房市场；而政府既要关注民生，控制房价，又要发展经济，推动房地产的繁荣。不同的利益群体有着不同的利益诉求。理论意义上，经济学更关注住房对经济发展的拉动，而社会学则更倾向于促进住房的公平分配，专家学者们也对住房问题的公平与效率问题各抒己见，争论不断。在不同的价值、规律支配下，住房问题该如何解决、政府的政策又该如何调整？

本文从社会分层的视角研究住房问题，一方面可以将社会公平贯穿在分析问题的过程中，了解不同收入、职业和体制内外的人们在住房分配中的状况；另一方面可以通过分析有的放矢地提出政策调整的建议，使解决问题的方案更具有层次感和针对性。因此，本文更多地从社会学角度分析

---

* 王宏波，西安交通大学社会工程研究中心主任、教授；随雯茜，西安交通大学人文学院研究生。

住房问题，政策建议也倾向于保障社会公平。

二　文献综述

（一）中国住房政策的发展过程

1949 年新中国成立之后，在相当长的计划经济时期，我国公共住房一直采取由国家统一分配的政策。20 世纪 80 年代，改革开放开始。随着经济政策的改革，在严重的城市住房短缺背景下，中国政府启动了城市住房改革。邓小平提出了出售公共住房、调整租金、个人买房建房的住房制度改革的总体构想，明确了住房商品化的道路。1994 年，国务院下发了《国务院关于深化城镇住房制度改革的决定》，加快住房建设，并全面推行住房公积金制度，稳步出售公有住房，加快经济适用住房的开发建设。1998年，国务院发布了《关于进一步深化住房制度改革及加快住房建设的通知》，明确停止了住房实物分配，中国住房政策完成了从配给制向非配给制转变和从非商品性向商品化、社会化的转变（李文魁，2009；武可，2010；张清勇，2008）。

（二）中国住房政策研究

国内关于中国住房政策的研究有很多，涉及经济学、管理学、社会学、心理学等各个领域，研究的群体和地域十分广泛，以定性研究为主，定量研究则集中在特定的研究内容上。

定性研究包括以下方面：（1）在特定的理论框架下研究中国住房政策。比如，从社会排斥理论的角度出发研究住房政策给弱势群体带来的社会隔离和排斥。社会排斥理论主要研究社会弱势群体如何在劳动力市场以及社会保障系统受到主流社会的排挤，而日益成为孤独、无援的群体，并且这种状况如何通过社会的"再造"而累积和传递（李斌，2002；徐琴，2008）。（2）研究住房政策对某一特定群体（比如农民工、低收入群体）的影响。这些研究大都关注在社会中处于相对弱势的群体对于住房的需求以及住房政策应怎样针对这些群体采取相应的改善措施（丁富军、李萍，2010；丁明慧，2009）。（3）研究我国住房政策中的某项具体政策，比如经济适用房政策、保障性租赁住房政策等（李培，2008；李晶，2008）。（4）研究国外的住房政策并总结出对中国住房政策改革有利的经验和启示（张祚、李江风、李治，2009；刘玉亭、何深静、吴缚龙，2007；李娟霞，2008）。

定量研究多集中在住房分层状况、影响住房分层的因素等方面（边燕杰、刘勇利，2005；浩春杏，2007；李强，2009；曹洋，2009；郑思齐、曹洋，2009）。比如，边燕杰等（边燕杰、刘勇利，2005）发现，在住房质量和面积方面，专业精英在市场体制中得到利益，管理精英则在再分配体制和市场体制中继续和更多地得到利益的满足，这支持了"权力维续论"的观点。李强（2009）则指出，住房成为表现社会分化的重要载体。由于城市级差地租和房地产价格对于住房群体的筛选，不同经济水平的人群被配置进了不同档次的住房，而不同经济层次的住房在区域上也逐渐分开，有人将此称为城市的"区隔"现象，这更强化了社会分化的外显特征。

本文将在已有研究的基础上，从社会分层的视角，把定量研究与定性研究结合起来，使研究更加丰富。通过定量研究的方法，可以将理论和现实联系在一起，使研究得到现实数据的支持；通过定性研究的方法，可以在定量分析结果的基础上，有针对性地提出更深入的政策建议。

三　研究假设

计划经济时期，住房是福利分配的重要内容。在住房实物分配的形势下，由于资源的匮乏，住房资源由组织掌管并分配。因此，拥有较高行政级别等制度资源的人就能分到面积较大、环境较好的住房。并且，住房由单位或当地的房管部门来分配，所以单位的好坏很大程度上影响着职工的住房状况和住房质量（边燕杰、刘勇利，2005）。总而言之，拥有较多制度资源的社会阶层，在住房方面也自然享有特权，可以分到面积大、环境好的住房。随着住房政策的改革，住房逐渐成为可以流通的商品。在市场中，供求关系等市场因素决定着商品的价格进而影响商品的分配。在住房货币分配的制度下，有着较好职业、较高收入的货币资本丰富的人就能购买到面积较大、环境较好的住房。两种住房制度的分配逻辑是截然不同的，对于哪种因素在当今住房分配中占据主导地位，专家和学者各执一词，并分别支持"市场转型论"和"权力维续论"等（边燕杰、刘勇利，2005）。本文认为，由于改革并不是一蹴而就的，因此两种分配逻辑在当今中国都发挥着作用，并且伴随着改革的深入，市场因素已经在住房分配中起主导作用。根据韦伯三位一体的社会分层模式，权力、声望、财富都是社会分层的标准，因此本文认为，不管是制度资源充足还是货币资本丰富的人，都应视为社会地位较高的人。因此，本文的研究假设是：社会地位越高的人拥有越多的住房资源或住房福利。

从不同的分层标准来看，市场因素中可以用收入和职业是否技术精英来划分，制度因素中可以用职业是否管理精英和单位体制内外来划分。住房资源或住房福利主要包括住房面积、住房套数、有无产权和产权归属等。因此，本文有以下研究推论：

推论1：收入越高者拥有更大的住房面积、更多套房产、更倾向拥有产权、更倾向产权归自己或配偶所有。

推论2：技术精英相比非精英拥有更大的住房面积、更多套房产、更倾向拥有产权、更倾向产权归自己或配偶所有。

推论3：管理精英相比非精英拥有更大的住房面积、更多套房产、更倾向拥有产权、更倾向产权归自己或配偶所有。

推论4：体制内工作者相比体制外工作者拥有更大的住房面积、更多套房产、更倾向拥有产权、更倾向产权归自己或配偶所有。

四 数据选择与分析

（一）数据来源

本文的研究数据来自于香港科技大学调查研究中心和中国人民大学社会学系共同主持的2005年全国城乡居民生活综合研究（CGSS2005）。由于中国存在二元格局，而本文讨论的住房政策仅适用于城市，因此只将居住地在城市的样本作为研究对象，最后共得到有效样本6098个。

(二) 变量选择

因变量包括：（1）住房面积。包括现住房和其他房产的建筑面积总和。（2）房产套数。与住房面积不同，房产套数反映的是除居住之外的住房拥有情况，与当前投资房地产的现状相照应。其中除现住房之外无其他房产赋值为0，其他赋值为1。（3）是否拥有产权。其中自有私房、已购房（有限、部分和居住产权）和已购房（全部产权）均视为有产权，赋值为1，其他赋值为0。（4）产权归属。产权归属反映了核心家庭拥有房产的状况。其中产权归属自己、配偶或者夫妻双方共有视为归属自己或配偶，赋值为1，其他赋值为0。

自变量包括制度因素和市场因素。制度因素：（1）是否管理精英。这是反映拥有制度资源大小的重要指标，用问卷中"您目前（失业或退休前）的主要职业"一题来界定，其中中央及地方各级党委负责人、政协负责人、人民法院负责人、行政机关负责人、人民团体负责人、群众自治组织负责人、教育单位负责人、企业负责人、中级干部、一般机关干部和企业中层领导赋值为1，其他赋值为0。（2）单位性质。单位性质对于研究市场转型是一个非常重要的因素。用问卷中"您单位或公司所属性质"一题来界定，其中党政机关、国有企业、国有事业、集体企事业为体制内单位，赋值为1，其他赋值为0。市场因素：（3）是否技术精英。用问卷中"您的技术职称是"来界定，其中无职称为0，其他赋值为1。（4）个人全年总收入。年收入相比月收入较为稳定，更能反映一个人的货币资本。（5）家庭全年总收入。可以通过与个人年收入的比较，判断哪个指标对住房影响较大。

控制变量包括：（1）年龄。年龄是当代经济社会分层的重要控制变量。（2）性别。中国长久以来处于"男尊女卑"的男权社会，因此性别也是控制社会分层的重要变量。（3）户籍。中国的户籍存在二元壁垒，不论是享受住房福利还是购买住房能力方面，农村和城市居民都相差很大。（4）婚姻状况。核心家庭是现代城市的主要家庭形式，通常人们在婚前选择与父母同住，婚后与配偶单独组建新家庭。（5）家庭规模。家庭规模大小直接决定了所需住房面积的大小等。（6）建房年代。根据中国住房政策的调整，1979年之前住房完全是福利分配，而且人均面积较小；1979—1996年，住房政策不断改革；1996年之后，住房政策逐步进入了完全商品化的阶段，获得住房的方式和住房面积、质量等都有很大改变。

表1　　　　　　　　　　　　变量描述统计及说明

	变量	样本量	平均值	标准差	性质	说明
因变量	住房面积	5734	87.02	66.40	定距	
	住房套数	4959	0.08	0.28	定类	一套房 =0　多套房 =1
	有无产权	6098	0.76	0.43	定类	无产权 =0　有产权 =1
	产权归属	6098	0.74	0.44	定类	归其他人所有 =0　归自己或配偶所有 =1
自变量	职业（是否管理精英）	6098	0.05	0.22	定类	非管理精英 =0　管理精英 =1
	单位性质	5326	0.68	0.47	定类	体制外单位 =0　体制内单位 =1
	职业（是否技术精英）	6098	0.37	0.48	定类	非技术精英 =0　技术精英 =1
	个人全年总收入	5532	1.26	1.53	定距	
	家庭全年总收入	5665	2.78	4.57	定距	
控制变量	年龄	6098	44.68	15.45	定距	
	性别	6098	1.53	0.50	定类	男 =1　女 =2
	户籍	6098	0.91	0.29	定类	农业户口 =0　城镇户口 =1
	婚姻状况	6097	0.88	0.33	定类	未婚 =0　已婚 =1
	家庭规模	6098	3.47	1.65	定距	
	建房年代	5423	2.12	0.68	定序	1979 年之前 =1　1979—1996 年 =2　1996 年以后 =3

（三）模型选择

本文使用多元线性回归和二元逻辑回归两种分析方法以及嵌套模型，首先将控制变量放入模型中，之后依次加入制度因素和市场因素，通过嵌套模型解释力的变化来分析各种因素对城市居民住房状况的影响。

对住房面积进行多元线性回归分析，模型为：

$$Y_1 = \beta_0 + \sum_{i=1}^{k} \beta_i X_i + \varepsilon$$

其中 X_i 表示自变量和控制变量，ε 表示随机误差项。

对房产套数、有无产权和产权归属进行多元逻辑回归分析，模型为：

$$Logit(Y) = a + \sum_{i}^{k}\beta_i X_i + u$$

其中 α、b 是回归系数，表示当其他自变量取值不变时，该自变量取值增加一个单位引起比数（OR）自然对数值的变化量。对回归系数的具体解释，则主要通过对每个自变量的发生比［oddratio，数学表达式为 Exp（Bi）］的考察，来确定自变量每一个单位的变化引起发生比的变化。u 为随机误差项。

（四）数据分析与解释

表2　　　　　　　　　　　住房面积的多元线性回归结果

变量名		模型一	模型二	模型三
		B（sig.）	B（sig.）	B（sig.）
控制变量	年龄	-0.297 ***	-0.275 ***	-0.205 ***
	性别（男）	-3.039 *	-2.458	-0.573
	户籍（农业户口）	-26.00 ***	-22.91 ***	-26.58 ***
	婚姻状况（未婚）	5.384 *	8.096 **	13.25 ***
	家庭规模	6.185 ***	5.623 ***	5.530 ***
建房年代	1979—1996 年	21.34 ***	24.18 ***	23.46 ***
	1996 年之后	41.83 ***	43.95 ***	43.38 ***
制度因素	职业（非管理精英）		16.22 ***	12.69 ***
	单位性质（体制外）		-10.01 ***	-8.987 ***
市场因素	职业（非技术精英）			0.198
	个人全年总收入			1.874 ***
	家庭全年总收入			1.948 ***
截距项		75.35 ***	73.77 ***	60.19 ***
R－squared		0.102	0.116	0.147
样本量		5237	4636	4253

注："＊"、"＊＊"和"＊＊＊"分别表示显著性水平 $p < 0.1$、$p < 0.05$、$p < 0.01$。

住房面积多元线性回归的三个模型均通过了显著性检验。从模型整体拟合度来看，第一个模型只加入控制变量时，拟合度为10.2%；第二个模型加入制度因素后拟合度提高到11.6%；第三个模型又加入了市场因素，模型拟合度达到14.7%，得到了显著提高。在第三个模型中，职业（是否管理精英）、单位性质、个人全年总收入、家庭全年总收入变量均通过了显著性检验，而职业（是否技术精英）没有通过检验。管理精英相比非管理精英的住房面积平均大12.69平方米；个人年收入每增加1个单位，住房面积增加1.874个单位；家庭年收入每增加1个单位，住房面积增加1.948个单位。这分别验证了推论3和推论1。但是模型结果显示，体制内单位的人相比体制外单位的人，住房面积平均小8.987平方米，这与推论4相反。

表3　　　　　　　　　　　**房产套数的二元逻辑回归结果**

变量名		模型一		模型二		模型三	
		B	Exp(B)	B	Exp(B)	B	Exp(B)
控制变量	年龄	-0.00428	0.9957	-0.00626	0.9938	-0.00471	0.9953
	性别（男）	-0.0238	0.9764	0.0154	1.016	0.186	1.205
	户籍（农业户口）	-0.503 ***	0.6045	-0.352 *	0.7032	-0.334	0.7157
	婚姻状况（未婚）	-0.0956	0.9088	0.0702	1.073	0.154	1.166
	家庭规模	0.0698 ***	1.072	0.0644 ***	1.067	0.0937 ***	1.098
制度因素	职业（非管理精英）			0.672 ***	1.958	0.517 ***	1.676
	单位性质（体制外）			-0.184	0.8319	-0.087	0.9167
市场因素	职业（非技术精英）					0.216	1.241
	个人全年总收入					0.141 ***	1.151
	家庭全年总收入					0.0249 ***	1.025
截距项		-1.900 ***		-2.028 ***		-2.826 ***	
-2Loglikelihood		2832.8002		2428.3048		2093.0132	
样本量		4958		4295		3857	

注："*"、"**"和"***"分别表示显著性水平 p<0.1、p<0.05、p<0.01。

　　住房套数的二元逻辑回归的三个模型都通过了显著性检验。第一个模

型的 -2LL 值为 2832.8002，加入制度因素后降低为 2428.3048，加入市场因素后降低为 2093.0132，模型拟合度得到很大提高。职业（是否管理精英）、个人全年总收入、家庭全年总收入变量通过了显著性检验，而单位性质、职业（是否技术精英）没有通过检验。管理精英拥有多套房的概率发生比是非管理精英的 1.676 倍；个人年收入每提高 1 个单位，拥有多套房的概率发生比提高 15.1%；家庭年收入每提高 1 个单位，拥有多套房的概率发生比提高 2.5%。这分别验证了推论 3 和推论 1。

表4 有无产权的二元逻辑回归结果

变量名		模型一		模型二		模型三	
		B	Exp(B)	B	Exp(B)	B	Exp(B)
控制变量	年龄	0.0213 ***	1.022	0.0164 ***	1.017	0.0170 ***	1.017
	性别（男）	0.151 **	1.163	0.111	1.117	0.0939	1.098
	户籍（农业户口）	1.587 ***	4.889	1.599 ***	4.949	1.601 ***	4.956
	婚姻状况（未婚）	0.299 **	1.348	0.656 ***	1.928	0.618 ***	1.855
	家庭规模	0.127 ***	1.135	0.105 ***	1.111	0.109 ***	1.115
建房年代	1979—1996 年	1.111 ***	3.039	1.251 ***	3.494	1.231 ***	3.426
	1996 年之后	1.550 ***	4.714	1.662 ***	5.271	1.631 ***	5.11
制度因素	职业（非管理精英）			0.650 ***	1.916	0.664 ***	1.943
	单位性质（体制外）			0.334 ***	1.397	0.299 ***	1.348
市场因素	职业（非技术精英）					0.0506	1.052
	个人全年总收入					-0.0934 ***	0.911
	家庭全年总收入					0.0388 **	1.04
截距项		-2.736 ***		-3.211 ***		-3.153 ***	
-2Loglikelihood		4941.0706		4359.077		3973.5276	
样本量		5422		4779		4365	

注："*"、"**"和"***"分别表示显著性水平 $p < 0.1$、$p < 0.05$、$p < 0.01$。

有无产权的二元逻辑回归的三个模型都通过了显著性检验。第一个模型的 -2LL 值为 4941.0706，加入制度因素后降低为 4359.077，加入市场因素后降低为3973.5276，模型拟合度得到很大提高。职业（是否管理精英）、单位性质、个人全年总收入、家庭全年总收入变量通过了显著性检验，而职业（是否技术精英）没有通过检验。管理精英拥有产权的概率发生比是非管理精英的1.943倍；体制内单位的人拥有产权的概率发生比是体制外单位的人的1.348倍；家庭年收入每提高1个单位，拥有产权的概率发生比提高4.0%。这分别验证了推论3、推论4和推论1。但是值得思考的是，结果显示个人年收入每提高1个单位，拥有产权的概率发生比反而降低了8.9%。对于有无住房产权而言，家庭年收入比个人年收入更有解释力。

表5　　　　　　　　　　　　产权归属的二元逻辑回归结果

变量名		模型一		模型二		模型三	
		B	Exp（B）	B	Exp（B）	B	Exp（B）
控制变量	年龄	0.0255 ***	1.026	0.0287 ***	1.029	0.0322 ***	1.033
	性别（男）	− 0.0939	0.9103	− 0.0238	0.9765	0.0567	1.058
	户籍（农业户口）	− 0.117	0.8896	− 0.577 ***	0.5614	− 0.783 ***	0.4572
	婚姻状况（未婚）	2.211 ***	9.127	1.836 ***	6.270	1.869 ***	6.481
	家庭规模	− 0.187 ***	0.8292	− 0.194 ***	0.8239	− 0.187 ***	0.8291
建房年代	1979—1996 年	0.431 ***	1.538	0.457 ***	1.579	0.464 ***	1.591
	1996 年之后	0.454 ***	1.575	0.514 ***	1.673	0.582 ***	1.790
制度因素	职业（非管理精英）			0.323 *	1.381	0.276	1.318
	单位性质（体制外）			− 0.0186	0.9815	− 0.0234	0.9769
市场因素	职业（非技术精英）					0.0421	1.043
	个人全年总收入					0.146 ***	1.157
	家庭全年总收入					− 0.0265 ***	0.9739
截距项		− 1.434 ***		− 0.783 ***		− 0.975 ***	
− 2loglikelihood		5096.6056		4450.6404		3997.8494	
样本量		5422		4779		4365	

注："﹡"、"﹡﹡"和"﹡﹡﹡"分别表示显著性水平 p＜0.1、p＜0.05、p＜0.01。

产权归属的二元逻辑回归的三个模型都通过了显著性检验。第一个模型的 –2LL 值为 5096.6056，加入制度因素后降低为 4450.6404，加入市场因素后降低为 3997.8494，模型拟合度得到很大提高。个人全年总收入、家庭全年总收入变量通过了显著性检验，而职业（是否管理精英）、单位性质、职业（是否技术精英）没有通过检验。个人年收入每提高 1 个单位，自己或配偶拥有产权的概率发生比提高 15.7%，验证了推论 1。但是家庭年收入每提高 1 个单位，自己或配偶拥有产权的概率发生比反而降低 2.6%。家庭年收入与个人年收入的相反结果是由于对家庭年收入越高的人而言，收入的主要来源有可能是家庭的父辈、子辈等其他成员，因此产权也更可能归属这些人。

五 研究结论与政策建议

（一）研究结论

随着住房政策逐步发展为以商品房为主、以社会保障性住房为辅，房屋作为市场中流通的商品，价格一路攀升。与计划经济时期的组织分配住房不同，在市场经济中，住房分配的逻辑是商品买卖。在这种情况下，收入或者说拥有的货币资本显然成为决定住房的主要因素，逐步或者说在某种程度上已经取代了制度资本发挥的作用。研究结果发现，管理精英相比非管理精英拥有更大的住房面积、更可能拥有多套房、更可能拥有房屋产权，体制内工作者仅比体制外工作者在拥有房屋产权方面更占优势，而高收入者在各个方面都处于优势地位，拥有更大的住房面积、更可能拥有多套房、更可能拥有房屋产权、更可能产权归自己或配偶所有。也就是说，收入成为进一步分化人们住房状况的依据。

然而，收入本身就是社会分层的一个重要标准。并且，改革开放之后，伴随着人们经济水平普遍提高的是，人们收入差距的逐渐扩大。做大蛋糕的同时，却无法保证蛋糕能够分配到每一个人，或者说大致平均分给每一个人，这就是常常会面临的公平与效率的矛盾。国家统计局的数据显示，自 2000 年开始，我国的基尼系数已越过 0.4 的警戒线，并逐年上升，

2006 年则升至 0.496。贫富差距的扩大，直接决定了人们对住房购买能力差距的拉大，而现实生活中房价的不断上升，特别是一些特大城市（如北京、上海）的超高房价，更加剧了这一矛盾。

表6　　　　　　　　　1997—2009 年全国商品住宅平均销售价格和销售面积

年份	住宅价格（元）	同比增长（%）	住宅销售面积（万平方米）	同比增长（%）
1997	1790		7864.30	
1998	1854	3.58	10827.10	37.67
1999	1857	0.16	12997.87	20.05
2000	1948	4.90	16570.28	27.48
2001	2017	3.54	19938.75	20.33
2002	2092	3.72	23702.31	18.88
2003	2197	5.02	29778.85	25.64
2004	2608	18.71	33819.89	13.57
2005	2937	12.62	49587.83	46.62
2006	3119	6.20	55422.95	11.77
2007	3645	16.86	70135.88	26.55
2008	3576	-1.89	59280.35	-15.48
2009	4459	24.69	86184.89	45.39

衣食住行是人们生活的基本需求，住房作为当前人们面临的主要难题之一，应当受到更多的关注。既然高房价和贫富差距是影响人们享受住房的主要因素，那么宏观地看，控制房价和提高居民收入是当务之急。国家"十二五"规划中已经明确提出了"富民"任务，致力于提高城乡居民生活水平、深入改革收入分配制度、完善社会保障体系，使发展成果惠及全体人民。同时我们也应该看到，商品房有其自身的价格规律，虽然通过国家的控制，可以避免房价过快增长，但是房价不可能跌落到人人有能力购买的限度；虽然通过国家的经济发展和大力扶持，人们的生活水平都会不断提高，但也难以完全消除贫富差距。因此，住房政策改革的思路应当更加多层次化：综合各种规律，既要控制房价，也不能阻碍房地产业的健康发展；整合各方价值，针对不同收入阶层制定不同的住房政策，使商品房

和保障性住房互相补充、相辅相成。

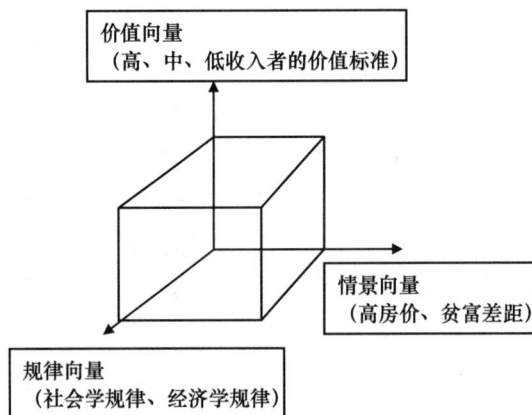

图1　住房政策问题的社会工程思维要素

（二）政策建议

首先，提高居民的生活水平，加大收入分配的改革力度，保障和改善民生。改善城乡居民的生活水平是促进社会公平正义的坚实基础，是满足人们住房以及其他民生需求的有力保证。"十二五"规划中提出了"提高居民收入在国民收入中的比重，提高劳动者报酬在初次分配中的比重"，正是体现了国家希望将"做大的蛋糕"分好的意愿。通过提高居民的收入，不仅能够让人们更好地享受物质、精神生活，而且能提高人们的购买力，进一步促进国民经济的发展，形成良性循环。通过缩小贫富差距，可以减少低收入者们的"被剥削感"，增进社会的和谐。这是解决住房问题的大环境，是调整具体住房政策的基石。

其次，抑制住房投资、投机行为，保证住房的有效供应，促进房地产业的健康发展。由于国际投资环境的恶化和投资项目的匮乏，不少投资者将目光转向了房地产市场。住房作为不动产本身具有保值性和增值性，加上国内市场对住房的大量需求，使得投资住房市场前景非常可观。虽然住房是市场流通的一种商品，但是住房首先具有居住的属性，因此国家应该在扶持房地产业健康发展的同时，打击其中投资、投机的行为，保证住房的有效供应，控制房价的合理增长。毕竟，房地产政策是整个住房政策的一部分，政策是具有公共属性的，不能只顾效率而忽视公平。

再次，针对各种收入群体制定不同的住房政策，明确政策对象和目标，发挥商品房与保障性住房的互补优势。通过住房单价月收入比的计算和研究（黄顺英，2009），发现只有占总数40%的中高收入者、高收入者、最高收入者对住房有完全的购买能力，而占总数10%的最低收入者完全不具备购买能力，其他50%的收入者具有部分购买能力。因此，中高收入者及以上可以通过市场购买商品房，而国家对于中低收入者则应大力提供两限房和经济适用房等。通过对经济适用房计算住房单价月收入比发现（黄顺英，2009），占总数10%的最低收入户对经济适用房购买能力仍然不足，对这些人群应更多提供廉租房和租赁型经适房。通过商品房和保障性住房政策的结合，住房政策就能全面覆盖各种收入群体，并且发挥有效的作用。

10%	10%	20%	20%	20%	10%	10%
5%困难户						
最低收入户	低收入户	中低收入户	中等收入户	中高收入户	高收入户	最高收入户
经济适用房＋租赁型经适房＋廉租房	商品房＋经济适用房＋两限房		商品房			
廉租房、租赁型经适房	商品房					
经济适用房、两限房						

图2 不同收入群体的住房政策配置

最后，加强保障性住房建设，丰富细化保障性住房的供应层次，严格控制保障性住房的准入资格。"十二五"已经将加快保障性住房建设纳入规划，拟定两年内建成1300万套保障性住房。在加大建设力度的基础上，保障性住房的供应形式也应当更加多样化，包括经济适用房、租赁型经适房、廉租房以及其他新的形式，使不同收入群体都能从中获益，实现"居者有其屋"。并且根据近年的媒体报道，社会上存在鱼目混珠的现象，影响了保障性住房的公平合理供给。因此，国家和地方政府在加大保障性住房供应的同时，也要严格把关，将保障性住房提供给切实需要的人。

参考文献

[1] 朱亚鹏：《国外中国住房政策研究：述评与启示》，《学术研究》2006 年第 7 期。

[2] 李斌：《社会排斥理论与中国城市住房改革制度》，《社会科学研究》2002 年第 3 期。

[3] 武可：《我国公共住房政策历史及现状》，《商业经济》2010 年第 3 期。

[4] 陈胜：《试析西方住房市场中的国家干预——一项社会学的考察》，《中山大学学报》（社会科学版）2007 年第 4 期。

[5] 李文魁：《中国住房政策研究：文献综述》，《云南财经大学学报》（社会科学版）2009 年第 3 期。

[6] 张清勇：《住房、住房问题与住房政策：一个综述》，《财贸经济》2008 年第 1 期。

[7] 边燕杰、刘勇利：《社会分层、住房产权与居住质量——对中国"五普"数据的分析》，《社会学研究》2005 年第 3 期。

[8] 李娟霞：《新加坡公共住房政策对我国的启示》，《公共行政》2008 年第 7 期。

[9] 刘玉亭、何深静、吴缚龙：《英国的住房体系和住房政策》，《城市规划》2007 年第 9 期。

[10] 李强：《转型时期城市"住房地位群体"》，《江苏社会科学》2009 年第 4 期。

[11] 丁富军、吕萍：《转型时期的农民工住房问题——一种政策过程的视角》，《公共管理学报》2010 年第 1 期。

[12] 丁明慧：《我国城镇低收入家庭住房政策》，《改革与开放》2009 年第 20 期。

[13] 李培：《中国经济适用房政策运行的特征分析》，《财经研究》2008 年第 12 期。

[14] 李晶：《完善保障性租赁住房政策的必要性研究》，《城市规划》2008 年第 5 期。

[15] 黄顺英：《我国居民住房支付能力与住房问题研究》，《建筑经济》2009 年第 10 期。

房地产税改革的若干问题思考
——从重庆、上海改革说起

◇汤贡亮　汪　昊[*]

从 2011 年 1 月 28 日起，重庆市和上海市同时启动了对部分个人住房征收房产税的改革。房产税改革在长久的雷声之后，终于落下了雨滴。但是围绕着中国房地产税改革的讨论不仅没有因为改革的实施而减弱，反而更加热烈。本文拟对我国房产税改革的一些问题发表自己的看法。

一　房地产税改革势在必行

房地产税属于财产税，是对社会财富存量的课税，具有调节财富差距的功能。各国的房地产税都是地方税收，并且在多数国家是地方的主体税种，是地方财政收入的主要来源之一。

我国现行房产税制度的基本法规是 1986 年 9 月 15 日国务院发布的《房产税暂行条例》，至今已 24 年多了，期间既没有进行修改，也没有通过全国人大上升为法律。特别是现行房产税对个人居住房屋免税，按照房产原值减除一定比例后的余值计税，不符合财产税的基本特征。这不仅使现行房产税筹集财政收入的规模有限，难以成为地方的主体税种，也使我国房地产保有环节缺乏税收调节，不能发挥税收对社会财富的分配职能。

---

* 汤贡亮，中央财经大学税务学院院长、教授；汪昊，中央财经大学教授。

为了进一步理顺中央与地方财政的关系，完善地方税收体系，发挥税收对收入差距和财富悬殊的调节功能，解决土地财政的困局，推进我国税制结构的优化，促进服务型政府建设，改革我国现行房地产税制势在必行。

二　房地产税改革应遵循的基本原则

（一）税收法定原则

税收法定原则是税法至为重要的基本原则，是政府行使征税权和纳税人承担纳税义务的依据所在。房地产税是对私人财产的无偿分割，是税收法律体系中的一个重要税种，必须由立法机关通过制定法律的形式开征，才能使其税制要素的确定合法化和规范化，使房地产税的征收管理更加公平、有效、严密和有序。

按照税收法定原则和国际上的惯例，税种开征和税制要素的确定一般是由《宪法》、《税收基本法》（《税法通则》）、各税种法、地方税法等法律加以规定。由于房地产税属于地方税收，不少国家在中央立法确定的税制框架内，由地方立法机关对其税制要素予以具体化，并根据地方财政的需要进行适当调整。

按照我国《立法法》的规定，有关税收基本制度方面的事项属于法律保留的范围，只能制定法律，而法律的制定权限在全国人大及其常委会。为改变我国绝大多数税种由国务院制定税收条例的状况，目前全国人大正在有计划地逐步将税收条例上升为税收法律。我国现行税收立法体制的另一个重要特点是，所有税种的立法和政策制定权限都在中央，地方几乎没有税政管理权，仅在城市维护建设税、房产税、车船税等少数地方税中，规定了省级政府可以制定实施细则。因此，尽管房地产税属于地方税，但在目前的税收管理体制下，即使地方试点开征，也必须由中央出台改革方案或由中央予以授权。

2003年10月，党的十六届三中全会通过的《决定》明确指出："在统一税政的前提下，赋予地方适当的税政管理权。"2010年10月，党的十七届五中全会关于制定"十二五"规划的建议中再一次提出"赋予地方适当税政管理权限"。为了落实中央关于赋予地方税政管理权限的意见，改革和完善分税制财政体制，正确处理中央与地方的税收关系，有必要改革现行高度集中的税收管理体制，赋予和保障地方适当的税权。从法理上说，最理想的立法路径是，由全国人大制定《税收基本法》（《税法通则》），明确和合理划分各税种的开征、调整和废止权限，赋予省级地方政权适当的税政管理权限，使中央与地方税收关系法律化、分权化和规范化。

考虑到在现行条件下，很快制定《税收基本法》（《税法通则》）尚有困难，为使房地产税改革符合法治要求，并以此为契机，有效推动我国税收立法体制的改革和完善，我们建议可采取如下两种方案：

第一种方案是由全国人大常委会作出授权地方试点开征房地产税的决定。因为即使通过修改现行房产税条例的形式，但由于试点开征的房地产税在征税范围、计税依据等税制要素上，是对现行房产税的根本性改造，实质上是开征了一个新的税种。为使房地产税试点具有足够的合法性，由全国人大常委会作出授权决定是必要的，也是最为合适的途径。

第二种方案是由国务院作出授权地方试点开征的决定。如果目前尚不能由全国人大常委会作出授权决定，考虑到房地产税改革采取修改现行房产税条例并由部分地方试点的形式，为使房地产税改革具有一定的灵活性，也可以由国务院作出授权决定。

无论采取上述哪种方案，房地产税试点开征的授权决定都应当是正式的，都应当由全国人大常委会或国务院直接发布，不能由国务院财税主管部门或试点地方的人大或政府来发布，后者只能就征收管理中操作层面的问题予以细化。授权决定应当对房地产税的征税范围、计税依据、税率、减免税等作出原则性规定，不能采取空白授权的形式，将税制要素的确定权完全交给地方，以利于房地产税改革的统一性、公平性和稳妥性。

房地产税改革涉及千家万户的利益，必须保障纳税人的知情权、参与权和表达权。为此，我们建议无论是中央制定授权决定还是地方制定具体实施方案，都应当通过召开座谈会、听证会、公示法规草案等形式，广泛征求社会各界意见，以使房地产税开征更加符合民意，改革方案更加科学、公平、透明和合理。

（二）税收公平原则

房地产税的开征不仅需要遵照法律程序，其税制要素的设计也应当科学、公平和严密，这样才能更好地发挥其筹集财政收入和调节财富分配的功能，才能便于其征收管理，提高征纳双方的遵从度，真正体现社会公平。

按照税收公平原则，在起草房地产税改革的相关法规中，应当全面、科学、规范地设计房地产税各税制要素。房地产税是向房屋土地产权所有人征收的一种财产税，是以纳税人一定时期内的静态房地产为课税对象而征收的一种静态财产税，为体现课税公平，应当对"存量"与"增量"房地产统一征税。由于目前对房地产的产权信息尚未完全掌握，房地产的评估力量有限，当前开征房地产税也需要发挥其一定的抑制房地产投机的功能，征税对象宜限制在居住房地产总量的10%以内，主要是对别墅等高档房屋、多套房屋、人均居住面积超过一定标准的房地产征收，应当明确规定一套住房或人均面积一定限额以下的房屋免税。

在税率的确定上，目前应限制在1%以内。房地产评估应当由具备法定资质的评估机构实施，评估方法应当科学可行，要保证纳税人对评估决定的异议权和救济权。

房地产税改革是一个系统工程，应当在整个税制改革的总体框架中予以定位。我国目前的法定税负和实际税负已经不低，而房地产税改革会在一定程度上加重纳税人的税收负担。为保持我国宏观税负的合理性，体现结构性减税的要求，房地产税改革需要统筹考虑相关税种的改革，特别是与城镇土地使用税、土地增值税、耕地占用税的整合和归并，以进一步优化税制。由于我国现行对房地产征收的财产税分别设置了房产税和城镇土地使用税两个税种，考虑到房地产作为不动产的统一性，在改革时应当将两个税种合并为统一的房地产税。与此同时，应当加快个人所得税改革步伐，适当降低中低收入者工薪所得税负担，适当控制土地出让金的收入规模，清理相关收费，以保证纳税人的税收负担总体上不增加。

目前，社会上对房地产税改革议论颇多，为正确引导公众意见，房地产税改革也宜有一个路线图，给纳税人以科学的指引和较好的预期。房地产税改革是我国经济社会发展中的一件大事，对于推进民主法制建设具有重要意义。为了把好事办好，当前在改革中尤其应当广泛征求社会意见，遵循税收法定原则和税收公平原则，积极稳妥地推进房地产税改革。

三 对房地产税改革的设想

（一）明确房地产税改革的目标定位

房地产税的良好功能，常常是各国政府推行该税的重要原因之一。目前，我国在讨论房地产税功能时，社会普遍关注的是其调控房地产市场的功能，而对于其他功能则关注不足。这同时也容易产生一种误导，即开征房地产税就是为了调节房地产市场。其危害在于，一方面不利于准确给房地产税的功能进行定位，从而在认识和行动上产生偏差；另一方面，一旦房地产税出台后，其调节房地产市场的效果不尽如人意，容易让普通百姓对政府政策产生失望情绪。因此，全面客观地认识并宣传房地产税的功能，及其在整个经济、社会、财税体制和制度改革中的作用，十分必要。在房地产税功能定位上，笔者提出如下建议：

房地产税不应以调控房价为直接目标，而应以房地产税改革为切入点，带动财产税制和地方税制建设。由于房地产税的转嫁，其税负归宿不确定，其对价格的影响不确定。想通过征收房地产税来降低房价的想法，无法获得理论上的支持，仅是一厢情愿。因此不能将调控目标直接对准房价；而应对准打击炒房和过多囤房行为，间接增加住房供给和降低房价。

房产税的改革只是一个切入点，而不是改革的全部。需要将房地产税的改革与房地产税收体系的完善，与地方财税体系的建设，与包括土地出让金在内的房地产租税费体系完善，与税收征管体系的建设统筹考虑，综合改革。因此，它是一个长期系统的工程，需要分步推进。

（二）加快相关配套改革

1. 土地出让金的配套改革

借鉴中国香港地区的土地批租与年租相结合的混合制。将级差地租放在年租中征收。笔者认为，改革后香港实行批租制和年租制相结合的混合型土地出让金收取模式值得我国大陆地区借鉴。该制度可以解决我国当前土地出让制度的众多问题：

第一，有利于均衡政府卖地收入，防止"寅吃卯粮"的行为，并能抑制地方政府的卖地冲动。同时，通过设立土地基金，将土地出让和租金收入纳入基金管理，并规定基金的用途，如用于城市当期和未来的开发建设。当政府因大型工程建设需要资金超过基金积累时，也可以未来年租金收益做抵押进行融资。

第二，有利于政府准确及时获取土地增值收益。由于政府每年对土地进行评估，并计算收取年租金，因此，可以较好地实现"涨价归公"目标，以促进社会公平，打击投机行为。

第三，有利于政府对房地产市场的调控。政府可以根据房地产市场的情况和调控目的，通过调整评估价值和租率来改变对级差地租的收取，从而影响当前地价，进而影响土地市场的供求。使政府运用这一间接的政策工具灵活地调控"地根"松紧，调控房地产市场。

第四，有利于地方政府土地出让收入的良性循环。城市建设促进土地增值，土地增值使政府收入增加，政府收入增加进一步改善推动城市建设，如此形成土地出让金收支和城市发展的良性循环。

有观点认为，如果我国实行了年租制，地方政府的土地出让出入会减少到原来的1/40—1/70，从而极大地影响到地方政府的财政运转。这种说法的问题在于：当前地方的"土地财政"将未来几十年的土地出让收入一次收取并在当期用完，显然是不合理的。而且还会导致未来政府可开发的土地逐年减少，而为了不减少收入，唯一的办法就是提高价格，也即不改革的结果可能是政府土地财源的枯竭或房地产价格暴涨。还有观点认为，实行年租制后房地产开发成本降低，会使一些小的开发企业也进入市场。

但在原有批租制下资金并不是决定房地产企业能否进入市场的决定性因素。

2. 相关税种的配套改革

第一，取消流转环节的土地增值税，同时开征保有环节的增值税。

通过对土地增值税在整个房地产增值收益分配中的作用分析，可以发现，我国现有设在流转环节的土地增值税与土地出让金和企业所得税具有重复征收的效果，并对房地产市场产生不利影响，因此建议取消设在流转环节的土地增值税。

一方面，土地增值税与土地出让金重复征收。1994年我国土地增值税开征之时，土地取得方式为出让、转让，其价格一般都会低于市场价格。房地产开发企业以市场价格销售房产，其增值额包括了人工增值、自然增值、虚拟增值以及由于出让价低于市场价而形成的增值。人工增值和虚拟增值不在征税之列。自然增值中由于土地稀缺性和政府投资形成市政设施改善而造成的增值理应征税。而当土地使用权的取得方式转变为拍卖后，由于拍卖价等于市场价，所以增值额中就不存在由于出让价低于市场价而形成的增值。[①] 此时继续征收土地增值税显然有重复征税之嫌，而且在房地产供求关系异常的情况下，税款将以转嫁的形式加入房价，由购房者最终负担此税。

另一方面，土地增值税与企业所得税重复征收。土地增值税的计税依据为纳税人有偿转让房地产取得的土地增值额，即转让房地产取得的应税收入总额减去规定扣除项目后的余额，实质上是转让房地产的纯收益额即利润。而事实上，企业所得税就已明确了对财产转让所得的征税，这一财产理所当然地包括了土地、地上建筑物及附着物。因此，开征土地增值税，造成了对土地、房产转让增值的两次调节，即25%的企业所得税的第一次调节和30%—60%的超率累进税率的土地增值税第二次调节，这就造成了重复征税。重复征税的结果不仅加重了纳税人的负担，也加重了房地

---

① 黄雪萍：《取消土地增值税的必要性和可行性分析》，《华商》2007年10月B版。

产市场的负担。①

同时，从国际比较来看，土地出让金与土地增值税同时收取的国家似乎只有我国。土地公有制国家（地区），如收取土地出让金的中国香港地区，在流转环节没有设置土地增值税，而是在保有环节设有对房地产增值征收的差饷税，与土地出让金配合获取增值收益；土地私有制国家，不收取土地出让金，一些国家在流转环节设置有土地增值税或资本利得税，该税与企业所得税和个人所得税一般不重复征收，土地增值税或资本利得税只是所得税的一个特殊税目而已。同时，在保有环节设有对房地产增值征收的税种，如财产税、不动产税等，并主要负担调节增值收益的作用。

取消现有设在流转环节的土地增值税，同时将原保有环节的房产税、城市房地产税和城镇土地使用税综合改革成保有环节的房地产税，根据评估价值，按年收取增值收益。但保有环节的房地产税的计税依据不应含有土地出让金（批租租金和年租租金），因为房地产所有者不具有所有权，只是通过租赁的形式获得使用权，根据国外经验不具有所有权的财产是不能征收财产税的。对此，可以借鉴中国香港的差饷房地产税计税依据确定的方法，以评估的房地产租金为计税依据，而不是以评估的房地产价值为计税依据。

第二，取消耕地占用税、契税和营业税。显然，耕地占用税对于抑制滥占耕地行为并无多大作用。只是增加有限的财政收入而已，而且对于土地增值收益也无任何获取能力。因此，可以在房地产税改革中，取消该税种。

有观点认为，契税具有产权确定的功能，但是不征收契税同样也可以确定产权，因此笔者认为契税并不必然征收，而且从国际比较来看，并非所有国家都征收契税性质的税收。笔者认为，在房地产税改革的同时，可以考虑取消契税。

对于房地产营业税，如果从长远来看，也可以考虑取消。未来随着增值税扩大范围，营业税中的很多劳务都将纳入增值税征收范围，如交通运

---

① 黄雪萍：《取消土地增值税的必要性和可行性分析》，《华商》2007 年 10 月 B 版。

输业、邮电通信业、服务业乃至金融保险业、文化体育业和转让无形资产，到时营业税的税目中就只剩下对销售不动产行为征收营业税了，到时自然也会考虑对房地产营业税采取撤并的政策。笔者认为，从未来增值税和营业税税制改革方向，以及降低我国房地产流转环节税收同时增加保有环节税收的改革趋势，可以考虑在此次房地产税改革中取消对销售房地产行为征收营业税。

（三）税收征管配套改革的建议

要推动房地产税改革的实施，税收征管方面需要进行一系列的配套改革。2009 年 5 月，国务院批转《关于 2009 年深化经济体制改革工作的意见》中提出"研究开征房地产税"。负责部门除了财政部和国家税务总局，还增加了国家发展改革委、住房和城乡建设部。进入 2010 年，改革思路由房地产税框架转为房产税框架，即通过改革现有房产税，实现对个人住房征税的目的。国务院于 5 月底批转国家发改委《关于 2010 年深化经济体制改革重点工作的意见》，提出"逐步推进房产税改革"，并明确此项工作由五部委负责，除上述四部门外，新增了国土资源部。由此可见，房地产税的开征需要各个部门的协调配合，需要各方面机制的统一完善。

1. 完善房地产评估制度

如果以房地产的评估值作为计税依据，那么房地产价值评估就是至关重要的环节，关系到房地产税收入水平和纳税人的实际负担，应该尽量做到客观、准确、高效、低成本。目前我国物业价值评估体系尚未建立，缺乏统一的评估方法、标准和行业规范，配套不完善，市场不规范，应该从以下几个方面加快建设：

完善评估手段。在地方税务局设置房地产评估管理机构，培养和配备评估专业人员，逐步完善评估手段。按照大多数国家的做法，利用计算机网络建立起比较详尽的财产信息管理系统，对房地产的测绘、评估资料、各种变更情况、历年价值变化等信息进行管理，同时与工商注册登记部门等联网，实行资源共享。完善征管配套措施以确保征管工作的高质量、高效率。

统一评估标准。国家应该出台房地产评估相关的法律法规，制定统一的评估标准，各地要依此建立房地产评估制度和具体的操作规程。国际上很多国家都建立了完整的财产评估机构和财产评估制度，通过财产评估机构对房地产的价值进行评估，从而准确地确定房地产税收的计税依据，保证了课税价格的可靠性和准确性，其中最主要的是全国要有统一的评估标准。从我国的实际情况来看，应由国务院组织有关部委的专业人才，立即着手制定全国统一的房地产评估标准细则。

采用科学的评估方法。建立和完善适用的房地产评估方法体系，实现评估价值的客观、公正、准确，做到税负公平。根据我国的国情，应该采用国际上通用的批量评估技术，并使用恰当的评估方法。一般来讲，对交易频繁的商品房可用市场比较法；对商务用和出租的写字楼可用收入还原法；对不能产生经营性效益的办公楼可用重置成本法；对于土地则可用基准地价（目前北京市已按地段划分为十级基准地价）加修正系数法。

2. 建立健全我国个人财产登记制度

在国外，与房地产有关的配套措施相当完备。其中，国外的财产登记制度健全，税务部门能够收集到全面的税收征管资料，从源头上严格控制了房地产税收收入的流失。

应该借鉴国际经验，并结合我国税收征管实际，加快制定明确的房地产产权管理法规，包括房地产产权的确认，变更的登记、买卖、分割及租赁管理，并建立与房地产有关的收入支出申报制度，明确界定产权，完善产权登记制度，逐步建立和维护覆盖全社会，包括所有房地产的面积、结构与价值等信息资料的由政府统一规范管理的计算机数据库，并在为业主保密的前提下，实现政府部门特别是税务、土地、房管部门之间的信息共享。

2010年，住房和城乡建设部发出通知，① 要求商品住房严格实行购房实名制，认购后不得擅自更改购房者姓名。

---

① 参见《关于进一步加强房地产市场监管完善商品住房预售制度有关问题的通知》（建房[2010] 53号）。

3. 政府各部门间的配合及数据共享

房地产税是继个人所得税之后征管难度最大的税种，因此加强各部门之间的协调配合显得尤为重要。首先，税务部门应该与市政部门合作，规范道路名称、建筑物名称、门牌号码等信息，建立规范划一的房地产地理信息库，为房地产数据库的建立奠定基础。其次，土地、房管等部门应该与税务部门密切配合，形成一个联系紧密、配合默契、高效运转的综合行政运作体系，确保房屋价值评估的公正、科学和高效。

4. 建立健全申诉和复议机制

申诉机制可以使纳税人得到方便公正的上诉机会和权益，让评估结果更趋客观公正。我国刚刚推行房地产税的初期，税基扩大，涉及千家万户的切身利益，有关物业评估结果的纠纷和争议可能会增多，甚至引发社会矛盾，建立健全申诉机制和受理审议机构势在必行。在香港，纳税人可以就物业评估结果向差饷估价署提出申请复议，该署专业人员会审慎复核所有反对个案，然后发出一份《决定通知书》。该通知书会确定原有估价维持不变，或列出新修订的估价额。收到决定通知书的纳税人，如仍不满该署署长就建议书或反对书所作的决定，可于有关通知书发出后 28 日内，向土地审裁处提出上诉。土地审裁处作出的裁决是最终结果，除非涉及法律问题才可以进一步提交高等法院裁决。

参考文献

［1］汤贡亮、施正文：《房地产税改革应遵循税收公平原则》，《中国证券报》2011 年 1 月 26 日。

［2］汤贡亮主编：《中国税收发展报告——经济与社会转型中的税收改革》(2009/2010)，中国税务出版社 2010 年版。

我国房价虚高的逻辑模型与综合治理措施研究

◇刘美平*

一 问题的提出

自 1998 年以来，房价上涨过高、过快一直是中国房地产市场的突出问题。之所以以 1998 年为界限，是因为这一年国务院出台的 23 号文件规定"1998 年下半年，开始停止住房实物分配，逐步实行住房分配货币化"。在这里，本文认为，房价上涨过高是相对于广大消费者的低支付能力来说的；房价上涨过快是相对于经济增长速度而言的。正是从这个意义上讲，中国的高房价是虚的，或者说，是脱离了中国国情带有泡沫经济成分的虚高。为此，如何抑制房价虚高问题，就成为政府、学术界和居民高度关注的焦点矛盾。

从政府的角度来看，"居者有其屋"是共产党人实现社会主义制度优越性的最直接体现形式，而目前的现状显然与目标要求相差甚远；从学术界的视野来分析，中国房价虚高问题绝非像阿朗佐（Alonso，1964）① 所讲的"高地价引发高房价"那样简单，也不是如格莱泽和吉奥科（Glaeser

---

* 刘美平，河南财经政法大学产业经济研究所所长、教授、博士。

① Alonso，William，*Location and Land Use*，Cambridge，MA：Harvard University Press，1964.

& Gyourko，2002)① 所说的"政府管制导致高房价"那样肤浅，而是有着复杂因素影响下的中国特色；从居民的各种需求来说，都有其各自的合理性，是消费者在现有条件下作出的理性选择，无可厚非。

这样一来，治理中国房价虚高问题就成为化解我国市场化改革以来所有发展副产品难题的总突破口。毫无疑问，1978 年以来的改革的确为中国发展注入了巨大的活力，为中国综合国力的提高作出了重大贡献，中国发展成绩也由此而备受世界瞩目。但是，改革过程中出现的发展副产品——环境污染严重、安全事故频发、收入差距拉大、民生保障不足和社会腐败凸显已日益成为众矢之的。其中，房价虚高问题几乎同其余四大问题都有着直接或间接的联系。为此，政府若真的能很好地解决我国房价虚高难题，那的确一方面能为其他四个难题的化解提供经验，另一方面也能提高我国政府在民众心中的威信。更为重要的是，它可以显示出共产党人面对复杂难题的卓越领导能力，它能够体现正在完善中的社会主义制度的优越性，它能最大限度地保持社会稳定和支持政权更替。这才是当下中央政府下决心治理房价虚高难题的根本原因所在。

二　基本假设和"五阶梯"逻辑模型

要从理论上解释中国房价虚高机理，需要对当今复杂现实作一个抽象，抽象的结果是建立基本假设。假设一，中国正处于建立社会主义市场经济体制时期，在这一"拟市场化"过程中，② "法律滞后于问题"成为该时期的常态；假设二，"拟市场化"过程中，中央政府是完全理性的，地方政府是有限理性的，私营开发商是理性"经济人"，居民是理性消费者；假设三，中央政府最初的制度设计是合理的，而地方政府在执行中央政府相关制度时会发生目标多元化现象；假设四，中央政府面向全国的放

---

① Glaeser, Edward L. and Gyourko, *The Impact of Zoning on Housing Affordability*, Cambridge, MA .: National Bureau of Economic Research, 2002.
② 刘美平、吴良平：《"拟市场化"主导的产业结构升级动力研究》，《当代财经》2008 年第 12 期。

射性管制因信息不对称不可能是无微不至的，地方政府的具体性管制因管制者本身的素质和境界决定了出现"管制者被俘虏"的现象；假设五，刚性需求、理性预期与舆论导向三者之间存在有意识性巧合。以这五个基本假设为前提，形成了中国房价虚高的"五阶梯"逻辑模型。

在我国建立社会主义市场经济体制过程中，由于对某领域放开后可能出现的问题估计不足，导致新问题的解决找不到相应的新法律，从而使不法分子更加快了谋取不当利益的步伐，钻法律的空子成为具有示范效应的行为。可以说，中国最初富起来的这一代人当中又有多少是依法致富的呢？房地产领域就是"拟市场化"过程中"法律滞后于问题"的代表性产业，这是房价虚高问题产生的大背景。

现在我们就来分析一下在上述大背景下制度设计和制度执行之间的偏离原因。1998 年国务院出台的《关于进一步深化城镇住房制度改革加快住房建设的通知》（简称"23 号文"）明确规定：在我国推行住房分类供应制度，即对高收入者供应商品房，对中低收入者供应含有一定住房社会保障的经济适用住房，对最低收入者供应含有较多住房社会保障的廉租房。这是中央政府制定的正确的制度，此制度设计中也考虑到各个阶层居民的住房问题，是科学的和符合国情的制度设计。然而，在全国各地方政府执行该制度时，却因监督方面的法律空缺而使得私有垄断性开发商通过俘虏地方土地管理部门干部以兴建经济适用房和廉租房的名义获得政府划拨的用地来建筑和销售具有超额垄断利润的商品房，真正利润少甚至无利润的经济适用房和廉租房成为被地方政府和私有垄断开发商共同遗忘的"小绵羊"。

同中央政府一样，地方政府也是人民的政府，理应成为公共利益的代言人。但是土地供给制度设计中存在的幼稚性却驱使地方政府目标发生异化；再加上社会主义初级阶段国民素质和境界较低，就决定了地方政府官员的权力也发生了异化。于是，整体意义上地方政府的公共利益代言人属性被个体意义上的地方政府官员的自身利益无限化所代替。

面对城市土地批租是一次付清几十年租期的土地出让金制度，这种由土地批租权力而获得巨额利益的强烈诱惑，就使得能够代表地方政府的个别官员自觉或不自觉地与私营垄断性开发商形成以分配高额垄断利润为内容的暗合谋。[①] 一旦地方政府与私营垄断开发商之间形成暗合谋，私营垄断开发商之间的明合谋就立刻会形成。因为，这些私营垄断开发商抓住了地方政府的"软肋"。这个"软肋"就是地方政府公共财政很大一部分来自"卖地"；地方政府官员灰色收入很大部分来自与土地批租有关的腐败。如果说暗合谋是中国房价虚高的第一级台阶，那么，明合谋就是房价虚高的第二级台阶。

事实上，当房价一路想要高涨时，最初是一群高收入错位理性消费群体将潜在的虚高房价变成了现实的虚高房价。无论是地方政府，还是私营垄断开发商，都希望高房价为其带来丰厚的高利润，但若没有消费者的最终支付，他们的希望都会破灭。[②] 私营垄断开发商的最初原始资本积累就是源于他们以保障中低收入者名义建造和销售的经适房被当时的高收入群体大批错位购买了，因为含有高额垄断利润的经适房也只有高收入群体才有支付能力，而真正的中低收入群体根本买不起。尔后，私营垄断开发商的进一步资本积累则源于面向全社会的商品房开发，当初已购得经适房的理性消费者开始投机性购房，以温州炒房团为代表，这就更加剧了房价的上涨。毫无疑问，错位理性高收入的消费群体成为我国房价虚高的第三级台阶。

如同地方政府财政收入依赖土地出让金存在寅吃卯粮问题一样，理性住房消费者因银行的支持也存在代际债务转移和代际消费递减两大问题。更为严重的是，银行还为投机资金投机房地产业提供贷款，这就加速了泡沫经济的形成。当房地产价格上升时，超过了居民通过自身储蓄来购买房屋的能力时，银行开始介入，通过房地产抵押贷款为购房者提供资金支持。由于中国存在错位购房这一特殊现象，广大中低收入者大多数是在银行的支持下把后两代人的远期消费提前到现在才能买下一套商品房，这样，就把债务从自己这一代转移到第二代甚至第三代身上，由此代际消费

---

① 魏贤贞、谢佩洪：《我国房价持续高涨的内生机制与对策建议》，《价格理论与实践》2007年第12期。

② 张长风、郎馥萌：《房价变动规律性及调控对策研究》，《城市发展研究》2009年第9期。

递减就会发生。① 从目前来看，代际债务转移和代际消费递减是居民个人的事情，但当它成为大概率事件以后，就会因消费乏力演变成国家层面的社会再生产链条中断这样的经济危机。对于银行来说，银行介入房地产领域本身并没有错，错的是房价虚高过程中银行成为支撑代际债务转移和代际消费递减两大问题以及投机资金"炒房"问题愈演愈烈的中间媒介。显然，银行成为我国房价虚高的第四级台阶。

面对自 1998 年以来的房价上涨问题，政府管制软化是形成攀爬式高房价的最根本原因，也是房价虚高的第五级台阶。生活在中国境内的每一位公民，都相信"社会主义可以集中力量办大事"这句格言的无限魅力，像住房这样涉及每一个人切身利益的大事，党中央、国务院是完全有能力可以解决的。试想，是房价不能控制，还是地价不能管制呢？是地方政府不能掌控，还是私有垄断开发商和银行的行为不能规范呢？是官方舆论导向不能控制，还是理性预期不能改变呢？是垄断行业高收入群体不能对其征税，还是投机性购房不能遏制呢？关键是我们对房价虚高机理缺乏深刻的剖析和全面的认识，从而使得政府管制要么呈现出"管制偏向"，要么出现"管制失灵"，这都是政府管制软化的具体表现形式。当私营垄断开发商们看到政府管制软化现象出现时，他们便形成更大的利益同盟，向高额垄断利润继续前进。

三 综合治理房价虚高的五大举措

我国的房价虚高问题是错综复杂的，必须要找到源头，然后沿着特定的逻辑路径，通过制定全面的、系统的、细致的且有针对性的措施来化解民生中的住房难问题。其实，房价虚高与住房难是同一个问题的两个方面，或者说，是同一个问题的两种表现形式。从房价虚高的诸多表现"症状"来看，疾病的源头是法制的建立健全。

首先，要设计出科学的、合理的、切合实际的与住房相关的法律制度

---

① 李敏波、徐艳华：《高房价困境的形成及其化解之道》，《建筑经济》2007 年第 12 期。

体系。制度的最高形式是法律。我国已有《中华人民共和国价格法》，而且《价格法》明确规定极少数商品和服务价格可以实行政府指导价或政府定价。住房属于与国民经济发展和人民生活关系重大、涉及社会安全稳定问题、又是资源稀缺商品，完全可以实行政府定价。因此，中央政府完全可以出台《中华人民共和国房价控制法》，通过此法对商品房、经济适用房和廉租房进行差别化政府定价。进行政府定价，实际上就是控制私营垄断开发商的垄断利润，目的是逐渐使其利润回归到消费者可以承受的水平。[①] 就商品房而言，可借鉴美国的投资回报率价格管制方式进行利润率控制；就经济适用住房和廉租房这类保障性住房而言，可学习英国的最高限价管制政策对每平方米最高售价加以限制。

对住房进行价格管制要考虑三个方面的因素：一是房价的成本；二是居民收入水平；三是经济增长率和通货膨胀率。在房价的成本中，大体上有土地成本、建安成本、各种配套费用和运营成本四部分。这四种成本会因各个地区经济发展程度不同而有所不同，但是，各种成本若取平均值的话，土地成本大约占房价的30%、建安成本大约占40%、各种配套费用占10%、运营成本占20%。[②] 前三项政府部门都可以掌握，即使是第四项也有据可查。由此看来，我们就探到了房价的成本之底，政府定价因此也就有了最重要的依据。当然，让私营开发商有利可图也是必须的，否则房地产经济就失去了生机与活力。

如果说对商品房进行政府定价意在控制私营开发商的垄断利润的话，那么，对经济适用住房和廉租房进行最高价格限制则是更多地考虑到中低收入群体的支付能力，而架起"房价"与"收入"之间联系桥梁的纽带是"房价收入比"。"房价收入比"是指"居住单元的中等自由市场价格与中等家庭年收入之比"。世界银行在衡量一个国家的住房消费水平时，认为房价收入比在3倍到6倍之间较为适当。而中国目前的房价收入比已在7—10倍之间，个别地区甚至突破10倍。[③] 这说明我国的房价从总体上

① 邓金华：《房价成本问题的实质是什么？》，《住宅产业》2007年第23期。
② 刘会洪、王文涛：《高房价、泡沫与住房保障》，《价格理论与实践》2007年第6期。
③ 陈欣宏：《我国房价收入比计算方法的缺陷及其改进研究》，《价格月刊》2006年第10期。

高于居民家庭购买能力，我们因此就能够理解出现错位消费的真正原因了。或者说，由于房价虚高，致使只有高收入群体才能买得起那些为中低收入群体准备的经济适用房，而真正的中低收入群体要么通过贷款以代际债务转移方式购得一套住房，要么成为城市无房户，而代际债务转移的代价是代际消费递减。可见，将房价收入比控制在3倍到6倍之间，既符合国际惯例，又符合中国国情，还真正能实现"居者有其屋"的目标。这是中央政府对市场住宅单元价格实行强制性管制的最有力根据。

从长期来看，房价是波动的，而房价的波动又呈现出周期性。房价的变动与GDP的增长具有同向性。[①] 所不同的是房地产业的复苏、萧条期滞后些，而繁荣、衰退期则稍微提前些。如从1984年算起，我国大陆房地产业出现1984—1988年间的第一个发展期，1989—1990年为第一个低落期；1991—1995年为第二个发展期，1996—1997为第二个跌落期；1998—2010年则进入第三个发展期，2011以后能否进入调整期还需观望。可以说，是房地产业的发展促进了经济增长，同时，经济增长又影响了房地产业的成长。这几年来，中国经济一直处于高增长、低通胀的运行态势中，政府在对房价进行管制时就要充分考虑到经济增长率和通货膨胀率，而不能将房价管死。换言之，要在一定时期内根据经济增长率和通胀率确定房价的波动幅度，给国民经济以回旋的余地，也给众多房地产开发商们以冷静投资思索的机会。

其次，建立完整的、高效的、规范的土地制度。在这里需要说明的是，只有先控制房价，才能抑制地价的上涨，从而形成房价与地价双低运行态势。虽然地价是房价的成本组成部分，但却不是地价决定房价，而是房价决定地价，这一点在18世纪就已被亚当·斯密所阐明。斯密明确指出："地租成为商品价格构成部分的方式，和工资与利润是不同的。工资和利润的高低，是价格高低的原因，而地租的高低，却是价格高低的结果。"[②] 因此，通过建立完整的、高效的、规范的土地制度从逻辑上讲是应

---

① 张长风、郎馥萌：《房价变动规律性及调控对策研究》，《城市发展研究》2009年第9期。
② 亚当·斯密：《国民财富的性质和原因的研究》，商务印书馆1972年版。

在房价管制之后的。

我国《宪法》规定：城市的土地属于国家所有，任何组织或个人不得侵占、买卖、出租或者以其他形式非法转让土地。对城市土地，国家可以依法无偿出让一定年限的土地使用权；国有土地使用权可以交易，但是，用途转变受到严格管制。我国可经营土地的供应主要通过土地储备制度来实现。1996年，上海市成立我国第一家土地储备机构——土地发展中心。直到2007年12月3日，首个全国性关于土地储备的规范性文件《土地储备管理办法》才正式发布。因此，从宏观上讲，建立土地收购、土地储备、土地供应三个层次为基本内容的城市土地管理制度是总体目标，① 而发生在地方政府和私营垄断开发商之间的土地批租则属于土地供应层次。地方政府与私营垄断开发商通过暗合谋瓜分垄断利润就是发生在土地供应环节。

根据国务院发展研究中心课题组的报告，在土地的增值部分中农民得到其中的5%—10%，乡镇得到其中的15%—20%，地方政府得到其中的20%—30%，而房地产商得到其中的40%—50%。现在城市土地批租一次付清几十年租期的土地出让金制度就给地方政府与私营垄断开发商之间形成暗合谋利益共同体创造了机会和可能性，为此，改革这种土地供应制度就必须一方面使土地增值部分的利益分配公开化，以此切断地方政府中不法官员与开发商之间的利益链条；另一方面减少地方政府在土地出让金上与中央政府的分成比例，以此削弱地方政府在不当土地供给中的利益动力；再一方面就是实现土地出让金的专款专用，即地方政府获得土地出让金必须用于安居工程，否则视为违规乱用资金；最后一方面是把地方政府的政绩考核特别是财政收入的政绩考核细化，分为三次产业创造的财政收入与土地出让金两部分，这就把以"卖地"为主的地方财政收入推至社会监督视野中，以此鼓励地方政府大力发展三次产业，而不是投机在房地产之中，以此减少泡沫经济产生的可能性。

---

① 高荆民、何芳：《我国土地供应制度对房价影响的机理分析》，《价格理论与实践》2007年第12期。

在土地收购、土地储备、土地供应三个层次的土地制度中，土地供应制度尤为重要。这是因为，该制度一头关系着房地产业的兴衰，另一头影响着国民经济的稳定运行态势。事实上，我国土地供应结构不合理是很突出的问题。按照1998年出台的"23号文"要求，建设经济适用房为主的土地供应比例应在60%以上。但实际上一些城市连1%都不到。比例相对高的北京也不到10%。我们说要从总体上控制土地供应总量，但着眼点在于要控制商品房建设用地总量，特别是要控制高档别墅、公寓等的土地供应量，而对于经济适用房用地和廉租房用地政府还是要给予一定优惠政策。这样一来，适当增加经济适用房用地和廉租房用地供给量就既可以保持房地产业的繁荣发展，又能在保民生促安居方面确保国民经济稳定运行。

再次，要抑制房地产业垄断经营，需要增加国有房地产开发商竞争主体数量，增强国有房地产企业竞争实力，改善房地产业市场结构。

在过去的13年中，政府企图让唯利是图的私营开发商去实现带有社会主义优越性的"居者有其屋"计划，其实是找错了住房供给主体。当然，若在政府高效、廉洁、高压的强管制和强监督下，也可能会实现政府的良好心愿。但是，实践证明，私营开发商不能很好地完成共产党人的历史使命。因此，我们必须从所有制角度考虑住房供给主体问题的解决方式。由此可见，增加国有开发商供给主体数量，使国有开发商至少与私营开发商势均力敌，以其实现政府的多重经济社会发展目标，才是当下中央政府的理性选择。毕竟国有开发商比私营垄断开发商更能从绝大多数消费者的利益出发，更能很好地完成政府交给的各项任务，也比私营开发商更宜在房价等方面加以控制。[①] 增加国有开发商数量与增强国有开发商实力是打击私营开发商之间以"明合谋"形式对房地产业进行垄断经营的根本举措。面对国有开发商的强势竞争，私营开发商之间的各种协议、合谋策略会很快瓦解。

复次，要细化住房消费政策，区别对待生存性住房消费、储蓄性住房

---

① 况伟大：《空间竞争、价格合谋与房价》，《世界经济》2006年第1期。

消费和投资性住房消费，优化住房消费结构。如果说开发商是住房的供给主体，那么，消费者就是住房的需求主体。经过 30 多年的改革开放，中国消费者之间的收入差距逐渐拉大，不同收入水平群体的购买力已大不相同。以住房为例，低收入弱势群体购房为生存性住房消费；中等收入群体购房行为属于储蓄性住房消费，除了购买用于自己居住的首套房之外，还为儿女购置了备用婚房；少数高收入强势群体购房属于投资性消费，而且数量多、换手率高。

一般而言，决定消费者购买力的是收入水平，但影响购买行为的却是理性预期。当实体经济发展步履维艰时，由政府掌握的舆论导向会形成"房价不断上涨"的心理预期，而社会游资必定会"追涨杀跌"。为此，治理房价虚高不仅需要从浅层次消费领域出台针对高收入强势群体的消费者限购令，还需要从更深层次的生产领域鼓励地方政府发展实体经济。试想，如果人们投资实体经济回报率高于炒房，那么，消费者手中的钱必定会从房地产业流出而流向生产领域。与此同时，政府掌控的舆论导向也可以帮助消费者形成"房价不断下跌"的心理预期，这对投机性资金撤离房地产业也会起到一定的加速作用。

最后，还要化解银行在房地产领域因金融支持过度产生的累积性风险，从根本上避免泡沫经济的发生。这是治理房价虚高的最重要一步。

在房价日益虚高的过程中，银行是住房供给主体—开发商和住房需求主体—消费者之间的中介机构。从泡沫经济发生的以往历史看，资产价格迅速下跌，引起银行呆坏账上升，银根紧缩，直到经济衰退甚至长期萧条，是主要的经济现象。[①] 当前的世界金融危机就是美国的房地产业消费信用危机与银行信用危机共同演绎出来的国际性金融危机。[②] 这说明，在泡沫经济中，人们赚钱主要是来自资产价格的膨胀，赔钱则是来自资产价格的暴跌。由于中国可供投资、投机的金融资产匮乏，再加上流动性膨胀较严重这一问题的存在，所以人们追逐房地产和股市就成为必然。因此，

---

① 刘骏民：《区别经济泡沫化与经济虚拟化的政策含义》，《开放导报》2010 年第 1 期。

② 陈建中：《新自由主义与西方社会信用体系危机》，《中国流通经济》2010 年第 3 期。

从金融领域以银行为突破口治理房价虚高就要进行综合考虑。

一是在国际范围视域内，通过对外人民币援助和贷款平衡国际收支，以期改善2005年以来的国际收支双顺差之大环境，从而有效抑制流动性膨胀。这是因为，流动性膨胀就意味着投机性资金膨胀，而投机性资金膨胀必然走向暴利行业，"炒房"就是投机性资金走向暴利行业的理性选择。只有大环境得到了根本性的改变，用于"炒房"的投机性资金才会失去生存的土壤。

二是在国内范围中通过金融创新为投机性资金创造更多的投资品种，让投机者通过设计、创造金融产品和利用金融杠杆进行各种资产的交易，为投机性资金寻找到投机的资产产品。这是将"炒房"投机资金转移出房地产的有效措施。一味的限购只能是从"堵"的角度实施的近期手段，还要着眼于"疏"的角度从根本上为投资性资金找到长期的归宿。

三是从具体操作层面上讲，银行应该拒绝为购买多套住房或购买超大面积、超豪华别墅或公寓的消费者提供贷款。原因在于，对于一个发展中国家来讲，追求奢侈是应该被禁止的超高消费，它不属于人民群众日益增长的物质文化需求之列，我们要满足的是理性的、节俭的、有限的物质文化需求。奢侈需求下的超高消费既不允许、更不提倡，毕竟它不符合我国的基本国情，也不符合中国共产党人的核心价值观念。当然，对广大中低收入阶层的生存性住房消费和储蓄性住房消费，银行还是应给予大力信贷支持的，况且，这样的信贷支持也不会累积金融风险，更不会产生金融支持过度问题。

日本高速增长时期的公共住房政策对中国的启示

◇赵光瑞[*]

　　住房是现代社会生活的必需品和生活水准高低的重要标志，解决居住福利始终是政府首要的政策目标之一。中国经济发展的辉煌始终无法掩盖一个尴尬的现实：国民居住问题仍很严峻，货币化的住房政策改革也以失败告终，成为"国富民穷"的不二例证。日本经济曾在1955—1973年实现高速增长，一举奠定了作为经济大国的基础。在此期间，日本的城市人口比重由1950年的38%上升至1970年的72.2%。在居住方面，到1968年全国住房数量超过户籍数量，1973年全国普遍达到每户一宅，实现居者有其屋。日本尽管国土狭小且平原较少（山地占68%），人口密度大（338人/平方公里，中国为138人/平方公里），但国民的住房条件（居住面积、人居环境等）在西方发达国家仍处于中游地位。对此，日本的公共住房政策发挥了至关重要的作用。本文将以日本经济高速增长时期的住房政策为对象进行分析，探究对我国房地产政策改革的可借鉴之处。

一　公共住房政策：公平与效率、供给与需求

　　居住权利是公民的基本权利，住房是公民生活的基本需求，住房政策

---

　　* 赵光瑞，南京财经大学经济学院副教授。

就是政府的基本政策。

所谓公共市场住房政策是指政府通过公权力来调整与解决住房公共利益的过程与行为准则。[①] 公共住房政策是一个国家经济社会政策的重要组成部分。一方面，居住是国民生活基本的消费品，其需求始终是存在的。住房面积的大小、功能的完备程度以及居住的周边环境等成为衡量国民生活水平的重要指标；另一方面，作为生产住房的房地产业也是带动国民经济发展、扩大就业、增加财政收入的重要产业。

国民的住房需求根据收入水平可以划分为保障性需求（或称基本性需求）与改善性需求。基本性需求指仅仅满足居住要求的需求。基本需求存在于经济发展水平较低时期或收入较低的群体中。第二次世界大战后世界各国在经济复兴时期首先都面临住房量绝对不足的问题，政府的首要目标就是解决居住问题。改善性居住指收入达到一定水平后对住房这一消费品的要求提高，如更大的面积、更多的功能、更好的居住环境等。20 世纪60 年代中期后西方发达国家的住房消费就开始进入这一阶段，表现为大规模的旧房改造与新住房建设、狭小住房空置率上升等。

经济学把住房政策按功能归结为两个方面：收入分配功能与资源配置功能。收入水平的限制与特殊群体的存在要求政府首先必须确保国民的居住权，提供最低水准的居住条件，这就是调节收入再分配的住房政策，具体包括提供廉价乃至无偿住房、提供租房补贴等，这就是保障性住房政策；另外，住房作为一种商品一大部分是由私人部门生产的，在市场经济中同其他商品一样也会存在供求失衡带来的效率损失，所以需要政府的政策介入对供求进行调节。同时房地产业作为一个重要的产业，其直接与间接的关联效应很大。例如对住房产业的金融政策、相关的房地产税收政策调整等。

由此，政府的公共住房政策可以划分为住房供给政策和住房需求政策。供给政策表现为中央或地方政府以财政支出直接进行公共住房建设，

---

① 易宪容：《论中国住房公共政策的基本原则与框架》，《经济与社会体制比较》2009 年第6 期。

再以较低的价格出售或出租给低收入的国民，其中后者占主体。战后西欧国家就大量建设了公共住房提供给国民居住，其表现就是在出租房市场公共住房出租所占比重不断提高。如英国在1947—1980年住房结构中公共出租住房的比例由13%提高到32%，私人出租住房的比率则由61%降至13%（自由住房的比率由26%提高到55%）。需求政策包括金融贷款、税收优惠等。

二　日本公共住房政策体系

（一）战后初期的过渡性措施：《房租管制令》和《租房租地法》

战后初期，为防止土地价格、房租高涨，日本政府于1946年颁布房租管制令，重点对房东的出租房屋价格进行限制；《租房租地法》可以追溯到战前的1921年，主要是优先确保租借人的权利。《租房租地法》规定在房屋出租期满后若租赁人希望更改合同时，无正当理由出租人不得拒绝。因此《租房租地法》虽然在一定程度上减轻了租房者的经济负担，但也导致房主不轻易出租住房，出租房源反而减少。

（二）住房金融公库：以金融政策支持个人与企业自建住房

拥有自己的住房是居民的普遍愿望。1950年日本制定并颁布《住房金融公库法》，主要对难以从民间金融企业融资的个人与企业购买或建设用于自己居住的住房提供优惠贷款。住房金融公库由国家财政出资，亏损则由国家财政予以资助。其贷款利率低于银行，贷款条件优惠。同时住房金融公库在经济萧条时期还被作为刺激对策之一，以扩大住房需求扩大内需。在公库成立初期，每年提供的贷款为8万套住房左右，此后规模不断扩大，到1970年达25万套。住房金融公库极大地支撑了日本中等收入家庭的住房建设，日本自有住房比率目前能够维持在西方发达国家的中等水平离不开政府的强有力支持。只是进入20世纪90年代后由于日本中央银行长期奉行低利率政策，住房金融公库的利率优势开始消失。到 2003 年共支出 180 万亿日元，资助住房建设 1909 万户。

（三）公营住房：为低收入家庭提供廉租房

为低收入家庭提供住房的做法最早始于战前 20 年代的东京、大阪等地区。1951 年日本制定并颁布《公营住房法》，规定由中央政府向地方政府提供补助，用于修建出租房，其出租对象为所有阶层，后来演变为仅向低收入阶层提供廉租房。目前规定为处于最低 25% 收入阶层的国民，而且收入提高后要搬出，同时对照附近的住房情况提高房租。公营住房一般采用抽签方式在符合条件的申请者中选取入住者，但对于住房贫困度特别高者、收入低的老人家庭、母子家庭、残疾人家庭等给予特别照顾。公营住房 1951—1960 年间共建设 4 万户，1961—1970 年间为 33.4 万户，1971—1980 年间为 70.9 万户。

（四）公团住房：为大城市工薪阶层提供商品房、租赁房

1955 年日本制定颁布《日本住房公团法》，由国家出资成立特殊法人——日本住房公团，在住房严重不足的大城市及其周边修建公寓式住房，面向大城市工薪阶层供给住房租赁、商品房、住房土地。公团的性质为政府全额出资的特殊法人。其中中央政府出资约占 75%，大城市地区的地方政府出资约占 25%。公团住房中有出租住房（53%）和商品住房（21%），以及公团建设后出让给土地所有者，以便其经营出租住房业务的"民营出租用特定出让住房"（26%）。1981 年日本住房公团与宅地开发公团合并为住房都市整备公团，1999 年改为都市基盘整备公团，2004 年成为现在的都市再生机构。

（五）地方住房供给公社：为地方建设公积金政府、住房管理

1965 年，为进一步解决各地方工薪阶层的住房不足问题，日本政府颁布《地方住房供给公社法》，设立法人——地方住房供给公社，主要从事公积金商品房的建设，同时还进行租赁住房建设以及住房相关设施的开发建设、对公共住房的委托管理等。其资金来源为住房金融公库的融资，规

定设立的城市标准为人口规模 50 万以上，共成立 57 家。地方住房供给公社对解决日本各地方的居住难问题发挥了很大作用，对缓解人口向三大都市圈的过度集中有积极影响。只是近年来由于地方财政的压力与经营问题导致部分地区的公社陷入困境，已有青森县、岩手县等 6 家住房公社宣布解散。

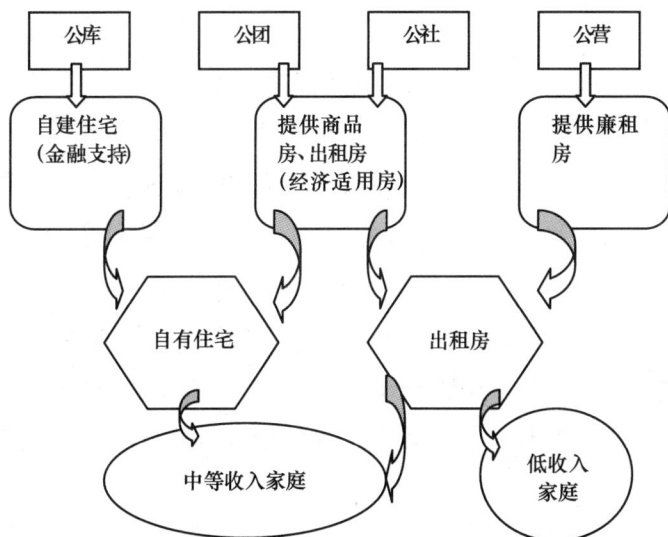

图 1　日本公共住房政策体系

三　日本住房建设情况

（一）城市化的迅速发展

1955—1973 年作为日本经济的高速增长期，也是城市化发展最快的时期。根据"配第—克拉克定理"，经济发展必然导致就业劳动力从第一产业转向第二产业，进而从第二产业转向第三产业，克拉克就把城市化定义为产业结构与就业结构变化的过程。日本的劳动力就业结构在高速增长时期也发生明显转变。其第一产业就业所占比重从 1947 年的 53.4% 降至 1970 年的 17.4%，相反第二和第三产业比重持续上升，分别由 22.2% 和 23.0% 上升至 35.2% 和 47.3%。同时，这种非农业部门的比重增大在性质上与战前完全不同。在战前日本的产业结构与军事经济化相结合，制造业畸形发展；而战后则与国际市场和国内居民消费相结合，第三产业发展迅速，向"服务化经济"发展。[①]

工业化的迅速发展促使人口继续向经济发达地区流动，1955—1970年间日本上演了史无前例的"民族大迁移"。市区人口比重1950年恢复到战前的最高水平（38%），1955年超过50%，1960年超过60%，1970年上升至72.2%，城市人口年均增长在1%以上。到1975左右到达诺瑟姆的第二个拐点。高速增长时期的人口大部分从地方流向以东京、名古屋、大阪为中心的三大都市圈。1955年流入三大都市圈的人口为86万人，1959年后一直在100万人以上，1970年最高峰时达158万多人。其中净流入人口1955—1970年间总量达750万人，仅占全国面积10.4%的三大都市圈人口到1970年占全国的43.5%。1956年日本国铁（JR）开行的"就业列车"[②]就专门向东京、大阪等地运送地方毕业的高中生。与此相反，其他地区的人口则一直呈减少趋势。1960—1965年三大都市圈以外的九州、东北地区等人口减少了251.5万人，1965—1970年期间人口下降趋势虽有所放缓，但仍达57.1万人。

（二）住房建设情况

高速增长时期，日本的住房建设可划分为三个阶段：

1. 1945—1954年：经济复兴时期以解决居住为核心，政府重点进行出租房建设。

第二次世界大战期间美国的轰炸使日本2/3的房屋倒塌，战后解决居住与饥饿成为政府的首要课题。但1946年颁布的"房租管制令"和《租

---

① ［日］中央大学经济研究所：《战后日本经济——高速增长及其评价》，盛继勤译，中国社会科学出版社1985年版。

② "就业列车"为1956年日本国铁开行的专门搭载从地方到大城市就业人员的火车。第一次为鹿儿岛至大阪，把中学毕业生集体送送到目的地。后来开始普及到全国，高峰时的1963年春向东京、大阪、名古屋输送了78000名青年劳动力，此后每年都有7万人，1960年降至4万人，1973年降至1万人，1974年就业列车停开，总共向东京运送了700万人，从一个侧面反映了日本劳动力向大城市的集中。

房租地法》不但没有缓解住房难问题，而且在某些方面还带来了适得其反的效果。但自从 1950 年住房金融公库的成立和 1951 年颁布《公营住房法》，再加上经济的恢复与收入水平的提高，日本的民间住房和公营住房建设开始恢复。1951—1955 年期间受惠于政府的金融支持，每年自有住房的建设都在 15 万套以上，租赁住房每年的供应量从 2 万多套增至 1955 年的 5 万套以上。1954 年日本政府发布的经济白皮书就认为 1953 年住房增长的主要原因在于财政贷款，公营住房、公务员住房增长最快。

表1 　　　　　　　　　　1951—1955 年新建住房 　　　　　　单位：套,%

年份	自有住房	租赁住房	补贴住房①	其他	总计
1951	164886 （78.3）	25677 （12.2）	15151 （7.2）	4976 （2.3）	210690
1952	174517 （72.0）	42460 （17.5）	15791 （6.5）	9566 （4.0）	242514
1953	174201 （70.5）	44791 （18.1）	16399 （6.8）	11106 （4.5）	246997
1954	160346 （64.2）	57681 （23.1）	20351 （7.0）	11290 （4.5）	249668
1955	168578 （65.5）	58363 （22.7）	17918 （6.6）	12529 （4.9）	257388

资料来源：日本内阁府统计局网站。

2. 1955—1965 年：高速增长前期（产业复兴时期）主要建设面向产业工薪阶层的住房。

1955 年日本经济的各项指标均超过战前，从此造船、钢铁、有色金属、纺织服装等产业迅速发展，大量农村劳动力开始涌入城市。作为城市劳动力的第二、第三产业的就业人数从 1953 年的 2354 万人增至 1955 年的 2554 万人，1960 年超过 3000 万人，1964 年为 3400 万人。如此大规模的劳动力涌入城市，居住成为首要的需求。据统计，1955 年日本住房不足达 284 万户，期间每年新增需求在 25 万户左右。② 而且住房质量差，居民的居住支出占家庭收入比重尽管已从战前的 15%—16% 降至 4%—5%，但在用于租房方面的铺底金、押金的支出大幅度增加。

---

① 包括公司住宅和公务员住宅。
② 1955 年度经济白皮书。

1955 年住房公团的建立，标志着日本公共住房政策的三大支柱终于形成，政府直接出资建设住房、政府为居民和企业提供住房建设优惠贷款的一揽子政策体系形成。1955—1962 年每年新增住房数量从 30 万套增至近60 万套，其中租赁住房的数量比重由 27.3% 提高到近 50%。值得注意的是，1960 年日本新上台的首相池田勇人宣布启动为期 10 年的"国民收入倍增计划"：国民生产总值和国民收入年平均增长速度为 7.8%，人均国民收入年平均增长速度为 6.9%。政府和居民收入的增加成为住房建设的经济基础。

表 2 　　　　　　　　　　　1956—1962 年新建住房　　　　　　　　　　单位：套,%

年份	自有	租赁	总计
1956	180746（58.6）	84422（27.3）	308686
1957	191691（59.7）	90432（28.2）	321095
1958	188656（55.8）	110657（32.7）	337989
1959	204280（53.7）	137028（36.0）	380575
1960	233259（55.0）	145874（34.4）	424170
1961	265575（49.6）	213942（39.9）	535963
1962	263091（44.9）	261300（44.6）	586122

资料来源：日本内阁府统计局网站。

3. 1966—1975 年：正式高速增长时期为增加自有住房比率，重点建设独栋住房和租赁住房。

日本自 1965 年起开始实施"住房建设五年计划"。住房建设计划为包括民间建设在内的全部住房建设计划，但支柱仍是政府的政策性住房，重点是公共租赁住房的建设，为低收入家庭提供基本的居住条件。第一个五年计划（1965—1970 年）的目标就是解决住房难、一家一套、一人一室。住房建设的标志为住房投资的增加。据统计，从 1965 年至 1970 年日本GNP 的年实际增长率为 8.6%，而同期住房投资的增长率达到 9.9%，到1973 年调查证实，在全国所有都道府县住房数量均超过居民户数，显示日本国民的居住问题得到彻底解决。①

表3

日本住房建设计划实施情况

	1	2	3	4	5	6	7
建设户数	6369	8280	7698	6104	8356	7623	6841
公共资金	2565	3108	3231	3138	3138	4017	3487
公营	479	494	361	251	216	333	313
公库	1087	1664	2547	2457	2496	3139	2718
公团	335	284	163	105	107	108	83

资料来源：八木寿朗：《転換期にある住宅政策》，《レファレンス》2006 年 1 月。

四 日本公共住房政策的评价及其对中国的启示

（一）日本实施公共住房政策的必要条件

第一，稳定的财源：高速、高质量的经济增长带来的巨额财政收入的增加以及财政政策。

第二，强大的推力：民选政府的政策目标偏重于民生而不是增长。日本的首相来自各种政治势力的妥协，参议院和众议院以及地方政府官员的任免则来自民选。

（二）日本的公共住房政策在确保国民居住福利方面是成功的

日本作为政府主导型的市场经济体制的代表，不仅有传统资本主义国家的财政金融政策，还有产业政策、发展计划等独特的政策以及富有争议的"行政指导"、政府管制措施等。公共住房政策则是其中的组成部分。总体而言，日本的公共住房政策在确保国民的居住福利方面是成功的。就国际比较看，日本的居住条件有诸多不尽如人意之处，如拥挤、狭小、价格过高等，但部分指标却居领先地位。如自有住房的居住面积仅次于美国，居发达国家第二位，住房自有率处于中游水平。

① 1973 年全国住宅户数为 3106 万户，最拥挤的东京圈为 797 万户。

另外，日本国民的居住福利水准大致平等，差异并不大。如独栋独户住房占总量的一半以上。

（三）中国的公共住房政策存在的问题

中国经济经过六十余年的发展，终于在 2010 年超过日本成为世界第二经济大国，[①] 但中国人均 GDP 只有日本的 1/10，位居世界 100 名之外。特别是城市化与工业化发展的严重脱节，大量的产业工人游离于城市—乡村之间，导致运输成本的不断上升和运力的紧张。这也是城市居住问题恶化与政府住房政策失败的最重要表现。从经济社会发展的趋势看，产业工人必须进入城市居住、生活，中国解决基本居住之路任重道远。目前中国的城市化比率在 50%，若考虑到 2 亿以上的农民工，实际上在 30% 左右。如果以 60% 作为基本目标，至少还有 3 亿以上的人口需要进入城市居住。与高速增长时期的日本极其相似。而且两国的人口密度大致相同，面临的问题相似，日本的做法对中国有借鉴意义。

中国的公共住房供给政策由三个部分组成：一是政府廉租房，指政府以租金补贴或实物配租的方式，向符合城镇居民最低生活保障标准且住房困难的家庭提供社会保障性质的住房。廉租房的分配形式以租金补贴为主，实物配租和租金减免为辅；二是经济适用房，指已经列入国家计划，由城市政府组织房地产开发企业或者集资建房单位建造，以微利价向城镇中低收入家庭出售的住房；三是公共租赁房，是由政府或公共机构所有，供应对象确定为中低收入住房困难家庭，包括已通过经济适用房、限价房资格审核，尚在轮候的家庭以及其他住房困难家庭、刚毕业的大学生和外来务工人员。

关于公共住房的需求政策多为间接发挥作用的政策，包括住房公积金政策、税收政策等。

目前中国公共住房政策的问题主要在于：

一是过多关注房地产业发展的效率大小，对住房的民生问题明显重视

---

① 2010 年日本政府公布国内生产总值为 54742 亿美元，低于中国公布的 58786 亿美元。

不够，公共住房政策的目标从解决公民的居住公平问题向提高政府和房地产资本的效率目标转移。地方政府出于自身利益最大化的考量，重视住宅产业发展带来的直接经济收益：扩大就业、增加税收、提高政府掌控的土地资源价格、带动地方经济发展甚至寻租，等等。这从地方财政对土地出让金的迷恋（土地财政）① 以及对中央政府调控住房价格的消极态度就可见一斑。同时对廉租房、经济适用房的建设缺乏积极性，导致在住房市场资本成为主角，政府退居次要地位。目前各地廉租房资金普遍不足，住房质量和居住环境也难尽如人意。1998—2006 年全国累计用于廉租房建设的资金仅为 70.8 亿元，2007 年 1 月至 11 月全国投入资金也仅为 83.2 亿元，远远没有满足"十一五"期间每年近 500 亿元的廉租房资金需求。另据审计署查证，2007—2009 年，北京、上海、重庆、成都等 22 个城市没有按规定从土地出让净收益中提取至少 10% 作为廉租住房保障资金，两年内共计少提取 146.23 亿元。经济适用房更因为分配的严重不公成为众矢之的。在公众看来，目前经济适用房最大的问题是"供应量太少"和"很多经济适用房都卖给了收入较高的人"。

二是政策主体权责模糊，随意性大。对于保障性住房的建设尽管有宏伟的规划，但资金被随意挪用、资源任意分配、数量和质量都达不到基本标准等严重问题没有问责制，结果都是不了了之。同时在住房市场出现波动时出于政绩考虑违反市场经济的基本原则，任意提高税收乃至强制的限购。尽管从短期看抑制了住房价格的上涨，但负面效应更大，如限制正常的消费需求、助长投机行为和不当牟利等行为。更重要的是侵害了公民的基本权利，如居住权、流动权等，实际上与推进改革开放背道而驰。

三是公共住房政策成为少数城市人的专有福利，严重缺乏社会公正。无论是廉租房还是经济适用房，同其他经济社会政策一样，公共住房政策也基本以户籍为界限，仅仅提供给本市市民居住或购买，而大量的、城市发展的重要贡献者——农民工被排除在外。农民工除了没有户口这一人为

---

① "十一五"期间，全国土地出让金总额为 7 万多亿元，2010 年全国土地出让成交总价款 2.7 万亿元，占全国财政收入比重高达 33.75%。卖地成为部分地方政府最重要的生财之道。

的身份之外，在城市经济发展和建设的贡献方面与市民没有差异，因此把他们排除在外是不公平的。

(四) 日本公共住房政策对中国的启示

第一，在经济发展水平有限、温饱问题尚未解决的情况下，市场无法解决大部分人的居住问题，政府的公共住房供给政策应该发挥主导作用。因为住房在基本消费品中价格最高，在收入水平有限的情况下只能靠政府供给。战后面对国民的住房难，日本政府也曾经对房租乃至土地价格进行限制，但收效甚微。因此从1950年起就把政策目标置于各层面的住房供给：金融支持自建住房、提供优惠的商品房、出租房等。我国现阶段仍是发展中国家，大部分居民刚刚解决温饱问题，贫困人口若以年收入1500元标准衡量仍有1亿人之多。何况还有2.42亿农民工需要进城居住。这就决定了政府的公共住房政策在解决基本居住方面的重要性。

第二，公共住房政策应首先以调节收入分配为首要和主要目标，正确处理住房政策与房地产业之间的关系。国民的福祉为住房政策的最重要目标，因此具有收入分配功能的公共住房政策必不可少，单纯重视效率肯定不能解决住房问题。日本的公共住房政策的首要目标就是解决国民的居住问题。特别是在20世纪70年代中期前，经济发展与收入水平有限的情况下，确保住房量的供应，满足国民基本的居住成为首要目标。只有在满足基本的居住条件后，再寻求质量的改善。即便遇到土地价格上涨的情况，政府也必须为居民住房特别是公共住房提供土地。反观我国，自从1998年计划经济时代传统的福利住房政策结束后，尽管也声称要保证低收入群体的住房需要，但实际上由于财政资金拨付得少之又少乃至被普遍挪用、分配的严重不公平，解决低收入群体的住房成为一句空话。而且在经济利益的驱动下住房政策本末倒置：效率优先，把房地产作为带动地方经济发展、解决就业的主要手段，出卖土地成为财政收入的主要来源，即所谓土地财政。

第三，公共住房政策的主体责任必须明确，有法律依据，严格执行计划。日本公共住房政策的主体为中央政府，由其制定政策法律，明确中央与地方政府的权利义务。如《公营住房法》规定由中央政府向地方政府修建的租赁用住房提供补助。住房公团由中央政府出资约占75%，大城市地区的地方政府出资约占25%。住房金融公库的资金来自中央财政支持。地方住房供给公社则完全由地方政府负责。

第四，住房政策目标明确，确保公平性与公共性。应具有分享经济特点，惠及全体国民甚至企业。作为公共政策，其特点就在于"公共性"，否则就没有意义。日本公共住房政策的公共性表现在三方面：一是廉租住房惠及所有低收入群体；二是对中低收入阶层自建住房提供优惠政策；三是对企业的职工住房和单身宿舍建设提供支持。

第五，辩证看待自有住房问题。日本的住房自有率战后一直呈下降趋势，其主要原因在于土地价格的飞涨带来的建设成本的提高、失业率的上升、新一代年轻人储蓄积极性下降等，近年来甚至出现中等收入家庭买房难。衡量住房福祉在各时期、各阶层、不同的文化背景下是有差异的。但住房自有率下降的同时应该是租住环境的改善，如人均居住面积、居住环境等，使总体居住条件仍然是趋于改善的。

略论我国房地产市场问题的治本之策[*]

◇周 诚[**]

作者按：本文的基本观点，并不是最新的，但是并未发现与他人的文章有简单重叠者；本文所引用的材料，也并不是最新的，但是并未过时，仍可说明问题。从而，经过技术性微调后予以公开、正式发表，意在引起更加广泛和深刻的关注。

目前，我国房地产市场问题成堆：投机盛行，房价居高不下而且步步高升。搞得政府焦头烂额，百姓叫苦连天……各个方面对此提出了种种对策，但收效甚微，甚至可以说毫无成效，束手无策！理论界就此问题发表的文章可谓多如牛毛，读不胜读，然而，房地产市场依然如烈马难驯。笔者对于此问题，一直加以关注，也一直企图提出良策而未能如愿。本文不自量力地试议"治本之策"，以就教于专家和广大读者。

一 关闭土地二级市场，遏制土地投机

房地产市场问题的真正症结在于房地产投机盛行，而房地产投机从根本上来说是土地投机。从而，如果将土地使用权的交易完全控制在政府手

　＊ 本文的初稿题为《"釜底抽薪"：解决房地产问题的一种思路》，摘要发表于 2007 年 5 月 11 日《中国经济时报》第 5 版。

　＊＊ 周诚，中国人民大学不动产研究中心教授。

中，完全禁止任何单位和个人对于土地使用权进行倒买倒卖，以便堵塞土地投机和暴利之源，就必然会从根本上割除房地产市场中的毒瘤。

为此，本文提出的"关闭土地二级市场"的设想，其要点如下：

第一，国家继续通过招标、拍卖、挂牌等竞争形式向开发商出让一定年期的土地使用权，以便使土地使用权价格能够保持在合理的水平，从而保障珍贵的土地资源的集约利用。

第二，土地使用权的获得者——房地产开发商，无权进行转让；如果开发商欲放弃土地开发，便应当将其交还给政府，索回缴交纳的土地出让金并获得相应的利息补偿。当然，也可作适当变通：土地使用权的获得者，在经过土地管理部门审核、同意后，将土地使用权按照原价过户给合格的其他房地产开发商；如果因行情变化而地价上调，则受让者应当将地价的新增部分交付给政府而不是原开发商。

第三，房地产开发商出售房产时，只能将土地使用权按原价过户给房产购买者，绝对不准私自涨价而从中谋利；过户后，房产所有者同时成为一定年期的土地使用权的所有者。

显而易见，在这种情况下，征收土地增值税就完全没有必要了。本来，征收土地增值税，是为了抑制土地投机，平抑房地产价格，但是由于阻力过大、困难重重而迟迟未能认真落实。而关闭土地二级市场，却可从根本上消除土地投机，可谓事半功倍。

关闭土地二级市场，在资本主义市场经济中不可能办到，但是在城市土地国有的社会主义市场经济中，应当是能够办到而且是符合社会主义经济运行机制的。换言之，中国关闭土地二级市场，不必以资本主义国家、地区是否有先例作为唯一依据。在中国特色的社会主义条件下，土地市场当然也是具有中国特色的；中国人从中国的实际出发而进行创新，只要是合情合理的、利大于弊的，就应当理直气壮地去做，而不应缩手缩脚、畏首畏尾。

有人认为，土地二级市场是不可能关闭的，即使关闭了公开的土地二级市场，也关闭不了黑市。笔者认为，一般而言，此种看法是有一定道理的，但是，我国的土地市场本来就是比较特殊的，与一般的资本主义土地市场是有很大区别的，其关键在于政府垄断了土地一级市场。我国城镇土地市场的核心特征是：土地使用权有偿出让是单件、公开、备案进行的，是不可能被秘密转让（即"黑市转让"）的，否则是不可能获得合法产权证书的。而且，如果切实执行"将土地使用权按原价过户给房产主"的政策设想，则开发商即使企图按"黑市价格"将土地使用权过户给房产主，也是绝对不可能被接受的。当然，特例不可能完全排除，但比重绝对不可能很大，绝大部分正常的购房者都不可能自己掏腰包去填少数"黑市开发商"的腰包。这应当是不言自明的。

房地产专家孙宏志先生提出了另外的主张，很值得予以介绍。其要点是：分别设立土地开发权和土地使用权，前者针对房地产开发商，后者针对房产主。对于开发商，政府只是出让土地开发权，而不与70年的土地使用权和使用费挂钩。从而，开发商向消费者出售房屋的价格中，将不再包括土地使用费。这样，开发商就无法继续垄断和倒卖70年土地使用权，从而无法攫取相关暴利。开发商如果转让土地开发权，其增加的收入将通过征收土地增值税加以调节。至于土地使用权，则是面向房产主设立的，在购房并获得房屋产权证的同时获得70年的土地使用权证。70年期的土地使用费，既可采取批租制，也可以采用年租制。不过，采用"年租制"在理顺和降低房地产价格方面具有明显优越性。

笔者认为，分别设立土地开发权和土地使用权并分别出让给开发商和房产主，的确是土地产权方面的创新之见。不过，如果付诸实施，恐怕需要防止的是土地开发权本身也会被炒得高不可攀。在这种情况下，指望通过征收增值税而加以抑制，会不会因投鼠忌器而重蹈目前的覆辙呢？这个问题恐怕是值得认真对待的。笔者对此提出的修正意见是，如前所述，土地开发权不得转让；如果某一块土地开发权的获得者拟放弃开发，只能按原价退还给政府，由后者另行出让。这样更加妥当，可谓"双保险"。

至于对房产主改行年租制以减轻其负担，当然是无可置疑的。笔者曾经多次发表文章鼓吹适当地推行年租制，特别是为减轻普通住宅消费者的经济负担,尤其应当采用年租制。①

二 实行房产成本公示制,增加房价透明度

房地产价格之所以居高不下,除了土地的投机性转手倒卖所致以外,还由于房屋是非规格化商品,其成本的隐蔽性、模糊性很强,除了业内人士外,一般消费者很难判断其价格的高低和虚实。从而,应当强制性地实行"房产成本公示制"。由房地产管理局进行监督并进行详尽公示,以利于在市场运行中客观地限制高额利润边界。此时,房产的购买者,可参照公示的成本而出价,避免盲目性。而且,对于已经公示的房产成本,还要由市人大代表、市政协代表等组成的"房价监督委员会"之类的组织,进行不定期抽检,并将结果公之于众。简言之,对于房价,应当进行多方面、多层次的检测与监控,使其由"暗处"转向"明处"。

房屋成本一直是个"敏感的热门话题"。说它"敏感",是因为房地产业的兴衰会影响其他相关产业发展;说它"热门",是因为近几年我国大中城市房价普遍较大幅度上涨。尽管国家不断出台宏观调控政策,对一路蹿升的房价起到了一定抑制作用,但与购房者的期望距离依然十分巨大。

关于房屋成本能否测算、能否公布,一直是大有争议的。有些人一直宣扬"房屋成本不可知"论,即"房屋成本神秘"论,鼓吹房屋成本测算"工作量非常巨大","缺乏可操作性",等等。实际上,无论房屋的建造程序多么繁多而复杂,总是可分解为相对独立的部分而分别求出成本的。

例如,在《中国经济时报》记者谢光飞采访北京合作建房者代表于凌罡的报道中,后者提供的估算数据是:2006年北京市楼面实际平均成本大约为5990元(其中土地出让金903元、拆迁成本1970元、市政成本250

---

① 参见周诚《国有市场年租制产权探索》,载《中国土地科学》1999年第4期;周诚:《土地经济学原理》(商务印书馆2003年版)第18章第3节。

元、楼面建安成本 1556 元、节能设备成本 300 元、企业管理成本 250 元、利息成本 350 元、税费成本 400 元)),但配套销售收入至少占 10%,从而实际楼面成本不到 5390 元。而市场上的实际平均售价为 8792 元,超出前者 63%。这一数据表明,一旦实行房产成本公示制,使购房者心中有数,而房地产开发商抬高房价,就难以如愿了。[①] 又如,阮奇等报道的上海某房产的相关数据如下:(1)建筑面积 5.1 万元/平方米,其中商铺 7000 平方米,住宅 44000 平方米。(2)成本:动迁成本 2.5 亿元,楼面价 4900 元/平方米;建安成本 2000 元/平方米;配套费用 1500 元/平方米(组成:规费:300 元/平方米,设计、环境费:100 元/平方米,管理费用:200 元/平方米,广告费用 100 元/平方米,资金成本 600 元/平方米,小区配套 100 元/平方米,不可预见费用 100 元/平方米);总成本 = (4900 元/平方米 + 2000 元/平方米 + 1500 元/平方米)× 5.1 万元/平方米 = 4.284 亿元;[②]售价与销售收入:商铺售价 3 万元/平方米;住宅售价 1.5 万元/平方米;销售收入 = 7000 平方米 × 3 万元/平方米 + 44000 平方米 × 1.5 万元/平方米 = 8.7 亿元;(3)毛利:8.7 亿元 - 4.284 亿元 = 4.416 亿元。(4)成本利润率:4.416 亿元/4.284 亿元 = 103%。[②]

有的人玩弄概念游戏,说什么"建筑成本"可以公布而"建设成本"无法公布,原因是"建设成本"包括了所有建设项目运营的成本,一个项目一个模式,无法固定,只有等整个项目完工后,开发商才能核算出来。但是,现实生活并不支持这种观点:试问,为什么有时房子还未动工,开发商就能够开始定价预售了呢,这岂不是自相矛盾吗?

2006 年广东省"两会"期间,人大代表朱列玉提出了控制房地产行业暴利的三条建议:公开房屋成本、实行购房指导价和最高限价,可是这些建议都被广东省建设厅一概"否决",理由是,对商品住房成本进行公开,容易造成对企业商业秘密的侵犯和对公平竞争环境的影响。实际上,开发商和相关职能部门的"商业秘密论"只不过是高房价的"遮羞布";

① 《中国经济时报》2007 年 5 月 16 日第 15 版。

② 阮奇、李雁争:《房产成本清单曝光:回报率近 100%》,中国证券网《上海证券报》(电子报)2006 年 9 月 27 日。

房屋成本不是"不能见人",而是"见不得人"。正当、正常的房屋成本容易算出、也有办法公布,但开发商拿地、融资的"灰色投入"无法记在明账上。于是,开发商和一些政府官员虽然身份不同却又"异口同声"地保护"商业秘密",也就不足为奇了。①

由此可见,房屋成本问题,对于一些人(含开发商、官员、学者)的经济良知和市场认知,是一个严峻的考验和检测。开发商作为商人,力图掩盖真实成本以求高额利润是很自然的,但是从整体上来看却是不符合价值规律和市场运行机制的。某些官员偏向开发商这一事实表明,两者利益的"过度重叠"("超正常重叠"),显然是不正常而应当加以匡正的;至于某些学者的随波逐流,则是上述两种心态的折射。应当指出,在市场经济中,任何行业、任何人,都只能遵循、服从价值规律和市场运行机制,并在这种"循规蹈矩"的平等竞争中,谋取最大限度的利益,而不是依靠垄断、庇护,通过对于消费者的蒙蔽等攫取非分之利。否则,便会损害消费者(购房者)的正当利益,妨碍市场经济的正常运行,从而进一步损害国民经济。理论工作者的庄严使命在于,忠实于市场经济的基本理论,责无旁贷地从最基本的理论层面上提出驱邪扶正、兴利除弊的见解,以利于房地产市场的健康发展。

也许有人会提出这样的问题:既然如此,为什么又要鼓吹由国家垄断土地二级市场呢?回答这一问题并无困难:国家垄断土地二级市场,只是为了限制土地开发商通过对土地使用权的投机活动而攫取非分之利,保护广大市场参与者的正当利益。这是在社会主义市场经济中,通过"有形之手"而制约"无形之手"的题中应有之意,这是前者的责无旁贷的职责。反之,如果政府对此不闻不问,甚至随波逐流,倒是完全不可思议的!

三 彻底开放房产市场,解决住宅紧缺难题

在关闭土地二级市场,实行房产成本公示制的基础上,即可彻底开放

① 赵宝:《房屋成本"不能见人"还是"见不得人"?》,《新华每日电讯》2006年9月26日第3版。

房产市场并取消经济适用房、中低面积低价房、机关自建房、廉租房等等，但不限制消费者自建。这意味着，在关闭土地使用权二级市场的基础上，尽可能活跃房屋的兴建、买卖、租赁、抵押等活动，使得房产市场尽可能接近普通商品市场。政府、单位可通过补贴、贷款（低息或无息）等形式扶助贫困家庭购房、租房，而不必花费财力、人力去直接兴建、管理住房。换言之，在市场经济中，解决住房问题的正常途径应当是尽可能依靠市场、匡正市场，尽可能兴其利而除其弊，而不是绕过市场代之以种种行政干预，后者肯定是既吃力而又难以讨好的。而且，当政府全面控制土地二级市场之后，开发商便很难再进行土地投机活动，那么国内外资金拼命涌入房屋市场的潮流，便可自然而然地在相当大的程度上得到遏制。

四 结束语

以上所述的治本之策的要点为，在关闭土地二级市场的条件下，彻底开放房产市场，从而使得房产的价格在较大的程度上脱离土地垄断价格（由于区位不同而影响房价，从而不可能完全脱离），在较大的程度上接近生产价格。在此条件下，投机的余地便大大缩小，从而对于房价进行人为的种种限制便基本上是多余的了。

简言之，笔者并非是简单地、盲目地反对房地产的市场化运转，而是主张除其弊而兴其利，尽可能使房地产市场在政府的适度、合理的约束下，正常地运转，使市民、房地产开发商、政府这三者，居于正位、谋取正利、和谐共处、避免尖锐冲突。可谓，何乐而不为？

恩格斯《论住宅问题》的当代意义

◇宋丽丹[*]

《论住宅问题》是马克思主义经典著作之一。它的写作历史背景是普法战争之后，得到法国几十亿战争赔款的德国迎来了一个经济高速发展的时期，就在这一时期，由资本主义发展造成的社会矛盾也激化起来，表现之一就是创造了社会财富的工人在社会繁荣场景下，并没有分享经济发展的成果，反而面临严重的住宅缺乏问题。这种现象引起了大小资产阶级社会庸医的注意，他们解决这个问题的核心就是工人对自己住宅的所有权。

1872—1873 年，为了驳斥和揭露大小资产阶级社会主义、慈善主义对工人住宅问题的解决办法和用它们的意识形态竭力影响工人运动的企图，恩格斯先后写了三篇文章（合称《论住宅问题》）——给予了驳斥，并提出马克思主义解决该问题的观点和立场。恩格斯指出：今天资产阶级所注意的住宅问题，是指本来就很恶劣的工人的居住条件，在从小生产向大工业过渡的时期，一方面由于大批的农村工人，涌入到发展为工业中心的大城市里；另一方面为创造适应大工业发展的新条件，城市的改造，如对旧城区通常也是工人聚居区的改造、拆迁，使大批工人找不到价格低廉的住所，由此造成了工人住宅缺乏的问题。但这种现象并不是现代特有的，在一切时代一切被压迫阶级都被这种缺乏所困扰和伤

---

* 宋丽丹，中国社会科学院马克思主义研究院助理研究员。

害。恩格斯认为，今天主流媒体关注这个问题，只是因为它不仅只局限于工人阶级，而且也伤害到小资产阶级，同时也对资产阶级产生了负面影响。

今天我们重读这一著作，仍能从中得到深刻的启示和教益。

一 马克思主义解决住宅问题的基本观点

对资本主义条件下的工人住宅缺乏问题，蒲鲁东主义认为"住宅承租人对房主的关系，完全和雇佣工人对资本家的关系一样"，是一种违背了永恒公平的法权理由，必须废除住宅租赁制。它提出的解决方案是，根据公平原则宣布房租是对住宅的分期付款，从而使每个租房者都成为自己住房的所有者。

资产阶级社会主义解决住宅问题的方案是："要雇主即厂主帮助工人取得合适的住房，或者是由自己出钱修建住房，或者是鼓励和帮助工人自己进行建筑，供给地皮，贷给建筑资金，等等。"

恩格斯指出蒲鲁东主义的实质是小资产阶级社会主义，不是从无产阶级夺取政权出发来解决属于资本主义社会问题的住宅问题，而是妄想退回到小生产、小私有者的社会来解决，从而什么问题也解决不了。

住宅问题只是从资本主义生产方式中产生的无数祸害之一，它并不是资本家把工人当作工人来剥削的直接后果。如果硬说它和剥削问题一样，则是将后果当作原因，转移了工人对真正剥削的关注，而这种剥削才是社会革命力图通过消灭资本主义生产方式来加以消灭的根本祸害。资本主义生产方式并不会因为废除住房租赁制而受到损害，但蒲鲁东主义者却宣称废除住房租赁制是最高尚的革命思想之一，是改造社会的头等要求。对工人运动提出这种劝告，在理论上和实践上都是极其有害的。

虽然蒲鲁东主义者提出的房租换房屋的方案和他们的交换银行一样是行不通的，但是，狡猾的资产阶级还是从中发现了可以利用的东西：即用分期付款的办法把小住宅卖给工人，不仅可以榨取金钱，而且还可以磨灭工人的革命精神。恩格斯引述别人的话指出："统治阶级最明达的领袖总是力求增加小私有者的人数，以便为自己造就一支反对无产阶级的大军。"① 如在西班牙，就曾因为大地产的打碎造成的一个小土地所有者阶级，成为社会中最反动的因素和城市无产阶级革命运动的经常障碍。

而资产阶级社会主义的实质正是在于既希望保全现代社会一切祸害的基础，同时又希望消除这些祸害。它据此提出的解决方案既是反动的，又是不可能实现的。

恩格斯以房租和食品价格的降低也必然降低劳动力价值为例说明，假定工人都有自己的小宅子，也只不过是替资本家节省了再生产劳动力的费用，以工资降低的形式抵消节约出来的房租的数量。因此，希望工人成为房主与其说是为了工人的利益，倒不如说是为了资本家的利益。

恩格斯认为，资本即使能够办到，也不愿意消除住宅缺乏现象，原因在于，建造昂贵的、工人买不起的住宅能给资本家带来更大的利润。资本家不得已修建工人住宅的情况只在工人住宅是生产的必要条件之一时才出现，如在那些因矿藏地处偏僻无房可租住的厂矿。

至于资产阶级装模作样提出的公共工程贷款法，它所能拨付的资金微乎其微，与工人的住宅需要相比简直就是沧海一粟。因此，现代国家，即资产阶级政权，不能够也不愿意消除住宅灾难。这种国家不过是土地所有者和资本家用来反对被剥削阶级即农民和工人的有组织的总和权力。

这些大小资产阶级社会主义力图将住宅问题解释为要么是一个可以通过法律废除的法律问题；要么是一个可以通过经济手段解决的经济问题，但这一问题产生的实质是生产资料和消费资料与劳动者相分立达到极端化后的一种社会现象和后果，非通过社会革命消灭私有制和剥削制度不能得到合理和彻底的解决。

恩格斯认为，住宅问题是资产阶级社会形式的必然产物；在这种社会里，工人只能靠为维持生命和延续后代所必需的那些生活资料来过活；机器等的不断改善使大量工人失业；工业的剧烈的周期波动一方面决定着大量工业后备军的存在，另一方面又不时地造成大批工人失业并把他们抛上

① 《马克思恩格斯选集》第3卷，人民出版社1995年版，第155页。

街头；在这种社会中，工人大批地涌进大城市，而且涌入的速度比在现有条件下为他们修造住房的速度更快，所以，最污秽的猪圈也经常能找到租赁者；最后，身为资本家的房主不仅有权，而且由于竞争，在某种程度上还从自己的房产中无情地榨取最高的房租。在这样的社会中，住房短缺并不是偶然的事情，它是一种必然的现象；这种现象连同它一切影响健康等的各种反作用，只有在产生这种现象的整个社会制度都已经发生根本变革的时候，才能消除。

社会革命将怎样解决住宅问题呢？只要无产阶级取得了政权，由社会集体占有包括住宅在内的生产和生活资料并进行合理分配就能彻底解决这个问题。恩格斯指出，有一点是肯定的，现在各大城市中有足够的住宅，只要合理使用，就可以立即帮助解决真正的"住宅缺乏"问题。

新中国成立之初就是采用这种办法解决了无房市民的住房问题，从实践上证明了住宅问题的解决是与社会制度的性质密切相关的。

二 现阶段解决住宅问题的思路：
市场供给与政府保障并举

当今中国又一次出现了住宅问题，一方面房子修得太多，城市商品房空置率平均达 10 个百分点以上并仍在上行；另一方面，房价不断上涨，远远超出工薪阶层的购买力。北京、上海等大城市的房价收入比超过 50 倍以上。① 中国社会科学院发布的 2010 年中国经济形势分析与预测的经济蓝皮书表示，房价远远超出普通家庭收入，全国 85% 的家庭买不起房。②

社会主义市场经济条件下，住房成为商品是否必然？笔者认为，在吃穿住这三个关系人类基本生存需要的要素中，吃穿可以通过市场经济实现

---

① 中新社北京 2010 年 4 月 21 日报道。房价收入比是指住房价格与城市居民家庭年收入之比。国际上通用的房价收入比的计算方式，是以住宅套价的中值，除以家庭年收入的中值。按照国际惯例，目前比较通行的说法认为，房价收入比在 3—6 倍之间为合理区间，如考虑住房贷款因素，住房消费占居民收入的比重应低于 30%。

② 王永生：《社科院经济蓝皮书：全国 85% 家庭买不起房》，《法制晚报》2009 年 12 月 7 日。

商品化，但在社会主义国家，住房必须在一个十分有限的范围内成为商品进行市场交换。

其一，与另两个要素相比，住房由于与土地直接相关，建造时间长，使用期限最长，同时造价最高，使之极易在市场机制中成为资本投机的对象。大量的投机者通过房地产一夜暴富，其投机获益远胜于任何其他投资和兴办实业。有评论指出，畸高的房价绝非是供不应求的结果，而是源于大量的囤积和炒作。根据中国社会科学院数据，全国 660 多个城市共有闲置房 6540 万套，在建房有 1250 万套，如果以每套 3 人居住的话，闲置房和在建房相加共有 7790 万套，可供 2.6 亿人口居住。而按目前中国城市化率 45% 计算，城镇人口也仅为 5.85 亿，商品房闲置率可达到 40% 以上。①

其二，与吃穿用品不同，在有通胀预期的情况下，人们往往会选择房产、黄金等高保值商品作为对抗通胀的手段，这样一来，根据价高者得的市场机制，住房价格可以被那些手中有富余资金的人们推高至远远超出其价值的地步进而造成严重的社会问题。现在是什么样的人有能力购买房子呢？有资料显示，10% 的人购买了 50% 的房子，② 有一位山西煤商在北京就购买了 46 套住房，他认为和朋友相比他买得不算多。

其三，住宅有其特殊的社会功用。人们常用"居者有其屋"、"安得广厦千万间，大庇天下寒士俱欢颜"等语句表达住宅对于确保人的尊严与正常生活状态的重要性，而"安居乐业"又反映了在一个社会里，住宅具有重要的社会稳定功用。因此，住宅不能全盘商品化是为了确保实现社会主义居者有其屋的目标，从而体现社会主义制度的优越性。

其四，在住房按揭已经得到充分发展的今天，甚至出现了针对支付能力很差的人群的次级贷款，但是不仅没有合理有效地解决贷款人的住宅问题，反而由于信贷的膨胀，引发次贷危机、金融危机和经济危机，其实质是资本主义有支付能力的需求与供给的严重脱节。在中国，房地产市场发展到现在不仅没有解决反而引发了更严重的住宅问题，值得深思。除此之

---

① 郑奋明：《投机暴富致社会不公　房产市场须回归"以人为本"》，《南方日报》2010 年 5 月 9 日。

② 邢飞：《一成人买走五成房　学者力挺房产税打击炒房》，《北京晨报》2010 年 5 月 13 日。

外，房地产泡沫的存在又带动 CPI 指数的一路上扬，使得国民经济面临巨大的通胀风险。而房地产业现在已成为与国民经济高度关联的产业，占 GDP 的 6.6% 和 1/4 投资，与房地产直接相关的产业达到 60 个。[①] 这使得政府对房地产业的任何调整都举步维艰，为国民经济埋下了极大隐患。

在为发展房地产业寻找理论依据时，有人在《列宁选集》的 "住宅问题" 这一节中，查到列宁引用过恩格斯的一段话："……住宅、工厂等等，至少是在过渡时期未必会毫无代价地交给个人或协作社使用。"[②] 还看到在《共产党宣言》中有 "剥夺地产，把地租用于国家支出"[③] 的话，就把这些作为发展住房市场化、商品化的理论依据，甚至认为，《论住宅问题》创建了马克思主义住宅商品经济理论，成为现代市场经济理论不可或缺的组成部分。其实这些是对马恩列经典著作的误读。

在过渡时期或者说社会主义初级阶段，还存在着商品经济，那么，住宅当然不能毫无代价地交给个人使用，因为住宅也是有成本的，这个成本由各种建材、工人劳动等成本构成，住宅应该以成本价交付给人们使用，这与按劳分配的原则也是相适应的，但这绝不应当成为将住宅交由公司和市场去追逐利润最大化的理由，更不可能构成所谓的马克思主义住宅商品经济理论。

恩格斯确实说过 "消灭地产并不是消灭地租，而是把地租——虽然形式发生变化——转交给社会"[④]。因为，在过渡时期，城乡差别还存在着，城市土地的稀缺性决定了级差地租仍然存在，在这种情况下，个人或协作社要使用属于全社会所有的住宅就得缴纳地租，而社会再将地租以不同形式投入到满足社会居民的各个方面。恩格斯讲得很清楚，资产阶级和小资产阶级解决这个问题的核心就是工人对自己住宅的所有权，但是通过市场 "资本家不愿意而工人则不能" 解决住宅问题，这个问题的解决只有在消灭了与私有制相结合的资本主义生产关系才有可能。这样的见解怎么可能

---

① 余斌：《房地产业成中国经济直接命脉》，《扬子晚报》2009 年 11 月 26 日。
② 《列宁选集》第 3 卷，人民出版社 1995 年版，第 162 页。
③ 《马克思恩格斯选集》第 1 卷，人民出版社 1995 年版，第 293 页。
④ 《马克思恩格斯选集》第 3 卷，人民出版社 1995 年版，第 217 页。

成为所谓的马克思主义的住宅商品经济理论呢?!

在住房问题上搞全盘市场化,只会使房地产市场推高而不是节省了人们的居住成本。因此,在保留中高端商品房市场的基础上,政府有责任也有义务综合利用各项优惠政策为工薪阶层提供基本住房保障,摒弃将住房问题完全依赖市场解决的旧思路。

重庆市政府从2003年启动的旨在解决中低收入人群住房问题的公租房制度,采取了从完全市场化的"单轨制"转变为市场供给与政府保障并举的"双轨制",在一定程度上缓解了普通重庆市民的住房难问题,并有力地遏制了房价上涨的空间。这一制度可视为在社会主义初级阶段解决住房问题并化解住房商品化与实现住房社会保障功能之间矛盾的有力举措。

四 对农民工问题、城乡对立问题的论述 及其在方法论上的有益启示

在《论住宅问题》第二版序言中,恩格斯还提到了农民工问题。

在这篇文章里,家庭工业工人,他们是农民(小农)也是工人,往往占有一定的生产资料如手织机、小屋子、小块土地等,不是无产者,是小私有者。这种工人只是在手工业还在与机器大工业作斗争的地方存在着,他们从事家庭工业是为了换取报酬过上某种程度上有保障的生活,是由前资本主义社会过渡到资本主义社会时期的特殊工人群体。但在第三世界国家,这种家庭工业工人目前仍然大量存在着,在中国,这种类型的工人正如贺雪峰所指出的:"是兼业的小农。在传统时代,农民往往无法仅仅靠种田来维持家庭劳动力的简单再生产,他们不得不从事一些手工业,或者给地主做长工短工来获得部分收入,以维持家庭劳动力的简单再生产。目前农民外出务工,就相当于传统时期农民从事手工业等兼业。"[①]

恩格斯家庭工业工人的概念对我们的启示在于,工人阶级与无产阶级是两个既有联系又有区别的概念。在资本主义发展的初级阶段,工人阶级

---

① 贺雪峰:《农村土地何以成了问题》,《三农中国》2008年7月。

可以同时是小私有者，又是雇佣劳动者，但这种状况"同时也是工人阶级精神上和政治上极其低下的基础"。只有在资本主义的中、高级阶段，工人阶级被彻底剥夺后才成为名副其实的无产阶级。在社会主义社会，工人阶级就不再是资本主义条件下被剥夺得一无所有的无产阶级，因为他们占有社会生产资料。

恩格斯指出，大部分德国出口商品价格低廉得令人吃惊的秘密在于资本的利润都用扣除正常工资的方法榨取出来，而全部剩余价值则可以白送给买主。能够做到这一点是因为，家庭工业工人全家从自己菜园或小块土地上辛苦得来的东西，被资本家用竞争从劳动力价格中扣除了，工人不得不接受任何一种计件工资，因为不这样他们就什么也得不到，而单靠自己的农产品又不能维持生活。

农民工在城市做工，他们的老幼妇孺在农村留守种田，也就使得资本可以压低农民工的劳动力价格获取超额利润，也就是说，资本家实际上剥削着农民工的全家人！正如意大利人乔万尼·阿里吉在研究非洲资本主义积累时所指出的那样，"只要无产阶级化是局部的，那么它就创造了非洲农民贴补资本积累的条件，因为他们生产了自己的部分生存品"。恩格斯指出，正是这种情况，比其他任何情况都更甚地把其余各个工业部门的德国工人的工资和生活水平也保持在西欧各国工人的水平之下，也压低了城市工人的工资，使它降低到劳动力价值之下。因此，"无怪乎靠这样不正常地从工资中扣除的钱过活和发财的大资产阶级和小资产阶级，总是醉心于农村工业，醉心于占有住房的工人，认为推行新的家庭工业是救治农村中一切灾难的唯一单方！"[①] 国际劳工组织公布的数据显示，2000—2005年，中国的人均产值增长了64%，但工资总额占GDP的比重却从12%下降到11%，延续了20世纪80年代以来不断下降的趋势，作为制造业大国，目前中国制造业领域的劳动力价格比印度还要低10%。国外有人据此指出，中国工人的工资水平压低了世界工人的工资水平。恩格斯指出，

① ［意］乔万尼·阿里吉：《亚当·斯密在北京：21世纪的谱系》，路爱国、黄平、许安结译，社会科学文献出版社2009年版，代序第3页。

农村家庭工业和工场手工业使德国农民阶级越来越革命化，他们在经受着各种捐税和封建义务重压的同时，也被卷入资本主义商品生产的大循环，获取很低的劳动报酬，遭受资本的盘剥，并且将逐渐破产而彻底沦为无产工人，因为，大工业将打败他们的手工业，大农业将战胜他们的小农业，在英国农民向工人的转变是通过惨烈的圈地运动，在德国农民是被机器剥夺而成为工人，其后果"就是使工业革命推广到农业地区，从而把居民中最不活动最保守阶级变成革命的苗圃"。在中国，在土地流转的洪流之下有可能造成大量失地农民，目前大陆至少有6630万农民失去土地，而且这个数字仍在增长。①

《论住宅问题》也提到了城乡对立和城市化问题。

"住宅问题，只有当社会已经得到充分改造，从而可能着手消灭在现代资本主义社会里已达到极其尖锐程度的城乡对立时，才能获得解决。……想解决住宅问题又想把现代大城市保留下来，那是荒谬的。但是，现代大城市只有通过消灭资本主义生产方式才能消除。"② 这是因为消灭城乡对立日益成为工业生产和农业生产的实际要求，"人应该把取自土地的东西还给土地……城市特别是大城市的存在只能阻碍这一点的实现"③。

人的自由而全面的发展离开人与自然的和谐相处是不可能实现的，而城市生态则阻碍了人类社会与自然的天然接触、和谐相处。城市与乡村的分工、脑体分工、工农分工体现了生产力发展的一定历史阶段性和局限性，城乡对立既是生产力发展又是生产力不够发达的产物。自从产生城乡对立后，人类的生产与自然界的协调就遭到了破坏，资本主义私有制下的大城市将这种对立达到了极端紧张的程度，而在这种紧张状况下，人类的住宅问题是得不到有效解决的，因此，城市化并不是解决住宅问题的合理思路。随着生产力的发展和社会制度的进步，以消除城乡对立为前提，人类社会不仅能从数量上彻底解决住宅的短缺问题，而且能从质量上解决包

---

① 谌彦辉：《大陆六千万农民失地线路图》，《凤凰周刊》2005年第4期（总第173期）。
② 《马克思恩格斯选集》第3卷，人民出版社1995年版，第174页。
③ 同上书，第215页。

括交通、污染、农产品供应等在内的关系人类宜居的问题。

《论住宅问题》不仅是三篇论战性质文章的集合，它还在方法论上给我们指出了一些有价值的观点。

第一，恩格斯认为，谁要研究现代社会主义，谁也就应当研究共产主义运动中那些已被克服的观点。因为那些观点，在反对派那里是随时准备以新的形式出现的。

第二，要接近一定的具体的社会关系的第一步就是研究这些关系，考察它们之间的实际的经济联系。

第三，实际的社会主义是在于对资本主义生产方式各个方面的正确认识。缺少这样的认识，就会陷于空想。

参考文献

［1］《马克思恩格斯选集》第 1—4 卷，人民出版社 1995 年版。

［2］《列宁选集》第 1—4 卷，人民出版社 1995 年版。

［3］《毛泽东选集》第 1—4 卷，人民出版社 1991 年版。

［4］赵光武、芮盛楷：《辩证唯物主义与历史唯物主义》，北京大学出版社 1992 年版。

［5］程恩富主编：《现代政治经济学》，上海财经大学出版社 2006 年版。

相关信息

人大代表程恩富关于"新住房策论"部分观点的网络评论

　　强烈支持！这样可以抑制房价和租金，可以让流动人口住得更方便点，可以极大地减少土地资源的浪费，可以将过剩资金从泡沫横生的房地产业赶出。

　　　　　　　　　　　——搜狐社区：tanghuaijun2011—03—10 11:12:05150611510

　　终于出现了一个能代表人民说心里话的人民代表。

　　　　　　　　　　　——搜狐社区：djhrnb2011—03—10 11:36:14150612484

　　这么好的提案应该是直接执行就可以了！

　　　　　　　　　　　——搜狐网友2011—03—10 11:20:52150611881

　　人大代表程恩富，国家需要像你这样正直的人！！！

　　　　　　　　　　　——搜狐社区：59e7a26cd59c399b2011—03—10 12:21:41150614427

　　土地属于地球上的每个人，人一来到这个世界，就有权享受相应的居住之地，房子只能分配而不可有钱就能随便多买。

　　　　　　　　　　　——网易浙江省温州市网友 ip:125.110.*.* 2011—03—19 23:04:54 发表

　　政府千方百计地盖商品房，可富人买走了穷人买不起的房子。对于占大多数的工薪阶层，他们赚来的钱还不够房子涨价，他们要一辈子为买房背上借钱贷款的沉重包袱。这好像让大学生和小学生都站在同一起跑线上考试，公平吗？

　　现在等房子结婚的大多是年轻一代。当年，他（她）们的父母响应国家号召为计划生育作出贡献，对独生子女的未来寄托养老的希望，可长大了，年老的父母还要为子女买高价的房子忧心忡忡。这批人占了国民很大的部分。只有他们能买得起房子，才算是房价降下来了，才算是居者有其屋了。政府不应该在住房问题上创税收、跟老百姓争利益。不要搞什么土地拍卖。而要牺牲局部利益，换取老百姓安居乐业、社会稳定。要以家庭为单位控制多套买房。现在大家都看清楚了，房价能不能降下来，是政府是否真的让利于民。

压抑房价，要釜底抽薪。即住房要按家庭和身份证号实名制，一对夫妇只能住一套房子。政府给每对育龄新婚夫妇以能够承受的低价分配一套住房，不响应计划生育可收回房子。同时政府以现有市场价收回那些一对夫妇有多套的房子。如果富人要购第二套房子，可将收购回的房子按超过市场价10倍以上的价格供给特价房。

这样既保证了普通平民居者有其屋，又满足了富人要多套房子的心理欲望，国家也不会亏本。通过宣传，想必富人都会有爱心能够接受，使穷人和富人的心理都得到平衡，成为调控贫富阶层的有效杠杆，（程恩富教授）这个方法也是对个人所得税的有力调控。保证了国家和人民的团结和谐，国家也完全有能力去实现这一目标。

为民着想，建议不错，我顶！！！

——网易广东省深圳市网友 ip:183.15.＊.＊ 2011—03—10 08:55:30 发表

此法可行！

——网易江苏省徐州市网友 ip:58.241.＊.＊ 2011—03—10 08:48:05 发表

对头！强烈支持！解决之道，最切实可行的方案，就是在推广房产税时增加一条：即对持有2套以上或人均超60平方米以外的房产课以市值1%—10%的累进税（占有过量社会资源，纳税天经地义），便可以置一切囤积和投机房产者于死地。如果这样的方案出台，估计房价半年左右即可回归正常，国库还可以通过查处贪官污吏获得数以万亿计的罚没赃款，90%以上的老百姓会拍手称快，如此功德盛事，何乐而不为耶？

——网易浙江省温州市网友 ip:124.160.＊.＊ 2011—03—12 19:20:29 发表

这种方法可以在全国100个大中城市执行。至于县城以下的小城镇则不可以执行，因为中西部有太多人出外打工，自己房子长期闲置。

——网易广东省广州市网友 ip:210.21.＊.＊ 2011—03—10 08:53:16 发表

我认为他讲得对，20 年后房价下跌。因为到那个时候，一个小孩都有 4 套住房，他没那个必要买房子了。就以 80 后为例，80 后买了一套房子，他父母还有一套房子，80 后生了小孩后，这样小孩就有了 2 套房子，这个小孩长大后，结婚，同样，对方也是 2 套房子，加起来就是 4 套房子。所以没必要买房了。我是这么理解的！

——网易安徽省合肥市网友(58.242.＊.＊)的原帖

法盲委员，把物权法置于何地？对空置房该做的是征税，征高额房产税。

——腾讯微博熊归故乡

气愤之语，不必当真。我看，这个委员还行，毕竟表达了不少老百姓的情绪。

——腾讯微博高山顶上一青松

出发点很好。但是，您能不能先告诉我们，在立法层面上，啥叫"空置房"？交房后没装修的？啥又叫装修？人家就隔上几堵墙，说我就这样装修，不行吗？没人住？啥叫没人住？人家说我一年过来逛一次。一年不行？那一个月总行吧？要不然一周一次？要过夜才算住吗？过夜的事要不要报哪个部门备案？

——腾讯微博林小肥 kevin

中金在线调查：

1. 您认为什么样的房子才算空置房？

	选项	票数	比例
(1)	竣工一年没有实现销售的房子	13	52%
(2)	包括业主不自住也不出租的房子	8	32%
(3)	也包括业主在同地区有第二处及以上同时居住的房子	4	16%

2. 您认为应如何处理空置房？

	选项	票数	比例
(1)	对业主按空置时间进行高额度罚款	3	23.08%
(2)	强制征用做廉租房	6	46.15%

续表

	选项	票数	比例
（3）	征收房产空置税	2	15.38%
（4）	政府对空置房有偿收回	2	15.38%

3. 您认为强制租售空置房执行最大的困难是

	选项	票数	比例
（1）	空置房的界定、数据调研	3	23.08%
（2）	与《物权法》相悖，相关法规制度的修订	2	15.38%
（3）	地方政府的不执行	5	38.46%
（4）	房屋业主的"下有对策"	3	23.08%

关于当前对我国房地产问题的看法

◇杨圣明[*]

　　现在大家最关心的是房地产。我们总想把房地产的价格往下压，但是与我们的愿望相反，它总往上涨，这是什么原因呢？我认为房子问题的原因是我们只依靠市场买卖，这条腿太单一了。应该实行三种办法，即市场化的占1/3，半市场化的占1/3，完全不要市场、纯出租、不能买卖的占1/3，国家房屋的模式应该是各1/3，不是百分之百的房子都能买卖。如果中国人每家都能买到一套房子，不管是60平方米还是90平方米，那么中国人绝对不需要救济。我们的思路太单一了，都寄托到买卖市场，这个思路是偏的，正如同我们过去搞医疗改革，包括义务教育，都是过分地相信了市场。在房子问题上，刚才也有同志提到了，完全依靠市场是不行的，必须多元化，有的只能半市场，全市场化的房子绝对不能超过1/3，半市场化的房子占1/3，完全脱离市场、由政府盖的廉租房必须占到1/3。最近开了廉租房全国会议，我认为这个会议很好，但是抓得晚了。尽管晚，但是现在开始抓了，我非常赞成。大学毕业生能买得起房子吗？一个月收入1000块、500块钱的人买得起房子吗？一辈子也买不起。那怎么办？他们只能依靠廉租，一个月掏20—30块钱的租金，或者100块钱的租金，这些都是可以的。或者政府规定，大学毕业生每个月象征性的拿5块钱房租，可以住几年。新中国成立以来国家建了那么多房子，甚至可以由国家拿钱

　　＊　杨圣明，中国社会科学院学部委员、财政与贸易经济研究所原所长。

收回来，把它们变成廉租房。我们应该两条腿走路，一个是市场化，一个是租赁化，现在只走了市场化，租赁化的不够。

（这是作者2007年8月29日在人大代表分组审议《国民经济和社会发展计划执行情况的报告》时发言的一部分）

各国推广廉租房公租房面面观（德国）

◇魏爱苗[*]

一　从政府提供"公租房"到发放"住房补贴"

● 德国各级政府尤其是联邦政府把推动福利住房，即由国家资助建造、租金较低、专门租给低收入人群的住房建设作为必须履行的职责。

在德国工作生活多年，记者结交了不少当地朋友，既有高级公务员和跨国公司老总，也有清洁工和报童。交往多了，记者发现，在他们中间，自购住房者或有此意愿者均占少数。究其原因，主要是德国拥有高度发达的住房租赁市场和完善的配套措施保障，特别是对低收入人群，政府还给予了各种住房租赁优惠政策。

在德国，房地产业被视为社会福利机制的重要一环。德国人普遍持有这样一种看法："即使住宅市场从总体上讲是供需平衡的，但仍有一些家庭无法依靠自己的力量获得相应的住房。"因此，与医疗、教育等福利一样，保障居民住房是联邦政府首要的政策目标之一。其《住宅建设法》明确规定，要建造面积、布局、租金适合广大居民需要的住房。

在法律的推动下，德国各级政府尤其是联邦政府把推动福利住房，即由国家资助建造、租金较低、专门租给低收入人群的住房建设作为必须履

---

* 魏爱苗，《经济日报》驻柏林记者。

行的"职责"。联邦政府自1949年以来，每年都向各州提供数额不等的财政支持用于住房建设或补贴。2006年9月1日生效的《联邦改革法》将住房职责划归各州政府后，联邦政府虽然不再需要提供财政支持，但作为补偿，从2007年至2019年仍必须向地方转移财政资金。据统计，战后60年来，德国先后建造了近1000万套福利住房。

不过，德国福利住房在发展后期却呈逐年减少趋势。据一位房地产专业人士介绍，这既是因为住房紧张状况已得到缓解，也是由于这种高福利公共住房绝大部分是低于成本运营的，给拥有产权的各级政府造成沉重的财政负担。以科隆市为例，福利住房每平方米月租金为4.8欧元，一般商品房每平方米月租金为7.8—8.8欧元，前者比后者要低40%—50%。但这并不意味着福利住房的消失。德国的房产政策是重点考虑住房的社会属性，其次才是市场属性。这种性质在德国《基本法》和《住宅建设法》中都有明确的阐述。那么，在政府退出公共住房领域之后，福利住房如何得到保障呢？专家认为可以采取以下几方面措施：

一是通过政策影响住房市场。无论开发商属于公司、个人还是住宅建筑企业，要想获得政府的支持，即长期贷款、低息贷款甚至是无息贷款，以及土地，包括土地优惠等政策好处，都必须与政府签订一个合同，待房建成以后，优先以成本价租给政府或政府指定的住户，成为公共租赁市场的一部分。政府利用优先使用权，将这些住房出租给普通居民和低收入人群。

在公共住房领域，德国不存在完全的市场经济。即使是个人买房，也享受了国家提供的各种优惠政策，比如银行优惠贷款、买房补贴等。投资人即使完全靠商业运作，不要国家任何补贴或优惠政策，在德国住宅市场供需基本平衡，甚至是在供大于求的情况下，也不存在任何运作成功的可能性。他们的前途只有一个，就是与政府合作，在合同期内以成本价租给政府或政府指定的租住人群，待合同期满后再以市场价出租或出售。

二是给低收入人群提供住房补贴或发放"住房款"，以便他们能够在住房租赁市场租到适合自己的房子。哪些人属于低收入人群，哪些人可以获得住房补贴或得到"住房款"，法律或地方法规都有明确规定。2009

年，德国人均月收入为 2400—3000 欧元。据此，每月收入在 2200 欧元以下的单身家庭，两个成年人带一个孩子且月收入在 4100 欧元以下的家庭，都可以申请租金上涨补贴。同样以科隆市为例，科隆市有 100 万人口，其中 10 万人享受住房福利补贴，1 万人住社会福利住房。

二　德国居民自有住房比例低

● 欧盟成员国居民家庭拥有个人住房的比例平均为 63%。德国的这一比例是 43%。

在欧盟成员国中，德国经济实力是最强的。但居民拥有个人住房的比例，欧洲统计局的统计显示，德国在欧盟成员国中，排行老末。欧盟成员国居民家庭拥有个人住房的比例，平均为 63%。换言之，居住在欧盟境内的家庭，其中有 63% 拥有产权属于自己的家庭用房。德国的这一比例是 43%，比欧盟的平均数整整少了 20 个百分点。

在这个排行榜上，排在第一排的国家分别是罗马尼亚、保加利亚和匈牙利，家庭拥有私人住宅的比例分别为 95.1%、94.1% 和 92.5%。这三个国家拥有私人产权住宅的家庭比例都超过了 90%。排在第二排的国家分别是斯洛伐克、西班牙、爱沙尼亚、立陶宛、爱尔兰和斯洛文尼亚，家庭拥有私人住宅的比例分别为 86.6%、85.6%、84.6%、84.2%、81.7% 和 81.2%。这六个国家拥有私人产权住宅的家庭比例都超过了 80%。

高于欧盟平均数 63% 的国家有拉脱维亚，78.4%；卢森堡，75.1%；希腊，74.1%；英国，70.1%；比利时，69.8%；芬兰，69.2%；塞浦路斯，66.5%。低于欧盟平均数的国家有六个，分别是瑞典，62.0%；法国，57.9%；荷兰，52.5%；丹麦，50.9%；奥地利，49.8%；德国，43.2%。这是一个非常有趣的现象：发达国家拥有私人住房产权的家庭普遍低于不太发达的国家。换言之，在家庭拥有住房产权方面，西欧国家普遍不如东欧国家。

但这并不表明东欧国家的居民在住房方面普遍好于西欧国家。事实恰恰相反，以人均住房面积和家庭住房条件而言，排在最后一位的德国远远好于排名第一的罗马尼亚。德国住宅的平均面积为 92 平方米。罗马尼亚住宅的平均面积不足 42 平方米。两者相比相差一半以上。德国一口之家的住宅面积，无论是租还是买，平均为 67 平方米；四口之家的住宅面积，平均为 126 平方米。

据欧洲统计局统计，2005 年欧盟境内住宅的平均使用面积为 87 平方米。西欧发达国家，除荷兰外，每套住房的平均面积均超过或大大超过这个平均数。而东欧国家无一例外，每套住房的平均面积均低于或大大低于这一平均数。罗马尼亚住宅的平均面积，甚至不到这一平均值的一半。尽管他们住房的产权是属于居民自己的，但环境并不理想，人均住房面积小。

三　租房是德国家庭住房的主流

● 德国 57% 的家庭是靠租房过日子，拥有个人住房产权的家庭仅占德国家庭总数的 43%。

● 家庭人口多和收入高的人，购买住房的比例也就相应上升。

● 在德国，租房比买房方便、实惠。

● 德国年轻人买房是凤毛麟角，年轻人不着急买房。

据德国联邦统计局 2009 年的最新统计，德国 57% 的家庭是靠租房过日子，拥有个人住房产权的家庭仅占德国家庭总数的 43%。1993 年个人拥有住房产权的家庭为 39%。虽然这一比例在十几年间增长了 4 个百分点，但总体上变化不大，德国住房的主流依然是租房。

德国统计局的统计显示，是否购买住房与年轻人是否结婚没有关系。德国单身家庭租房的比例为 76%，"丁克族"家庭或二人世界租房的比重为 52%。购买住房的主要是带子女的家庭和高收入者。换言之，家庭人口多和收入高的人，购买住房的比例也就相应上升。

据统计，德国 3 人家庭拥有个人住房的比例为 57%。4 人家庭拥有个人住房的比例约为 70%。5 人或 5 人以上家庭拥有个人住房的比例约为 73%。德国家庭月净收入 2000 欧元是个分界线。月净收入低于这个数值的，绝大多数是租房户。月净收入高于这个数值的，买房的家庭愈来愈多。统计显示，月净收入在2600—3600欧元的家庭，购买住房的比例约为65%。月净收入在5000欧元以上至18000欧元的家庭，拥有个人住房的比例高达82%。

由此可见，德国拥有产权房的人，大都是那些养儿育女者或收入较高者。开始买房或自己建房的年龄段是在有了子女之后。这种家庭有这样几个特点：一是工作和婚姻都相对稳定。二是出生后的孩子需要有自己独立的空间。三是经过一段时间的积蓄已经有了一定的经济实力。也就是说，是否购买住房主要视自己的需要和收入情况而定。统计资料显示，在德国，租用住房的使用面积，平均每套为69平方米。而买房人，每套住房的使用面积平均为121平方米。从这里可以看出三个问题：一是德国人还是比较崇尚节俭的，租用住房的面积一般都不是很大。二是讲究实际，不追求奢华。租房者的主流是单身家庭和丁克族。有一套69平方米的房子，够用就可以了。三是逐步改善生活和居住条件。有了一定的经济实力，又有实际需要，比如人口增加了，这时就该考虑买房了。在德国，无论是官方还是民间，无论买房还是租房，一律用使用面积这一概念。因为这一概念比较清晰、明确，便于买卖或租赁双方公平交易。

统计资料显示，德国已经买房的家庭，从身份上看，主要是三种人。一是已经退休的人。这部分人拥有个人住房的比例是69%。二是独立开业的人，包括私人开业的医生、建筑师、律师或餐馆的老板等。三是公务员。公务员收入和岗位都比较稳定，所以大部分人最终都要买房。独立开业的人属于中产阶层，大部分人收入较高，工作稳定，至少没有被炒鱿鱼的风险。所以他们敢于买房，银行也乐意贷款给他们。至于说到退休的人员，这部分人用一生的积蓄为自己购套住房，也是一种归宿或心理上的享受。

另外，德国年轻人买房是凤毛麟角。这主要是由于年轻人的职业面临着多次选择，住所和收入都不稳定。但这并不会妨碍他们结婚。年轻人结婚，只要有房住就可以了，不一定非要买房。条件好的、收入高的，可以租地理位置好或大一点的房子。收入低的，选择小点的或老房子就是了。总之几乎没有人为了结婚而专门去买房子的。

在德国，租房比买房方便、实惠。德国房屋租赁市场很大。有关材料透露，仅仅在德国东部地区，就有 100 万套闲置的住房供出租或销售。在德国西部地区，仅仅是德国联邦、州和地方三级政府拥有的廉租房就有 300 万套。此外，住房合作社、公司和居民个人还有大量的闲置房可供出租。这么庞大的市场，对年轻人来说，总能找到合适的结婚用房。租房比买房实惠的地方，还在于省去了很多不必要的麻烦，比如维修等。德国商品房市场，最近 10 年来房价几乎原地踏步。有些地方，例如柏林，房价甚至有所下降。在柏林，每平方米 1000 欧元的住宅，可以买到相当理想的地段。在高房价地区或城市，比如法兰克福或慕尼黑，每平方米 1500 欧元也打住了。以德国人的平均收入来看，每个月的工资，如果不吃不喝，足可以买 2 平方米的住房面积。如果买二手房，房价肯定更低。但德国人不愿意负债，更不愿意当房奴。他们更看中休假、买车。所以买房的积极性不是很高。德国通货膨胀率很低，10 年来工资也基本没有什么调整，所以房价维持不动也正常。房价很难炒高的一个重要原因在于，德国的人口是呈下降趋势。在这种情形下，年轻人不着急买房。

四　可减免个人税收

● 建房、维修住房、改造住房、粉刷街面房等都可得到政府的补贴。

德国人在住房问题上的心态比较平和。德国有 8000 多万人，住房有 4000 多万套，人均 2 人一套。用德国官方的话说，只有供需基本得到平衡，才能从根本上解决住房问题。为了扩大供应，满足居民的住房需求，德国提高个人建房积极性的办法就是减免个人税收。

记者认识的一位德国朋友是一家研究所的副所长，夫人也是博士头衔，两人收入都不错。他们在图宾根市的边缘地带建了很大一栋房子。记者问他为什么下这么大本钱建房，他说不建白不建。建了房，每年上交的税收就又从公共财政里拿回来了。德国这种政策的设计非常巧妙，利用一小部分财政资金，撬动起庞大的社会力量，用社会资金去建设住房，从而大大加快了住房建设的速度。不止是建房、维修住房、改造住房，粉刷街面房等都可得到政府的补贴。德国有很多20世纪五六十年代的老房，按现今的标准都属于能耗高的不节能建筑，包括一些企业的厂房。如果进行改造，企业和个人就可从上交的税收中扣除国家给予补贴的部分。为了避免偷逃税收，德国采用了先交后退的办法，即把该收的税收全部收上来，到了年底或结税日，个人再凭借改建或建房的手续或证据，从当地税务部门拿回补贴。

五　住房理念平和

● 德国人更看中的是休假和与家人团聚。至于住房，够用、满意即可，无论是买还是租。

德国人的住房理念是惬意、随遇而安。不做勉强自己和家人的事。德国人更看中的是休假和与家人团聚。至于住房，够用、满意即可，无论是买的还是租的。如果现有住房不满意，又找不到合适的出租房，本人又有买房的实力或能力，那才去买房。

德国人对待住房的态度基本上是根据个人的具体情况确定的。买房的钱高于租房成本，或人在城里上班，家在农村或在另一城市的，就租一处房子。甚至还有卖掉原有住房去租房的。有一个在本报记者站做维修的技工，亲口告诉记者，他把原来的住房卖了，现在租房居住。理由是原产权房设施太旧，找人修理一次费用太高，德国用工太贵。住自己的产权房还不如租房省心、实惠。记者在柏林的一位朋友是个医生，老伴是个工程师，二人收入都不菲，可就是不买房。究其缘由，房租便宜，且几十年不涨，何必买房。在德国，特别是在柏林，无论是买房还是租房，都有点像用餐，有钱人可以进高档饭店，普通人可以到一般餐馆，稍穷一点的可以吃大排档。以租房为例，新房大都设计合理，但租价也最高。地段差一点的，租金随之降低。最便宜的是老式住房，租金最低。

六 住宅市场多层次

● 德国有着满足不同层次人群需要的住宅商品市场。

记者还认识一位德国女官员，原来住在柏林中心地带，现搬到类似北京三环、四环的地段。问她为什么搬家？她说，原来收入高，住在中心地带上班近，节省时间。现在马上就要退休了。退休金与上班的收入差一大截。为了不降低生活水平，换套住房是合适的。新家两室一厅，80多平方米的住房租金500多欧元。在她的新家做客时，她告诉记者，她家周围的一些老房子经过整修后正在销售。像她这样80平方米一套的房子，售价只有五六万欧元。在记者住的这个岛上，近几年来不断有新建的楼房出售。简单一点的新房，120平方米一套，3年前售房时标出的价格是12万欧元。就是这种价格的房屋，每家还配有约10平方米的花园和车库。新近落成的高档住宅，紧挨着湖边，属于独立成房的联排别墅，每平方米售价不到2500欧元。据记者观察，在柏林，凡房价每平方米在2000欧元以上的，地段和住房质量都是上乘的。柏林中心地段的豪华别墅，记者见到的最高房价，每平方米达到3500欧元。可见这是一个可以满足不同层次人群需要的住宅商品市场。

德国住宅市场供需虽然大体平衡，但并未饱和。每年增加的住房数量大体在十六七万套。住房市场之所以还在增长，有一个很大的因素是源于德国家庭的结构还在演变，60或70平方米的小型住宅更受市场青睐。

（原载《经济日报》2011年1月11日）

▌"二次房改":改革重新"投胎"

◇伊西科[*]

从"居者有其屋"到"住有所居"，李明们倡议的"二次房改"事实上是 1998 年改革的重启和再出发。

"三石"击出千层浪

61 岁身居大连的退休干部李明近日多了一个习惯，"每天上网浏览重庆新闻"。千里之外的重庆正在推行的公租房建设，与这位因"二次房改"声名大噪的前辽宁省外经贸厅官员的"三三制"房改构想不谋而合。

2010 年全国"两会"期间，李明携自己的二次房改方案奔走倡议，全国人大代表宗庆后和迟凤生分别领衔三十余位人大代表，提出了《深化二次房改，加快住房保障立法》的议案，并最终被列入了本次人大会议的正式议案。

"能够列入本次人大会议正式议案，说明越来越多的人认识到，现在的住房制度已经到了非改不可的地步。"作为"二次房改"上书人，李明告诉记者，"目前房价不断上涨的根本症结，就在于对全面市场化的过度膜拜，没有认识到住房的公共产品属性"。

"第一次房改取得了很高的成绩，但是发展到今天也出现了诸多问

* 伊西科，《商务周刊》记者。

题。"李明总结出了三大错位：一是政府理论错位，以住房全面市场化理论排斥住房是准公共产品理论，重增长轻民生；二是队伍错位，以开发商为基本队伍垄断经营，排斥非营利公益性的建房机构的住房保障职能，"亲商不亲民"；三是服务错位，制定政策服务于开发商的利益和政府自身利益，官商联手与民争利。

事实上，企图改变"一次房改"后住房制度不公局面的意见，李明过去两年来完成了三次呼吁和上书。

始作俑者是中国投资学会副会长刘慧勇。2008年6月，这位国家发改委属下的专家第一次提出"二次房改"概念，其具体建议是，从用人单位、政府、立法等三个方面着手，达到促进职工居住半就近、住房保障全覆盖、引导住房升级有节制和促使住房流转更规范四个方面的目标。

随后是清华大学教授、现央行货币政策委员会委员李稻葵。2009年4月，他提出"二次房改"可以汲取新加坡、中国香港等成熟市场的经验，以政府"有形之手"介入房地产市场，推出大量公共住房并以市场价格出租给本地居民以及有工作的职工。接着就是辽宁省外经贸厅企管处原副处长李明。同年7月，李明以发起人的身份，结合14位学者的共同研究提出了自己的"二次房改"建议，包括确立住房是准公共产品，由政府主导提供房屋住房服务，供应对象是占城镇人口60%左右的中等收入家庭等。

李明提出的民间性质的"二次房改"方案，因直接提交到国土资源部及住房和城乡建设部，搅动了业界和社会关于房价大讨论的舆论氛围，成为最有影响的"二次房改"建议，同时获得了不少身居庙堂人士的关注和支持，包括致公党中央常委、南开大学医学院教授朱开慧，全国人大代表迟夙生、宗庆后，以及全国人大财经委副主任委员、原山东省省长韩寓群等。

但实际情形没有因"二次房改"列入正式议案而有所改变，"乌托邦"、"不现实"等冷嘲相伴而来，即使是支持者也不乐观。北京师范大学房地产研究中心主任董藩立刻提醒到，虽被列入正式议案但并不等于已进入立法计划和程序中，"目前距离《住房保障法》的立法还有很长一段路要走，'二次房改'更是一个近期几乎不可能实现的目标"。上海学者刘晓忠甚至认为,"二次房改"严格来说是中国房改的一次历史性倒退,"扩大政府保障性住房体系将打破现有房地产市场的生态格局,破坏房地产市场已有的市场化格局,同时也会为各种寻租活动提供舞台"。而此前的2009年11月,中国社会科学院推出的《住房绿皮书》也指出,二次房改的提法"意义不大",中国住房改革的问题是没有对当下政策很好地执行。

最值得关注的当然是权力部门的态度。国家住建部政策研究中心主任陈淮在为"住建部副部长齐骥牵头调研酝酿二次房改"的消息辟谣时称:"当前在住房发展过程中保障体系和市场化之间的结合有进一步的改善和调整的必要,但是这个基本方向中没有'二次房改'。"

"二次房改"的呼声雷鸣,政府层面却始终不为所动。对此,一位不愿具名的政策人士解读说,一个不能回避的矛盾是,"如果真的实行二次房改,那么如何看待一次房改?这必然牵扯到上一轮房改的不成功。而这又是最具争议的"。

争议一次房改

在《商务周刊》的采访中,无论政府官员、开发商、专业人士还是民众,都承认1998年后实际运行的中国住房制度存在着两大难以"容忍"的弊端:

其一,货币化补贴政策与市场房租房价严重脱节。切实可行的住房货币化必须具备两个条件:一是住房实物供给充分,二是货币化住房补贴的数额能够跟上房价和房租的实际涨幅。但在1998年决定实行住房货币化改革时,中国并不具备上述两个条件。

其二,保障性住房建设与供给缺乏制度保障。从原则上说,城镇居民住房保障对象应当包括城镇中低收入家庭和进入城镇长期务工人员。但在实施过程中,许多城市都面临无法准确界定住房保障对象的尴尬局面,政府很难有效地核实经济适用房购房者的实际收入水平。

尽管没有否定"一次房改",浸淫房地产市场30年的北京房协委员蔡金水明确告诉《商务周刊》记者,"房改是必要的,但('一次房改')到后期已经明显走偏，甚至完全背离初衷"。

他回顾说，近30年来，中国的住房制度一直在不断变化中。从1979年试行全价销售住房开始，先后有试点售房、提租补贴、以售代租等不同阶段的政策选择。直到1998年，由于受到亚洲金融危机的影响，为刺激内需才形成了较为系统的住房制度改革思路。这就是当年7月国务院下发的《关于进一步深化城镇住房制度改革加快住房建设的通知》（国发[1998] 23号）。

在这份被称为"23号文"的中国房改标志性文件中，明确提出停止住房实物分配，逐步实行住房分配货币化，至此实行了近40年的福利分房制度宣告终结。"23号文"也成为中国住房制度走向市场化改革的里程碑。

"不能猪肉贵了骂农民。"在2009年14位专家"二次房改"上书之后，作为一次房改方案起草参与者的中国房地产及住宅研究会副会长顾云昌就出面为"23号文"辩护："房价是由供求关系决定的，就像你不能因为猪肉、鸡蛋价格高了就骂农民，同样不能因为房价高了就全怪开发商，最简单的例子是如果二手房的价格高了，你不能怪房主一样。"

李明则立即撰文反驳，称他倡导的"二次房改"并不是要回到以前的福利分房时代，也并不是反对市场化改革方向，而是希望确立住房是准公共产品，要通过"三种住房制度，三类供地方式，三支队伍参与"的方式，由政府主导为占比最多的中等收入家庭，也即"夹心层"提供公共住房服务。实际上包括李明、李稻葵在内的"二次房改"倡导者，并没有完全否认第一次房改。甚至对住房制度批评最为激烈的上海民间学者王炼利，也在采访中向记者直言，"一次房改"十多年来，"23号文"是最值得肯定和成功的文件。而且，对于陈淮以及住建部副部长齐骥等在回应中都特别强调"住房改革坚持市场化方向"，绝大多数人士并无异议。在蔡金水看来，争论在于房改越到后来，已经由1998年之前的完全政府保障走向了另一个极端，那就是"过度或完全市场化"。

他举例说，从1999年开始，中国房地产业迎来高速增长期，但也逐步开始暴露出房价过高、结构不合理等问题，房地产业逐渐成为社会关注的焦点。2003年，央行认为局部投资增幅过大，于是在当年6月出台121

号文件：加强房地产信贷，四证取得后才能发放贷款，提高第二套住房的首付比例。

然而，在遭到来自房地产开发商的激烈抗议之后，国务院没能顶住压力，于 2003 年 8 月 12 日颁发了由建设部起草的《关于促进房地产市场持续健康发展的通知》（简称"18 号文"），把房地产业定性为"促进消费，扩大内需，拉动投资增长，保持国民经济持续快速健康发展"的"国民经济的支柱产业"。这一与"23 号文"完全相左的文件，被当时的建设部称为"指导当前和今后一段时期我国房地产市场发展的纲领性文件"。

"所有关于房地产市场的争论就应该停止了！"房地产业内人士向记者介绍，当时以任志强为代表的房地产商们闻听"18 号文"内容后欣喜若狂，据说 SOHO 中国董事长潘石屹闻听后激动地说："都是利好消息，只要读懂了这个通知，房地产开发商都会很高兴的。"

在王炼利看来，1998 年以来的中国房地产市场，并不是一个真正的市场，"基本上没有值得肯定的地方，也是不成功的"，大多数消费者没有选择余地，也没有得到有效改善，"而真正从房改中受益的只是少数'负责人'群体"。

她认为，所谓的成绩，大多出于统计意义上的操作，"政府以'人均'为统计衡量标准难以反映'群体'的真实情况"。比如，据统计，到 2009 年底，全国城镇人均住房面积已经接近 30 平方米，比 1998 年的 18.6 平方米增加了 10 平方米以上。但谁也不能否认，目前是新中国成立以来中国房地产市场矛盾和风险最大的时期。

对于矛盾和风险的根源，官方不具名业内人士向记者坦言，既不是开发商的逐利天性，也不是"一次房改"，而是政府在住房改革具体操作中的"甩包袱"行为，回避政府对保障性住房的公共责任，将住房保障基本上推向了市场。

1/3 还是 2/3

如果仔细分析"一次房改"的政策文件，可以很清楚了解到，政府并没有否认住房的准公共产品属性，1998年开始的住房改革其实总原则与李明"二次房改"的核心思路相类似。

比如，在"23号文"中，除了确定住房货币化改革方向之外，最重要的房改思路就是"最低收入家庭购买廉租房，中低收入家庭购买经济适用房，其他收入高的家庭购买、租赁市场价商品住房"的原则，并明确"建立和完善以经济适用住房为主的多层次城镇住房供应体系"。原建设部也曾明文规定要求各地住宅建设70%—80%应建经济适用房，销售给中低收入家庭（北京规定为年收入6万元以下家庭）。

但是，这一规定一开始就遭到了开发商的激烈反对，认为从发达国家走过的道路来看，经济适用住房属于社会保障体系，应该是为少数人服务的，正确的情况应该是80%的人购买商品房，10%的人购买经济适用住房，10%的人租住廉租房。

终于在2003年的"18号文"中，经济适用房开始由"住房供应主体"换成了"具有保障性质的政策性商品住房"。同时其保障对象也进一步缩小，实际执行时，标准又更侧重于其中收入偏低者，形成"重市场轻保障"，甚至到后期成为"市场甩掉保障远远跑在前头"的格局。

经适房饱受诟病，甚至渐成"鸡肋"的另一个重要原因，就是资格审查流于形式，导致大量"开着私车住经适房"的现象，"摇号"舞弊事件频频发生。同时一些原本用于经适房建设的用地很多也被"偷梁换柱"，用于商业开发（参见《商务周刊》2007年第18期《上海1500亩经适房用地国有变私有之谜》）。

从政府层面来讲，面对渐涨的住房民怨，也从来没有说不管不顾，甚至上自国务院总理温家宝，下至各地市官员，都曾广泛出国考察学习。在蔡金水看来，中国的住房问题可以借鉴新加坡的"组屋"经验，而政府层面的考量亦是如此。

组屋工程是新加坡从20世纪60年代开始，为使"居者有其屋"而实施的政府主导的普惠性住房工程。过去40多年，新加坡政府共修建96.8万余套组屋，目前约84%的新加坡人居住在组屋中。政府资金在其中扮演着重要角色，购屋居民只需要动用薪金的20%来偿还贷款。

2007 年 11 月，温家宝总理，站在新加坡建屋发展局大厦三十二层，远眺组屋区，"几年前，我曾经专门考察过，受到不少启发"。这种学习也催生了"住房和城乡建设部"的诞生。这也被认为是政府重新介入居民基本住房保障领域的一个重大举措。首任住建部部长姜伟新不止一次地强调："保障房和商品房是住房制度的两条腿，缺一不可。"

实际上，近几年来中央和各地方政府对保障性住房的重视程度不断提高。2007 年 8 月，中央出台"24 号文"，明确提出"把解决城市低收入家庭住房困难作为住房制度改革的重要内容"；2008 年 12 月，国务院会议又提出加大保障性住房建设力度、加强经济适用住房建设。2009 年底 2010 年初，面对高企的房价，中央连续出台措施"遏制房价快速上涨"，而无论是"国四条"还是"国十一条"，都特别强调了继续大规模推进保障性安居工程建设。

在政府思路和政绩考核越来越倾向于更大比重加强保障住房的同时，实际效果却不容乐观。据全国人大常委会调研发现，2009 年全国当年保障房建设任务完成率仅为 23.6%。目前在全国城镇的低保家庭中，各级政府已通过各种方式缓解住房困难的仅占 7% 左右；而在全国已开展廉租住房的城市，其覆盖面仅在 1% 左右。

看上去星火燎原的保障房建设，实际状况却如"蜗牛"爬行，自然有其理由。

谁来关上"土地财政"的"潘多拉盒子"

对于保障性住房进展很慢的现状，其实很容易找到原因，那就是地方政府动力不足。在 2010 年 1 月 19 日召开的"保增长保红线行动"成效座谈会上，国土资源部给出了一组数据：2009 年 1—11 月，我国保障性住房用地供应 27.54 万亩，仅完成年度计划供应量的 46.66%。而 2010 年"两会"期间，重庆市市长黄奇帆在接受采访时直接坦承：保障性住房的主要问题是供给不足。

"房地产正在绑架中国金融，并已彻底绑架了地方政府，绑架了老百姓。"蔡金水把最终的矛头直指"土地财政"。在目前国内很多地方政府，属于预算外收入的"土地财政收入"早已超过了来自法定税费财政收入。

据国务院发展研究中心的一份调研报告显示，在一些地方，土地直接税收及城市扩张带来的间接税收占地方预算内收入的40%，而土地出让金净收入占政府预算外收入的60%以上。在"土地财政"上，一些地方政府最核心的做法是土地整理，就是政府运用行政权力把集体所有或其他用途的土地整合后，进行招拍挂，价格就会翻几番。

据国土资源部的统计数据显示：2007年全国土地出让金总额达1.3万亿元；2008年受金融危机影响有所降低，但仍达到了9600亿元；2009年全国各地土地出让金达1.5万亿元，其中国内70个大中城市土地出让金共计1.0836万亿元，比2008年增加140%。

蔡金水认为，这种模式应溯源至20世纪末开始的分税制改革。"中央政府和地方政府其实都是一种两难境地，要进行住房市场优化，同时还必须进行财税、金融、干部考核等诸多体制改革。"他和北京师范大学副教授黄兴文、财经评论家叶檀等都认为，无论是"二次房改"还是完善"一次房改"，最终都难在"土改"上，先要改变供地制度，才有望解决高房价问题。

因此，在蔡金水看来，解决目前住房难题的一个核心是政府职能归位。这首先体现在对地方政府过于依赖"土地财政"模式的反思与扬弃，其次是真正将住宅房地产确立为居民基本生活必需品，提高持有和炒作成本。政府在经济适用房和廉租房的建设方面，应力求到位，否则，解决低收入阶层住房问题和抑制房价上涨的目标都难以实现。

但正如国家住建部部长姜伟新所言："客观地讲，各级政府对住房保障的认识也有一个过程。毕竟保障房的建设与商品房不一样，需要政府大量投入资金和土地；必须制定若干优惠政策，牵扯到方方面面的利益，也会减少一部分地方财政的收入。"

也就是说，当前不论是对住房制度修修补补还是推倒重来，面对着几乎同样的巨大压力：整个房地产制度的调整与建设，从土地流转制度到物业税等的改革，牵涉到太多的改革深水区域。但吸食了十多年"土地财政鸦片"的"瘾君子"，要戒掉"政府、开发商、银行"的土地产业链和利益链，就如同把打开的"潘多拉盒子"重新合上。

（原载《商务周刊》2010 年第 8 期）

构建以公租房为主的"新住房策论"
——"中国经济社会发展智库第4届高层论坛"综述

◇钟卫华*

2011年3月2日，中国经济社会发展智库理事会、中国社会科学院经济社会发展研究中心和中国人民大学马克思主义研究院联合主办的"住房理论与政策：中国经济社会发展智库第4届高层论坛"在中国人民大学举行。中国社会科学院副院长李扬，全国人大代表、中国社会科学院马克思主义研究院院长程恩富，住房与建设部原副部长宋春华，全国人大代表、住房与建设部政策研究中心主任陈淮，中国人民大学副校长林岗，全国政协委员、中国社会科学院学部委员李崇富，国务院参事任玉岭，中国社会科学院学部委员、财贸所原所长杨圣明，国务院国资委研究局副局长楚序平，国务院发展研究中心社会发展部原部长丁宁宁，国家信息中心经济预测部副主任步德迎，国家发改委宏观院研究员夏小林等有关领导和著名学者出席论坛并发表演讲。会议分别由中国人民大学马克思主义学院院长秦宣、中国社会科学院马克思主义研究院原理部主任胡乐明等主持。来自中国社会科学院、北京大学、中国人民大学、中央财经大学、浙江大学宁波理工学院及政府部门的300多位专家学者和师生，围绕论坛中心议题——

---

* 钟卫华，福建三明学院政治法律系副教授。

"住房理论与政策"进行了广泛深入的研讨,提出了以"公租房为主、商品房和私租房为辅"的建设性政策建议。现将会议的主要观点综述如下。

一 住房是重要的民生和社会问题

与会者一致认为,住房问题涉及千家万户,既是经济问题,又是一个重要的民生问题。住房问题解决得不好,将影响国家稳定与和谐社会的构建。因此,政府要把解决老百姓住房作为重要的民生问题放在第一位。住房问题解决得不好,可能会引发社会矛盾,造成社会动荡。

林岗指出,住房问题是一个非常重要的民生问题,也是所有人关心的问题。就拿高校刚毕业留校的青年教师来说,没有房子住,买不起房子,能不能安心留在学校工作,将影响到学校将来发展的后劲。这个问题在社会上就更为严重,那么多的民工进入城市工作,都住得那么差,或者根本就没有住的地方。打工打了20年,还买不起一套房子,这都是很严重的社会问题,也是影响社会安定的一个问题。

李崇富指出,人民群众获得基本住房,是最起码的基本生活条件,不能以此作为一般商品,以新自由主义的做法,让扭曲的市场自发地投机炒作。无论房屋出售还是出租,必须让普通住房回归居住功能和民生本性。现在房地产业"绑架"了银行,银行又"绑架"了政府和国民经济。而一旦房地产价格大起大落,使房地产泡沫进一步膨胀和破裂,其后果不堪设想。

住房同时又是重大的政治问题。任玉岭认为,住房是有公益性质和重大政治意义的,它与民生的关系是十分直接的。不仅涉及和谐社会的成功构建,也涉及城市化的快速推进。为此,我们应该把住房问题上升到执政为民的战略高度,将其作为以人为本的科学发展观的重要内容,抓好这项具有公益性、政治性的大事情。

中国社会科学院社会政策研究中心秘书长唐钧也认为,住房问题是个政治问题。从政治的角度谈住房问题,并不是为了上纲上线吓唬人,而是因为公共政策或社会政策本来就是一项政治抉择。现在我们整天讨论"高房价"，这显然是把讨论问题的基本点局限在经济领域，政府的政策也在是否对房地产市场进行干预上反反复复。但"芝麻开花节节高"般的房价说明，这样的应对策略显然不对路。在社会领域，关于住房是公民的基本权利的呼声虽然不断，但仍显微弱，难以与强势的市场喧嚣相匹敌。但是，因此而引发的严重后果却已经在动摇我们的政治基础。

二 近年来房价畸高和上涨过快的原因

与会者一致认为，近年来我国房价畸高、而且上涨过快，原因是多种多样的。有住房理论层面混乱的问题，也有非公经济大规模发展的原因，最主要的是住房过度市场化、地方政府"土地财政"主导、政府在执行房改目标时政策软化、既得利益者搞官商联合导致住房改革与管理乏力等原因造成的。

林岗指出，导致今天我国住房问题的原因之一是指导思想出了问题。中国经济问题的解决需要用马克思主义理论来指导，这个原则在很多人中间已达成了共识。但是，在实际经济生活中，很多人并不是站在马克思主义的立场上，而是依据一些其他的理论作指导，这样就导致了政策上的一些矛盾。哪种理论正确？检验的标准是实践，现在实践已经部分地证明了马克思的理论是更高明的。

云南财经大学研究生部主任周文教授认为，中国高房价的根源在于房地产理论认识谬误百出。一是需求理论存在谬误，很多人认为中国城市化进程、刚性需求和投资需求推高房价，实质并非如此。比如说，要是刚性需求能推高房价，那么粮油更存在刚性需求，为什么粮油不存在高价？二是房地产的支柱产业理论存在谬误论，2003年以来，房地产支柱产业论逐步成为经济理论界的主流声音，导致的结果就是实践上始终不敢把房价降下来。怕降房价引发严重的就业等社会问题。这些理论的谬误导致了房地产市场制度设计不合理，存在严重的制度缺陷。

没有有效区分住房政策和房地产政策；住房保障制度建设迟缓；基本住房保障严重缺位是推高房价的另一个重要原因。唐钧认为，造成高房价的一个重要原因就是没有分清住房社会政策和房地产市场这样两个概念。自从 21 世纪之初停止了"福利分房"之后，在很长一段时间内，我们只有房地产政策，根本就没有住房社会政策。所有在住房方面有需求的居民家庭，都被逼上了"华山一条道"，唯一的选择就是找"发展商"买房去。这就造成了房地产市场看起来拥挤不堪，住房需求无穷无尽的假象。

与会者认为，导致目前住房问题产生的最重要的原因，是所有的问题都想让市场来解决，对住房问题依赖于市场来解决过于理想化了。李崇富指出，导致大城市商品房房价畸高的原因，就是由于制度性放纵和过度市场化。过度市场化使住房已经基本丧失了居住功能和民生属性，而异化为少数富人和权势者炒作投机、牟取暴利的工具，从而造成了大量房产资源浪费和严重的贫富分化。丁宁宁也认为，官商勾结，政府老想小政府、大社会，把本应该政府干的事儿，交给房地产开发商去做，这是导致目前住房领域问题百出的重要原因。

中国社会科学院财贸所研究员倪鹏飞指出，当前住房存在的问题体现在以下几方面：住房保障制度残缺不全、纵向财权与事权安排不合理、税收尤其住房税收制度体系不合理、土地制度地方政府高度垄断以及开发市场垄断和不合理的商品房预售制度。住房金融制度结构单一，分配制度不够完善，户籍制度城乡分割，偏颇松弛的绩效考核制度，这些制度缺失导致了地方政府炒卖地冲动、中央政府刺激增长冲动、开发企业建房冲动、金融机构房地产信贷冲动、购买主体投资投机冲动以及土地供给者制度外行为冲动，这些冲动都使房价得以推高。

丁宁宁认为，20 世纪 80 年代分权化的财政体制改革，以承包为特征的方式取消了公共预算，导致现在公共服务的责任在地方政府，但是主要财力在中央，而没有规定根据地方公共服务所需要的财力去进行财政转移支付。事权和财权不统一，从而使地方财政出现困难，推动地方政府变着法子卖地皮，陷入土地财政。

程恩富指出，高房价与非公经济的大规模发展以及社会财富、收入的贫富分化有关，这个现象，从马克思主义政治经济学的角度来看是早就预见到的。

河南财经政法大学产业经济研究所所长刘美平指出，正是中央政府房改目标在执行中发生了偏斜才导致今天的房价畸高。具体表现是地方政府和私营垄断开发商之间暗合谋作用、私营垄断开发商之间的明合谋势力、高收入的强势群体的错位购买、银行的非理性过度供给支持和政府管制软化是导致房价虚高的根本原因。并非地价推高房价，相反是高房价推高了地价。

除上述原因之外，步德迎认为，房价过高且持续上涨有六大原因：第一，目前城镇存在二元结构。过去都讲城乡二元结构，其实农村与城市内部也存在着二元结构。第二，宏观政策过于宽松。第三，中国经济和居民收入处于高速增长期，而对于未来住房价格的预期也比较高，因为高速增长，所以房价一般的规律也是随着经济上涨的。加上强烈的通货膨胀预期，居民购买住房存在宜早不宜迟的心理，把大量未来的需求提前实现。第四，人民币升值预期比较强，购买中国房产，可获价格上涨和币值提高双重收益，致使热钱很大部分投入房地产市场。第五，宏观经济对房地产市场依赖程度过大。第六，各种错误信息误导了中央的决策。

三 进一步深化住房理论研究

与会者认为，理论是政策的先导，近年来住房领域出现的问题，与我国有关住房领域的理论混乱有很大的关系，因此，解决住房问题必须进一步深化住房领域里的理论研究。要对住房的属性、房地产业的定位、住房对其他产业的影响、税收制度等相关理论开展进一步研究，在此基础上为国家制定住房目标政策提供理论支撑。

马克思主义向来重视住房问题。林岗指出，经典作家恩格斯早在1872—1873 年，就写下了著名的《论住宅问题》一书，提出了资产阶级无法解决住房问题的基本观点。恩格斯提到造成当时住房短缺的情况与我国今天出现的情况有惊人的相似之处。因此，恩格斯讲用公有制的办法来解决住房问题，是有道理的，当然并不是照搬。

陈淮认为，理论比政策更重要，政策只是人们的主观意识。出于站在多数人的立场上，出于良好的愿望，出于自以为对客观规律的把握，设计的那些政策，不一定是客观的。住房理论的研究必须站在真正的马克思主义立场上。政策的选择首先是拍板决定政策的人，按照最有利于他的办法来决定的。所以研究规律和理论更符合科学。

李扬认为，住房问题现在是我们国家三大热点之一，同时它也是非常复杂的问题。因为它涉及所谓民生，涉及经济的发展，涉及政治，涉及社会各界的心态。因此，解决住房问题应该综合全面系统研究才能解决问题。如果仅仅从某一个角度去研究就有盲人摸象之嫌，很难解决住房领域的问题。步德迎也赞同这一观点，认为住房是一个综合性的问题，涉及方方面面，目前讨论比较多的是房价的问题，他认为必须综合考虑与住房相关的各种因素，至少要考虑这样六个方面：一是住有所居的问题，即有房住的问题；二是城市效率问题；三是生活方便问题；四是资源流动问题；五是环境保护问题；六是杜绝投机问题。

关于房地产业是不是支柱产业的问题，宋春华作了肯定回答。他认为，房地产业是支柱产业是不言而喻的。看一个产业是不是支柱产业主要有四个方面：一是它必须有一定的总量规模。规模太小，无足轻重，谈何支柱，我国的房地产增加值现在已经占到了 GDP 的 5%，应该讲有了一定的总量。二是它必须有强劲的拉动力。房地产可以拉动几十个相关的行业和产品。三是它必须有比较强的抗波动的能力，因为我们的房地产覆盖面特别大，而且这个产业的惯性强，它具有抗波动的能力。四是要有可持续发展的潜力，不能昙花一现。从这四个方面看，房地产业为支柱产业是不言而喻的。

谈到税收理论问题，中央财经大学税务学院教授汪昊认为，国家对房地产采取了多次调控，在每次调控当中，大家都会注意到税收的手段，比如说转让二手房增加营业税，还有对房地产开发商增加土地增值税，等等。我们可以看到，增加税收的调控措施不仅没有抑制房价，反而推动房价进一步上涨，为什么？一个简单的理论就是税收是可以转嫁的，它是依据市场的供求情况，无论这个税是由房地产开发商缴还是由买房人缴，在需求旺盛、需求趋向不正常的情况下，所有在流转环节的税收，都会加入价格当中，由买房人来承担。因此我们的一个基本的判断，就是我们以前通过税收来对房地产进行调控的政策，不仅没有抑制房价，反而推动房价进一步上涨。

四 解决目前住房问题的对策

如何改变目前我国住房价格虚高、老百姓难以承受的现状，与会学者进行了热烈的讨论，多数人认为，住房问题单靠市场一条腿走路是难以解决的，需要针对不同的群体采取不同的政策措施。

程恩富强调，要完善住房制度建设，针对不同群体采取不同的政策措施，对不同的人群进行住房的分类供应。对低收入和中等收入的人群提供不同档次（面积、质量和环境）的公租房，高收入者可以自购由市场决定的商品房。借鉴国外有效措施，政府要制定政策促使开发商不租售的空置房和已购的商品房在一年或两年内卖出去或者租出去，否则，政府将对空置房征收略高于当地租费的空置费。同时，政府也应采取措施，能保证开发商售房后有15%左右的利润，实现住房的供求双方互利共赢与社会和谐。

解决住房问题，要正确处理市场与保障方面的关系，加快保障性住房建设。林岗认为，单靠市场解决不了全部住宅问题，重新回到过去一大二公的状态，也是不可能的。住房市场必须有国家的介入。但国家的介入主要不是控制价格，而是要建公租房。世界上很多发达国家，都有公租房的制度，并且做得不错。从这个意义上说，恩格斯讲用公有制的办法来解决住房问题，是有道理的。

李崇富指出，广大市民即一般工薪阶层的基本住房，应当以各级政府为主导通过有限的货币化来解决。完全市场化的商品房企业，依然还应有活动舞台和发展空间。高档商品房可以在政府管理下，依法依规，通过完全的市场机制调节来使高收入者获得一切可能的、合法的和合情理的满足。

任玉岭则认为，应该把可承受性住房作为我们发展住房的重要方面来进行推进。要认真处理好保障性住房的土地供应问题。住房建设一定要在设计好先评定价格的基础上，再进行招商，让房地产商来进行建设。宋春华则指出，保障性住房要重点发展廉租房和公共租赁房。

倪鹏飞认为，解决住房问题应建立城乡全覆盖的住房保障体系。一是构建三层多级的住房保障体系，使受保障家庭达到全国家庭总数的60%，保障低收入家庭（占20%）的栖居，中下收入家庭（占20%）的安居，中等收入家庭（占20%）的康居。二是坚持"区别保障、封闭运行、过滤使用和动态调整"的基本原则。划分不同的保障对象，建立不同的保障标准，采取不同的保障形式；将保障房与商品房相隔离运行。从微观层面，定期动态调整保障对象；从宏观层面，动态调整保障住房的比例、标准和形式。三是制定《住房保障法》等法律法规，明确规定住房保障的决策、执行和监督程序与机制；管理机构与开发模式；规划选址、土地供给、资金支持；保障对象与保障房标准；准入、轮候与退出制度。

要保证政策的稳定性和连续性，重构中央与地方分权的制度安排，建立城乡统一的住房制度。宋春华认为，解决目前的住房问题，住房政策要保持稳定性和连续性，调控要有一个清晰的目标。

倪鹏飞认为，要调整中央和地方的事权划分，增加中央政府公共服务的分担份额，建立与事权对称的财税体制，扩大地方政府的财政分成比重。完善转移支付分配制度，调整收入差距。建立规范的中央和地方保障性住房共担制度。住房保障体系属于中央和地方共同承担的公共服务范畴，需要中央和地方共同承担责任。中央政府负责制定全国的住房政策，监督市场运行，同时承担保障性住房的公共服务责任（包括对落后地区提供转移支付）；地方政府负责执行国家的住房政策和规划，接受上级政府的督促和监督，制定本地的住房政策和规划，监督当地住房市场，承担当地保障性住房的公共服务。

楚序平则提出，要按照十七届三中全会关于农村土地改革的意见，在保障土地国家所有和集体所有的前提下，进一步加大农村土地制度改革。在严格保障耕地红线的基础上，使我国农民享有完整的房屋财产权，使农民的住房包括小产权房能够进入市场流转。这会取得三方面的积极作用：

一是它将会极大地增加供给，满足城市的需求。二是实行保障农民房屋完整的产权将会造福所有农民，促进城乡的统筹发展。三是有助于缓解当前紧张的社会矛盾。如能够放开小产权房这样的市场，全国的房价立即会下降一半。

取消商品房预售制度。程恩富认为，我国商品房预售制度是一个历史的产物，适应了一个特定历史时期住房市场发展的需要，曾为我国住房市场发展和繁荣作出了积极的贡献，但也留下了许多弊端，越来越成为住房市场健康发展的障碍，顺应历史发展的变化，这项制度已没有存在的必要。

加快制定《住房保障法》和完善税收等相关配置措施。刘美平认为，综合治理房价虚高需要采取五大举措。第一，要设计出科学的、合理的、切合实际的与住房相关的法律制度体系。第二，建立完整的、高效的、规范的土地制度。第三，要抑制房地产业垄断经营，需要增加国有房地产开发商竞争主体数量，增强国有房地产企业竞争实力，改善房地产业市场结构。第四，要细化住房消费政策，区别对待生存性住房消费、储蓄性住房消费和投资性住房消费，优化住房消费结构。第五，要化解银行在房地产领域因金融支持过度产生的累积性风险，从根本上避免泡沫经济的产生。

中国人民大学不动产研究中心教授周诚认为，解决住房领域的问题，一是关闭土地二级市场，遏制土地投机；二是实行房屋成本公示制，增加房价透明度；三是彻底开放房产市场，解决住宅紧缺难题。

西安交通大学社会工程研究中心教授王宏波认为，收入成为决定人们住房面积、住房套数、有无产权以及产权归属的重要因素。从社会分层视角提出了解决住房问题的四条建议：一是提高居民的收入水平，加大收入分配的改革力度，保障和改善民生；二是抑制住房投资、投机行为，保证住房的有效供应，促进房地产业健康发展；三是针对各种收入群体制定不同的住房政策，明确政策对象和目标，发挥商品房与保障性住房的互补优势；四是加强保障性住房建设，丰富、细化保障性住房的供应层次，严格控制保障性住房的准入资格。

步德迎认为，解决目前的住房问题，要从以下七个方面入手：第一，大幅度提高城镇租房比例，建立规范的住房租赁市场秩序。第二，规范经济适用房流转制度，不准经济适用房进入市场流通。第三，尽快全面推出房产税。现在推出房产税的一个困难就是房价征税标的的确定，认为房产税的标的可以按照购买住房当年的价格，购房价和当年的房地产指数来计算，推出住房标的。这样就可以不需要进行重新评估，既便于操作，又可以杜绝评估过程中的腐败。第四，加大保障性住房的建设力度。第五，规范住房租赁市场秩序。第六，颁布《住房法》，通过法律来规范住房市场。第七，城市规划要充分考虑办公区和居住区的合理布局。

中国社会科学院马克思主义研究院原理部研究员余斌认为，要解决目前的高房价，一个重要的办法就是通过征收合理的住房保有税。中国社会科学院马克思主义研究院副研究员王中保则认为，征收保有税不合理，因为有的房子是买来自己住的，应该对住房出让增值部分征收高税率，这样既合理又能控制房价，防止房地产商囤积居奇。

与会者还提出应尽快进行一次居民住房全国普查，摸清我国住房的家底。尽可能搞清楚每个人的收入，每个家庭的收入，这样才能在此基础上制定出正确的住房政策和解决目前的住房问题。

五 如何借鉴住房领域的国际经验

对如何借鉴住房领域的国际经验问题，与会学者进行了激烈的争论。有学者认为，发达国家解决住房问题的成功经验值得我国借鉴学习；相反，有的学者认为由于国情的特殊性，不可能单一借鉴某一个国家的成功经验来解决我国的住房问题。有的学者还从反面教训中提出了中国房地产业如何避免重蹈发达国家房地产业发展过程中出现的泡沫之路和政策失误带来的社会问题。

夏小林认为，新加坡解决住房思路明确，给国人稳定的房地产消费预期，让新加坡每个家庭都有真正的资产，有自己的住房，居者有其屋，成为凝聚人民保家卫国的纽带。新加坡建屋局的目标是兴建人民负担得起的住房，此做法值得借鉴。

相反，李扬认为像新加坡的经验对我们国家来说是不足为训的，我们国家是大国、穷国，还是一个转型的国家，又是社会主义国家，这些特征结合在一起，就决定了中国不可能单一地借鉴某些国家的经验。如果在廉租房、公租房、公积金等方面都是仿照别国的做法，把这些政策移植到中国，那么实际上都是有问题的。我们国家解决住房问题，需要有一个总体的设计，没有做到基本周全之前，单一的政策慎用，因为它很可能会干扰整个房地产的健康发展。

南京财经大学经济学院副教授赵光瑞认为，日本高速增长时期的公共住房政策适应城市化快速发展的需要，以住房金融公库、公营住房、公团住房、公社住房为主要基础，建立了一个面向中等收入、低收入群体的多方位的住房建设与供应保障体系，满足了日本国民的居住需求。其公平优先的原则以及自建、购买、租用相结合的住房供应体系对我国今后的住房政策改革有借鉴意义。

三明学院政治法律系副教授钟卫华认为，应该吸取日本的经验教训，防止国际游资冲击中国房地产市场。日本房地产泡沫的破裂原因很多，但与大量国际资本进入日本的房地产业，刺激了房价的上涨不无关系。目前西方国家压迫我国人民币升值，与当年美国、联邦德国、法国、英国与日本签订的"广场协议"有相似的情况。因此，应密切加以监控和限制。

六　中国应该建立何种住房目标模式

中国应建立何种住房模式，与会专家进行了热烈的讨论。有的学者认为，中国的住房模式应该是以"公租房为主、商品房和私租房为辅"的住房目标模式；有的学者认为现有的"住宅私有体制"存在严重弊病，带来了很多社会问题，新住房的目标应该是以公有制为基础的"新住房租赁制"。

程恩富认为，构建和谐的城镇居民住房目标模式应该包括这样几个方面：第一，出于不做"房奴"和预防战争等原因，城镇住房自有率不应过高，目标模式应逐步降低至40%—50%。瑞士自有率只有30%多，德国只有43%。第二，房价收入比应控制在居民能承受的范围之内。第三，房地产行业利润不能过度超过社会平均利润的水平。未来应构建以"公租房为主、商品房和私租房为辅"的住房新目标模式。依据各个城镇的政府实力和居民收入等状况，公租房建设可分为3—5个高中低档次，分别在建筑面积、建设成本和住房环境等方面有所不同。

南京财经大学当代马克思主义中国化研究中心主任何干强则提出了用"新住房租赁制"代替现在的"住宅私有体制"。他认为现有的"住宅私有体制"存在严重弊病。第一，造成私人房地产商暴富；第二，滋生腐败的房地产投机；第三，产生人们土地所有权占用的不平等；第四，造成土地利用的无计划并阻碍可持续发展；第五，引发住房供求结构失衡和产业结构失衡；第六，导致社会资源的无形损耗。新住房的目标应该是以公有制为基础的"新住房租赁制"。"新住房租赁制"，一是适应市场经济条件下的住房新体制；二是能够实现公有制土地供给与住房建设公有制供给的统一；三是有助于实现人民享有土地使用权的平等；四是有助于社会再生产遵循按比例发展的客观规律。

杨圣明认为，住房模式应该是三个1/3，不是百分之百的房子都能买卖。房子问题只依靠市场买卖，这条腿太单一了。应该实行三种办法，即市场化的占1/3，半市场化的占1/3，完全不要市场、纯出租、不能买卖的占1/3。

任玉岭则提出建设"可承受性住房"的概念，认为要着力扩大保障性住房建设问题。保障性住房，除了棚户区改造和廉租房供应之外，重点应是"可承受性"住房。第一，家庭收入×5 > 当地现行平均房价×80平方米的，应进入到购买商品房的渠道。第二，家庭收入×5 ≤ 当地现行平均房价×80平方米的，应进入到享受可承受性住房序列。第三，家庭收入×10 ≤ 当地现行平均房价×80平方米的，应进入到享受廉租房的范围，而且适用于广大新老市民。按照第二点来设计中国的可承受性住房，以保证广大中低收入家庭住有所居是合理的，也是能够做到的。

唐钧提出我国的住房模式，用廉租房来解决低收入以及住房条件差的问题；以经济适用房来满足一般老百姓的住房问题；以市场化的商品房来满足社会上的高档需求。经济适用房应该是住房社会政策的重点。中国的城市应该大力发展经济适用房。国家多建廉租房不是好主意，后期的管理成本是无底洞，多建廉租房可能是一个政治陷阱。从城市管理的角度看，人为地将低收入群体聚集到一起居住，恐怕并非理智。目前在发达国家，类似廉租房的政策早已"下课"。

本届论坛通过研讨，认为在认真贯彻落实最近中央在住房问题的一系列调控政策的基础上，应在住房领域建立"基础—主导"型双重调节机制，实行以"公租房为主、商品房和私租房为辅"的城市"新住房策论"，从根本上解决我国住房问题。一方面发挥市场对资源配置的基础性作用，提高资源配置的效率。另一方面要通过政府的有效干预，把住房这种既是生活必需品又有投资性功能的投资品的属性更多复归到生活必需品的属性上来，抑制其投资性功能的扩大，防止投资性功能的强化而影响住房市场的健康发展。通过政府的有效干预和政策的完善，防止住房供应领域的垄断，纠正国民经济发展过度依赖房地产的不健康行为。通过政府的主导型调节，实现住房领域的公正公平，让广大普通民众和弱势群体住有所居，维护社会的稳定和谐。

后　记

　　由亚洲和中国第一智库——中国社会科学院（引自 2009 年初美国学者发布的《全球智库影响力研究报告》）所属的经济社会发展研究中心领衔、全国十所知名高校共同组建的"中国经济社会发展智库理事会"，通过举办智库论坛、出版智库报告和智库丛书等，对国内外重大理论和政策问题陆续发表反思性、建设性、前瞻性和创新性的观点，发挥名副其实的学界思想库的作用，供有关党政部门和公众思考。

　　住房是重要的生活必需品，"住"和"衣、食、行"一起被列为人类的四大基本需求。如果从 1978 年 9 月邓小平关于如何解决住房困难问题的讲话算起，我国住房领域的改革至今已 30 多年了。30 多年来的住房改革和发展，一方面取得了较大的成就，如 2009 年城镇居民人均住房面积已经达到 30 平方米左右，是 1978 年人均 6.7 平方米的 4.5 倍，但是另一方面，住房领域也还存在许多亟待解决的问题，特别是近年来房价上涨过高过快，大大超出了普通居民的支付能力，引起社会普遍关注和重视。如何来解决目前住房领域存在的问题？未来中国城镇住房模式是以公租房为主还是以商品房为主？住房供给是以市场为基础、政府为主导，还是以市场化为主？针对这些问题，2011 年 3 月 2 日，中国经济社会发展智库理事会在中国人民大学召开了"住房理论与政策——中国经济社会发展智库第 4 届高层论坛"。

　　《激辩"新住房策论"》按甲、乙、丙三个不同部分，分别选编本届论坛和近年来发表在报刊上的文章。其中：甲方观点主要倾向住房供给以"市场调节为基础、以国家调节为主导"，城镇住房模式应以"公租房为主、私租房和商品房为辅"。乙方观点主要倾向于坚持住房领域的市场化改革，在此基础上加强保障性住房建设。丙方观点则从其他角度出发提出解决目前住房领域存在的问题。三方的论辩和探讨，反映了对解决住房问题的不同思路。此外，部分关于住房研究的相关动态和评述等，也一并收入书中，以飨读者。

在本书出版之际，特别感谢李扬、宋春华、林岗、杨圣明、李崇富、陈淮、任玉岭、楚序平、丁宁宁、步德迎、夏小林、何干强等领导和专家的大力支持，感谢参加"中国经济社会发展智库第4届高层论坛"的各位学者的赐稿。此书在出版过程中，中国社会科学出版社领导给予了大力支持，田文等编校人员付出了艰辛的劳动，在此专致谢意。

编　者

2011 年 7 月